camino.

gemeinsam auf dem Weg

Niklaus Kuster

Leben tief und weit

Ein biblischer Jahresbegleiter

camino.

Ein CAMINO-Buch aus der
© Verlag Katholisches Bibelwerk GmbH 2015
Alle Rechte vorbehalten
Designschutz beantragt

Gestaltung: Finken & Bumiller, Stuttgart
Umschlagmotiv: © photocase.com, complize
Druck und Bindung: pbtisk, Pribram
Printed in the Czech Republic

www.caminobuch.de

ISBN 978-3-460-50002-0

Inhalt

Vorwort

Spiritualität ist gefragt. Buchhandlungen bieten ein breites Spektrum spiritueller Literatur. Die Buchauslagen reichen von esoterischer Lebenshilfe über neureligiöse Werke bis zu Schriften der antiken Wüstenväter und moderner Mönche. Vieles erweist sich als inspirierend. Anderes wird enttäuscht weggelegt, weil es dem Geschriebenen an Tiefe oder an Weite fehlt.

»*Leben mit Tiefe und Weite*« ist eine ebenso dichte wie interreligiös gültige Definition von Spiritualität. Wer in die Tiefe wächst, wird auch offen für die Welt. Wer aus innersten Quellen schöpft, findet Kraft für ein engagiertes Leben. Wer das Göttliche in der Seele findet, öffnet sich für alles Gute, Wahre und Schöne in anderen Menschen und überall auf Erden. Oder umgekehrt: Wer Leidenschaft zeigt für die Welt, braucht auch Sorge um sich selbst. Sich nachhaltig einsetzen für das Wohl des Nächsten kann nur, wer eine gesunde Selbstliebe pflegt. »Liebe deinen Nächsten wie dich selbst – und Gott mit all deinen Kräften«, rät die *dreifache Liebeskunst* der jüdisch-christlichen Kultur. Vom Geist Gottes inspiriert, wächst diese Liebe in alle drei Richtungen: in die Tiefe des eigenen Ich, hin zum Du anderer Menschen im eigenen Lebenskreis und darüber hinaus, und zum Du, das »mehr als alles« ist (Dorothee Sölle) – das göttliche Du im Innersten jedes Menschen, mitten unter Glaubenden und über allem Geschaffenen.

Der *christliche Glaube* nennt das göttliche Du in der Seelenmitte und in der geschaffenen Welt »Ruaḥ« – das hebräische Wort für Geisteskraft, Weisheit und Liebe Gottes. Das göttliche Du mitten unter uns hat – im Immanuel verheißen und als Sohn Gottes geboren – mit Jesus von Nazaret ein menschliches Gesicht bekommen. Das Du über allem und hinter allem wird als Schöpfer verehrt, als Vater aller Menschen angesprochen und zugleich mütterlich über dieser Welt erfahren.

Die folgenden Impulse nähren sich aus christlicher Inspiration. Sie sind als kurze Meditationen von Tag zu Tag nicht am

Schreibtisch entstanden, sondern mitten im alltäglichen Leben. Es geht ihnen denn auch um praktische Anregungen für eine schlichte *Alltagsspiritualität:* Nahrung für ein innerlich waches und ein tatkräftiges Leben. Zu Papier gebracht habe ich jeweils ein Kernmotiv aus der eigenen Betrachtung. Die evangelisch-reformierte Familienzeitschrift der Schweiz – die sich neu »Doppelpunkt« nennt – lud mich 1999 ein, als katholischer Gastautor zusammen mit einem orthodoxen Familienvater im Team evangelischer Seelsorgerinnen mitzuwirken, die jede Woche einen Bibelvers für den Alltag deuten. Die Schriftworte hat das Herrnhuter Losungsbuch den Wochen oder einem Tag zugelost.

Als Kapuziner bin ich Reformfranziskaner und damit entschieden an der Bibel orientiert. Dennoch habe ich mit dieser genuin evangelischen Tradition alltagspraktisch Neuland betreten. Im Kloster versammeln wir Brüder uns jeden Tag morgens, mittags und abends zum gemeinsamen Beten, Meditieren und Feiern. Oft durch halb Europa reisend, sammle ich mich zu diesen drei Zeiten auch unterwegs und lese aus einem der *drei heiligen Bücher:* dem des eigenen Lebens, dem Buch der Schöpfung oder der Heiligen Schrift. Das Mitwirken im Losungsteam prägte nun regelmäßig eine besondere Woche: Ein Schriftwort, das mir aus dem Losungsbuch zufiel, begleitete durch sieben Tage. Sein Geschmack und seine Botschaft flossen mal herausfordernd, mal tröstlich oder ermutigend zu den unterschiedlichen Jahreszeiten in vielfältige Lebenslagen ein. Stichwortartig »von Tag zu Tag« notiert, sind sie am Ende der Woche als Kurzmeditationen ausformuliert worden. In der Zeitschrift auf einer Doppelseite abgedruckt, spannten die Impulse den Bogen über je sieben Tage. Ein einziger Vers offenbarte dabei immer wieder seine erstaunliche Fruchtbarkeit.

Im eigenen Alltagsleben verwurzelt, dem ich als Franziskaner in Kloster und Welt Tiefe und Weite zu geben suche, sind die folgenden Kurzmeditationen Nahrung für eine alltäglich gelebte Spiritualität. Ihre Quellen sind *biblisch,* ihre Verbindung von Weltliebe und Gottsuche ist *franziskanisch* und ihre Grundhaltung ist *ökumenisch.* Als katholischer Autor hatte ich eine evangelische Leserschaft vor Augen und erhielt überraschende Feedbacks auch von konfessionslosen Menschen. In den Jahren 1999–2006 entstanden, finden sich die einzelnen Wochenzyklen in diesem Buch leicht überarbeitet: Die ursprünglich schweizerische Ausrichtung der Impulse wird dabei für einen größeren Adressatenkreis geöffnet und Bezüge zur damaligen Tagesaktualität entfallen. Die Impulse sind zu einem Jahreskreis gefügt, der mit der ersten Adventswoche beginnt. Sie begleiten durch 52 Wochen, sprechen in alle Jahreszeiten und möchten die Fest- und Alltagszeiten, Arbeits- und Urlaubswochen eines vollen Jahres inspirieren. Sie sind in diesem Buch in etwa am Jahreslauf orientiert, erlauben aber auch, sich einfach zwischendurch mal eine Woche lang von einem Motiv besonders ansprechen zu lassen.

Ich danke dem Team der Zeitschrift »Doppelpunkt«, das der gesammelten Ausgabe der Tagesimpulse über die Schweiz hinaus fruchtbare Verbreitung wünscht, und den Redakteurinnen, denen ich es gerne überließ, den Wochenzyklen oft feinsinnige Titel zu geben. Den Leserinnen und Lesern wünsche ich inspirierende Kurzmeditationen, die dem Leben Tiefe und Weite geben.

Citykloster Olten (Schweiz), im Sommer 2015
Br. Niklaus Kuster OFMCap

Ersehnt und erwartet

Impulse in den Advent

Juble laut, Tochter Zion!
Jauchze, Tochter Jerusalem!
Sieh, dein König kommt zu dir.
Er ist gerecht und hilft;
er ist demütig und reitet auf einem Esel ...
SACHARJA 9,9

Adventssonntag

Christliche Gemeinden stimmen sich mit Liedern voller Freude
und Sehnsucht auf den Advent ein. In vielen Kirchen werden heute
die folgenden Verse gesungen:

> *Wir sagen euch an eine heilige Zeit:*
> *Machet dem Herrn den Weg bereit!*
> *Freut euch ..., freuet euch sehr!*
> *Schon ist nahe der Herr.*[1]

Die Ankündigung hinkt der Geschäftswelt um Wochen hinterher.
Schon vor Allerheiligen hat der erste Adventsschmuck herbstliche
Äste aus den Schaufenstern verdrängt. Die Wirtschaft weiß es zu
nutzen, dass sich menschliche Sehnsucht Jahr für Jahr mit Blick
auf Weihnachten neu anrühren lässt. Eine Sehnsucht, die sich früher erfahrene Nähe wieder herbeiwünscht: sensiblere Zuwendung
in der Familie, besondere Achtsamkeit zwischen Partnern und
überraschende Nähe Gottes, der menschlich zu uns Menschen
kommt. Sehnsucht ist eine Gotteskraft: Sie weiß, was zu kurz
kommt und was uns der verheißenen Lebensfülle näherbringt.
Nehmen wir sie wahr, die leise Stimme der Sehnsucht, denn sie
weist uns leise auf tiefere Bedürfnisse hin.

Adventsmontag

Ich trage Verantwortung mit für eine Buchhandlung, die ihre größten Umsätze in der Adventszeit macht: Ohne den Spezialeinsatz aller Mitarbeiterinnen und die Gewinne aus diesen Wochen würde sie tiefrote Zahlen schreiben. Zu meiner Freude bietet ihr sorgfältig ausgewähltes Adventssortiment auch Literatur und Geschenkartikel, die Menschen spirituell anregen können. Geschäft und das »Vermarkten« von Weihnachten muss keineswegs vom Teufel sein, selbst wenn es menschliche Hoffnung oft mit Vordergründigem bezaubert. Glücklich daher, wer in diesen Tagen auch »schweigen und hören« kann; wer nach hektischen Stunden in Geschäft und Geschäften das »Ohr des Herzens« öffnet, um seine tiefere Hoffnung wahrzunehmen. Sie oder er wird die eigene Sehnsucht dann nicht mit Einkäufen zudecken, sondern ihr Zeit für Begegnungen geben – mit der eigenen Tiefe, familiär, partnerschaftlich und sozial. In sensiblen Schritten und Begegnungen wird er oder sie auch dem Du aller Dus entgegengehen.

Adventsdienstag

Lange vor der Morgendämmerung finden in katholischen Gemeinden »Rorate-Feiern« statt. Die symbolreichen Werktagsgottesdienste in Kirchen, die nur von Kerzen erleuchtet werden, erfreuen sich anhaltender Beliebtheit. Das »Rorate caeli desuper – Tauet, Himmel, den Gerechten« ist Leitmotiv dieser adventlichen Besinnungen: Das Feiern im Dunkeln ruft Gottes Kommen in Trauer und Ungerechtigkeit, in Ängste und Scherben unserer Zeit – so wie auch Sacharjas Hoffnungsbotschaft zu einem halb verlassenen und zerstörten Jerusalem spricht. »Rorate« muss nicht frühmorgens und in einer feiernden Gemeinschaft gerufen werden: Vielleicht zünden Sie auch abends ganz allein eine Kerze an, verweilen eine halbe Stunde schweigend und halten menschliche Nöte ihrer Umgebung oder Meldungen der Tageszeitung dem Himmel entgegen. Das schlichte Tun wird beide verändern: Sie selbst und den Himmel ...

Adventsmittwoch

Das Fest des Nikolaus von Myra steht traditionsreich in den ersten Adventstagen. Ein guter »Samichlaus« (Sankt Nikolaus) wird heutzutage Familien, Schulklassen, Vereine oder Passanten weder kommerziell noch moralisch bedrängen, sondern auf den Spuren der historischen Gestalt anrühren. Der Gemeindeleiter von Myra hat sich – so erinnern sich die frühesten Traditionen – durch Güte, mitmenschliches Gespür und soziales Handeln ausgezeichnet. Glaube allein genügt, um uns zu retten. Doch wahrer Glaube drängt zu Werken, die »Gerechtigkeit« schaffen, unsere Welt verändern, Menschen aufrichten, versperrte Wege öffnen und für eine hellere Zukunft einstehen. Wenn Jesus die Verheißung Sacharjas erfüllt, erfahren es nicht die Passiven. Die Seligpreisungen besingen Menschen, die »arm sind vor Gott«, »die hungern und dürsten nach der Gerechtigkeit«, die »Barmherzigen«, »die Frieden stiften« (Matthäus 5,3.6.7.9). Nikolaus von Myra ist ermutigendes Beispiel eines Glaubenden, der im Einsatz für mehr Menschlichkeit Gottes Wirken erfährt und erfahrbar macht.

Adventsdonnerstag

An eine neue Nähe Gottes glauben und auf sein Kommen in unseren Alltag hoffen kann nur, wer vom postmodern-unverbindlichen »Göttlichen« zum DU zurückkehrt – und dieses nicht fern von unserer Realität ortet.

Eine »Wanderwoche für Mutige« hat mich vor einiger Zeit mit jungen Leuten quer durch Umbrien geführt: Nur mit dem Nötigsten ausgerüstet und ohne viel Geld, wussten wir jeweils am Morgen nicht, wo der Abend uns ankommen lässt – und ob wir ein Dach finden. Ein Unterwegssein wie jenes von Mirjam und Josef von Nazaret hinunter nach Judäa. Die Erfahrung des jungen Paares in den Gassen Betlehems war uns nur am ersten Abend zugemutet – und eröffnete wider Erwarten eine wundervolle Sternennacht im Freien. In allen anderen Nächten (mit Regen) fanden wir dagegen offene Türen und Gastfreundschaft. Glücklich und tief beeindruckt bemerkte eine Studentin am Ende der Woche, wie sorglos sie mir vertrauen konnte. »Nicht ich habe euch die Türen geöffnet«, erwiderte ich ihr: »Ein Anderer hat all diese Tage zu uns geschaut, und ohne Vertrauen in Seine Sorge hätte ich diesen Weg mit euch nicht gewagt.«

Es hat junge Leute sehr herausgefordert, dass ich – anders als sie – mit Gottes sensiblem Mitgehen unserer Wege rechne. Mit seiner Geisteskraft, die in jedem Menschen wirkt und die auch verschlossene Augen, Herzen und Hände öffnen kann. Pilgernde erfahren das auf unterschiedlichsten Wegen eindrucksvoll – und gleichnishaft, denn Pilgernde sind wir alle auf dieser Erde, in die sich auch Gottes Sohn pilgernd wagte. Sein Kommen feiern wir, das damalige und künftige. Tun wir es in Vorfreude auf sein und unser Ankommen!

Adventsfreitag

Auch im Advent, der Jesu Kommen erwartet, erinnern Freitage an seinen schmerzlichen Abgang. Der Prophet Sacharja hat nach dem babylonischen Exil einen neuen König verheißen, der auf einem Esel einzieht. Er erinnert sein Volk dabei an den großen David, der nach dem Verrat und Tod seines Lieblingssohnes nicht als Kämpfer hoch zu Pferd, sondern trauernd auf einem Esel in die Stadt zurückkehrt. Wie Jesus dann auf einem Esel durch die Tore Zions reitet, erkennen die Scharen in ihm den Messias: Gottes Gesandten, der mit leeren Händen auf Gottes Nähe verweist und ein neues Reich ankündigt. Tage später gilt er als Verräter. Politische Erwartungen und materielle Hoffnungen werden stärker als prophetische Zeichen und Jesu Botschaft. Statt sich vom Messias die Augen öffnen zu lassen, hat Zion – in Eigeninteressen bedroht oder in vordergründigen Hoffnungen enttäuscht – Gottes Gesandten umgebracht. Glücklich, wer Gott erwartet, ohne ihn zu vereinnahmen.

Adventssamstag

Andrea Schwarz hat ein tiefes Gedicht mit dem Titel »Gottesgeburt« geschrieben.[2] Wir alle können Gottes Kommen erfahren und
in der Welt spürbar machen, wenn wir wie Maria seinem Geist
Raum geben: zunächst im Innersten, und dann auch in unserem
Leben. Ihr Gedicht hat mich zu folgendem Gebet inspiriert:

> Gott
> lass mich dann und wann
> zu mir kommen
> und das Außen lassen
>
> mich sammeln
> bei mir selber einkehren
> und ganz bei mir sein
>
> denn
> wenn der Lärm verebbt
> die Gedanken sich legen
> und die Gefühle ruhig werden
>
> wenn ich aus dem Reden
> ins Hören komme
> und aus dem Tun
> ins Sein
>
> dann kannst DU
> zu mir kommen
> dann kannst DU
> zur Welt kommen
> in mir –
> und durch mich
> zu den Menschen

Über alle Grenzen hoffen

Impulse in die zweite Adventswoche

Alle Enden der Erde sollen daran denken
und werden umkehren zum Herrn:
Vor ihm werfen sich alle Stämme der Völker nieder.

PSALM 22,28

Den Blick weiten | Sonntag

»Alles hat Grenzen!« Wem hat die Redewendung nicht schon in einer Erregung geholfen, Dampf abzulassen? Tatsächlich hören wir die Aussage meist in negativen Erfahrungen. Die Geduld hat Grenzen: Sie darf sie haben! Unsere Kräfte haben Grenzen: Niemand soll sie übers Maß beanspruchen! Unsere Zeit ist begrenzt: ärgerlich, wenn man sie uns »stiehlt«! Unsere Gesundheit hat ihre Grenzen: glücklich, wer ihr Sorge trägt, und unselig, was an ihr nagt! »Alles hat Grenzen!« Auch die Arbeit soll sie haben, sei es die aufgebürdete Arbeitslast oder die selbst entwickelte Arbeitswut.

»Gott sah alles an, was er gemacht hatte« (Genesis 1,31) und »er ruhte« (Genesis 2,2) sagen die ersten Seiten der Bibel am Schluss des Schöpfungswerkes über den Ewigen: Aus der Ruhe heraus weitet sich der Blick – über das Einzelne auf alles!

Vielleicht finden Sie heute Zeit, die letzte Woche an sich vorbeiziehen zu lassen und alles in einem ruhigen Überblick zu betrachten: Schönes und Mühsames, Dunkles und Helles. Im Gesamtblick und aus der Ruhe zeigt sich das Einzelne oft in neuer Klarheit, lässt sich leichter verstehen, zeigt seinen Wert, erweist sich noch schöner oder auch weniger tragisch!

Nikolaus | Montag

Nikolaus, dessen Fest in diesen Tagen gefeiert wird, hat Grenzen überschritten. Viele Legenden ranken sich um sein Leben. Eine wird Bild in seiner Darstellung mit drei goldenen Äpfeln in der Hand. Sie erinnern an die Not dreier Töchter, deren Vater so bitter arm war, dass er ihnen nicht nur keine Heirat ermöglichen konnte, sondern sogar an Prostitution dachte. Wir wissen aus armen Ländern, dass ausweglose Not auch heute Eltern zu erschreckenden Grenzüberschreitungen treiben kann, bis hin zur Prostituierung ihrer Kinder! Als junger Mann habe Nikolaus dreimal nachts den Töchtern eine Kugel Gold durchs Zimmerfenster geworfen. Unerkannt wollte er ihnen so traumatische Erfahrungen ersparen, die Mitgift besorgen und eine hellere Zukunft ermöglichen.

Es gibt befreiende Grenzüberschreitungen: von der Selbst- zur Nächstenliebe, vom Zuschauen zum Handeln, von außen in familieninterne Zwänge oder Nöte, vom Mitleiden zu befreienden Schritten. Mögen alle, die in diesen Tagen als »Samichläuse« (heilige Nikolause) unterwegs sind, in ihren Begegnungen etwas vom wachen Blick und vom befreienden Tun ihres Vorbildes spürbar machen.

Freier Zugang | Dienstag

Gut, hat nicht alles Grenzen: die Fantasie und der Großmut des Nikolaus von Myra etwa, der mit dem eigenem Gut frei und befreiend umgeht. Jüdisch-christliche Hoffnung zeichnet sich dadurch aus, dass sie Gott alle Grenzen überwinden sieht: Nichts setzt seiner Zuwendung Schranken. Der Bibelvers stammt aus einem Klagepsalm. Über viele Zeilen schildert ein verzweifelter Beter, wie schlimm es ihm unter Menschen geht. Sein Schreien gipfelt in den Ruf: »Rette mich vor dem Rachen des Löwen, vor den Hörnern der Büffel rette mich Armen!« (Psalm 22,22). Not treibt ihn in die Enge. Er sieht nur noch Gefahr, Bedrohung und ein schwarzes Loch.

Dann, überraschend, die Wende. Wo ich keinen Ausweg mehr sehe, sieht Einer weiter – und handelt auch: »Er verbirgt sein Gesicht nicht vor ihm [dem Elenden]; er hat auf sein Schreien gehört. Deine Treue preise ich in großer Gemeinde [...]; den Herrn sollen preisen, die ihn suchen. Aufleben soll euer Herz für immer« (Psalm 22,25–27). Wer immer ihn sucht! Niemand ist der Zugang zu diesem Gott, seiner Sorge und seiner Liebe versperrt.

Grenzenlos | Mittwoch

Wo menschliche Möglichkeiten an letzte Grenzen stoßen, kann
Gott noch immer handeln. Der Psalmist weitet seine eigene Erfahrung und schließt auf unbegrenzte Möglichkeiten Gottes: »Alle
Enden der Erde [...] werden umkehren zum Herrn: Vor ihm werfen
sich alle Stämme der Völker nieder« (Psalm 22,28). Wenn Gott sich
des Kleinsten annimmt, wer kann da aus seiner Hoffnung heraus-
fallen? Wenn er sich mir zuwendet, wem wird er seine Liebe dann
verschließen? Wenn er mich sucht, wer kann dann verlorengehen?

Maria von Nazaret staunt ihrerseits im Magnificat: »Mit ganzer Seele preise ich die Größe Gottes: Er hat sich zugewandt, mir,
einer kleinen Frau.« Die Art, in der Gott seine grenzenlosen Möglichkeiten nutzt, überrascht tatsächlich: Er erwählt sich eine Arbei-
terfrau in einem Winkel der Welt zur Mutter seines Sohnes. Und
dieser kommt barfuß und mit leeren Händen, um mit seiner
befreienden Botschaft »alle Stämme der Völker« bis an die »Enden
der Erde« zu erreichen (Psalm 22,28).

Veränderung von unten | Donnerstag

Advent bedeutete für ein junges Paar in Nazaret, von einem Kaiser
auf den Weg geschickt zu werden: Sie war hochschwanger und
mühevoll führte sie der Weg 150 Kilometer weit ins Bergland von
Judäa. Was Rom entschied, wirkte sich »auf dem ganzen Erdkreis«
aus. Auch die neuen Kaiser von heute machen globale Politik. Entscheidungen von Konzern-Managern schlagen weltweit Wellen.
Jede größere Indexschwankung an den Finanzbörsen der Welt
droht Aktien- und Währungskurse in eine Krise zu reißen. Kriege-
rische Konflikte und Hungerkatastrophen provozieren Flüchtlings-
ströme, die auch Meere überqueren. Neue aggressive Virenkrank-
heiten verbreiten sich flugs über die Kontinente. Terrornetze
agieren weltweit mit gezielten Attentaten und lehren die Welt das
Fürchten.

Gott wählte einen anderen Weg, leise, machtlos und ohne jede
Manipulation: Er begann ganz unten und am Rand des römischen

Imperiums. Das damalige Weltreich des Augustus liegt längst unter Trümmern. Das Reich, das der arme Wanderprediger aus Nazaret ankündigte, hat dagegen tatsächlich die Grenzen des Erdkreises erreicht.

Menschenrechte | Freitag

Erstaunlich global hofft die frühchristliche Gemeinde, dass »alles im Himmel und auf Erden« in Christus versöhnt wird (Kolosser 1,20). Kein Mensch fällt da aus Gottes Liebe und Sorge. Kein Mensch darf – soll Christus seine Sendung einst erfüllen – verloren gehen. Auf dem Boden biblisch-globaler Hoffnung hat die christliche Aufklärung erste Menschenrechte verkündet, die für ausnahmslos alle Menschen gelten: welcher Rasse, Kultur, Nationalität und Religion auch immer. Seltsamerweise galten die politischen Menschenrechte in den wegweisenden Verfassungen der jungen USA und der französischen Revolution nicht für die Frauen, ist deren wirtschaftliche Gleichstellung auch in unseren Musterdemokratien noch immer nicht erreicht und bleibt Diskriminierung in der katholischen Kirche ein schwerwiegendes Problem. Die Vereinten Nationen haben die Menschenrechte nach dem Zweiten Weltkrieg inhaltlich entfaltet und 1948 weltweit verkündet.

Der Tag der Menschenrechte, der alljährlich am 10. Dezember gefeiert wird, passt gut in den Advent: Wir feiern, was wir allen auf dem »Erdkreis« gesellschaftlich wünschen und politisch für alle Menschen einfordern müssen. Wir haben uns dabei ganz alltagspraktisch zu besinnen, wieweit zum Beispiel unser eigenes Einkaufsverhalten ungerechte Verhältnisse und menschenunwürdige Produktionsbedingungen unterstützt. Von Gottes eigener Menschwerdung ermutigt, dürfen und können wir im eigenen Alltag tatkräftig dazu beitragen, dass überall auf Erden mehr Menschlichkeit wird.

Geliebte Welt | Samstag

Als ich vor einiger Zeit in einem Bildungshaus zur »Tagesschau« kam, verließen zwei Frauen den Fernsehraum, »um die schlimmen Bilder aus aller Welt nicht zu sehen«. Gewiss sind mir sensible Personen, die sich vor Erschütterndem schützen, lieber als der gefühllose Voyeurismus der Boulevardpresse.

Dennoch ermutigt der Psalmist zu einem weiten und wachen Blick ins globale Geschehen: Wie kann ich Gott »alle Enden der Erde« empfehlen, wenn ich Ereignisse und Schicksale außerhalb meiner eigenen kleinen Welt nicht sehen will? Wer kann für »alle Stämme der Völker« hoffen, wenn er oder sie »das Gesicht verbirgt« vor ihren Leiden und Freuden, ihrem Hoffen und ihrer Suche nach Frieden (Psalm 22,28.25). Anders gefragt: Darf ich das »Unser Vater« beten, wenn ich es nicht auf alle Menschen beziehe – sondern nur auf meinen eigenen Lebensbereich, meine Familie und meinen Freundeskreis? Und wo soll ich Gottes Kommen sehen, wenn nicht »auf Erden« – in der Welt, die ihm als Ganze lieb ist?

Guter Hoffnung

Impulse in den Advent

Ihr sollt innewerden, dass ich,
der HERR, euer Gott bin.
2 MOSE 16,12 (EXODUS 16,12)

Erwartungen | Sonntag

»Wir sagen euch an den lieben Advent: Sehet, die erste Kerze brennt ...« – Die einzigen Kerzen, die in diesen Wochen abends in meiner Klosterzelle flackern, sind die des Adventskranzes. Sie stehen in schöner Spannung zum kunstvoll glitzernden »Sternenhimmel«, der sich tief über Zürichs Bahnhofstraße senkt. Beide Arten von Lichtern leuchten auf ihre Weise in den Advent: Die Kerzen tun es ganz leise, die Beleuchtungen der Geschäftsstraßen oft mitten im Rummel. Ob »leises« oder »lautes« Licht: Beide rühren unsere Gefühle an und wecken Sehnsucht. Jahre oder Jahrzehnte sind es her seit unseren ersten Erfahrungen mit dem Zauber dieser geheimnisvollen Zeit. Tage der Erwartung, in denen Kinder ihre besonderen Wünsche offen zeigen dürfen und dann Nacht um Nacht ihrer Erfüllung entgegenträumen.

Auch Erwachsene haben innerste Wünsche. Die innersten davon finden sich kaum in Schaufensterauslagen. Was wünschen Sie sich in Ihr Leben? *Zu-innerst* und in diese Zeit der Erwartung?

Sehnsucht | Montag

Für Wünsche, die unser »Außen« betreffen, haben unzählige Läden vorgesorgt. Ich finde es gut, dass uns kreative Fenster der Geschäftsstraßen fantasievoll aus dem Alltag holen: Leben ist mehr als das Jetzt, meine Lebenswelt möchte gestaltet werden und hat ihre Fülle noch lange nicht erreicht. Doch radikaler als für unser »Ambiente« gilt das für unser Herz. Auch menschlich sehnen wir uns nach mehr, als das Leben uns gegenwärtig bietet. Um diese Sehnsucht wahrzunehmen, lohnt es sich, den Rummel hinter sich zu lassen. Ein stiller Ort, eine ruhige Stunde, leise Sterne oder eine Kerze können uns helfen, bei uns selbst anzukommen: in uns selber einzukehren und unsere innere Stimme zu hören.

Zum »Innewerden« fordert das Bibelwort dieser Woche auf (in der Luther-Übersetzung wiedergegeben). Angesprochen ist eine »Gemeinde« unterwegs: Sechs Wochen schon ziehen die Israeliten ungeschützt durch die Wüste, »Murren« ist aufgekommen (vgl. Exodus 16,1–10) beim Unterwegssein. Lagernd wird die Gemeinde angesprochen. Im *Inne-halten* können die Israeliten inne-werden, dass ihre Wünsche sich bald unerwartet erfüllen.

Wünsche | Dienstag

»Slow down«, abbremsen, sich Zeit nehmen – hören und lauschen, schauen und sehen, zur Ruhe kommen – dazu lädt uns der Advent ein, Zeit des wachen Wünschens und Hoffens.

Propheten wie Jesaja möchten mit uns wach *in die Welt schauen* und ihre Visionen sehen, wie Krummes gerade und Ödes fruchtbar wird: Wüsten können blühen, Gräben aufgefüllt, Hindernisse abgetragen, Dunkles hell, Schwerter zu Pflugscharen geschmiedet und Tränen getrocknet werden. Schauen auch wir gut hin: auf Krummes im eigenen Leben, Ödes im eigenen Alltag, Gräben in den eigenen Beziehungen, Schwerter in der eigenen Hand und Tränen im eigenen Umfeld.

Als Kind habe ich hoffnungsvoll Spielsachen auf den Wunschzettel gezeichnet und diesen mit einem Stein beschwert abends für das Christkind auf das Fenstersims meines Zimmers gelegt. Erwachsen geworden, schreibt meine Hoffnung größere Wünsche in meine Gebete.

Geschenktes | Mittwoch

»Glücklich, wer seine Wünsche zeigen kann: Sie werden Erfüllung finden«, steht in einer Seligpreisung, die »Kleine Schwestern« formuliert haben. Dass das »Christkind« nicht nur Kinderwünsche erfüllt, sondern als »Gott unserer Wege« auch Erwachsenen entgegenkommt, haben Sie sicher auch schon erlebt. Vielleicht können Sie sich in diesen Tagen Zeit nehmen, sich an erfüllte Wünsche zu er-innern. Wo haben Sie in Ihrem Leben überraschende Zuwendung erfahren, oder befreiende Schritte, schönes Neuland, glückliche Nähe, gute »Fülle« erlebt? Wo haben sich Ihnen Wüsten verwandelt, Gräben aufgefüllt, Berge abgetragen? Wo ist Ihnen schon dunkle Nacht zu hellem Tag geworden? Mose erinnert sein Volk an die Treue des befreienden Gottes und seine Liebe zum Leben. Was gestern geschah, kann wieder werden – erneut und auch unerwartet neu.

Unverhofftes | Donnerstag

Die Israeliten erfahren unerwartetes Glück mitten in einer Krise. Mose und Aaron müssen zunächst harte Worte hören. Das Volk sagt ihnen unterwegs durch die Wüste frustriert, was ihm fehlt, und klagt mit seinen Führern auch Gott an. Es möchte zurückkehren zu den Fleischtöpfen Ägyptens, auch wenn jene Sattheit unter Knechtschaft seufzte. Gott lässt sich vom »Murren« seines Volkes nicht beleidigen. Er nimmt seine Gefühle ernst und kann mit menschlichen Krisen umgehen. Kein Tadel, nicht einmal Enttäuschung schwingt in seiner Antwort mit. »Es ist, wie es ist«, sagt die Liebe mit Erich Fried – und sie tut sensibel den nächsten Schritt. Die Gemeinde der Israeliten erfährt auf ihrer langen Durststrecke, dass sie in Kürze sammeln können, was ihr Herz begehrt. Es wird ihnen gegeben, was sie brauchen: äußerlich – und innerlich. Der befreiende Gott zeigt seine Nähe, seine Treue und seine Sorge. Er zeigt, dass die gemeinsam begonnene Geschichte weitergeht: nicht zurück in Unfreiheit, sondern auf Wüstenwegen neuer Fülle entgegen (vgl. Exodus 16,1–12).

Stufen des Gebetes |

Martin Luther übersetzt den Bibelvers dieser Woche besonders sensibel. Während es in der Einheitsübersetzung heißt: »ihr werdet *erkennen*, dass ich der Herr, euer Gott, bin«, spricht die Lutherfassung von »*inne*-werden«.

Was die Israeliten in der Wüste Sin erfahren, ist mehr als Gottes-Erkenntnis im modernen Sinn und weit mehr als eine wertvolle Einsicht: Wer da hungrig in der Wüste Manna sammelt, Nahrung in die Hand bekommt, Brot im Mund verkostet und neue Kraft in sich spürt, macht eine Erfahrung, die tief geht! Es reicht nicht, von Gott zu hören, viel über ihn zu lesen oder auch schöne Worte an ihn zu richten. Glücklich, wer *inne*-wird, was Gott für uns ist, wie er an uns handelt und was wir ihm bedeuten.

Mönche und Mystikerinnen aller Zeiten haben die Antwort darauf in Stufen beschrieben. Auf spirituelles Lesen und auf Meditation folgt die erste Stufe des Gesprächs mit Gott: »hörbares« *gesprochenes Gebet*, das Worte braucht, zunächst gemeinsame und vorgegebene wie etwa Psalmen, dann frei und persönlich formulierte. Diesem Beten folgen auf einer höheren Ebene das »*innere Gebet*«, das ohne formulierte Worte auskommt, und schließlich das schweigende Einswerden mit Gott – Kontemplation, Schauen und Umarmung. Jede Gottesbegegnung und diese *innerste Erfahrung* will das empfangene Leben auch »zur Welt bringen« in der persönlichen Ausstrahlung und im erleuchteten Handeln.

Liebe Gott mit all deinen Kräften und liebe den Menschen wie dich selbst: Die Liebe wächst, trägt und verschenkt sich in diesem Dreiklang. Gott liebt die Welt, wendet sich ihr zu und lässt sich nicht an den Menschen vorbei finden.

Schwanger |

Franz von Assisi traut jedem und jeder zu, »mit Christus schwanger zu werden«. Advent wird damit wie für Maria von Nazaret die Zeit guter Hoffnung und geheimnisvoller Erwartung: »Der Geist Gottes will auch auf uns ruhen und in uns Wohnung nehmen«, schreibt Franziskus an alle Gläubigen, wo und wie immer sie leben. »Mütter unseres Herrn Jesus Christus werden wir, wenn wir ihn durch die Liebe ... im Herzen und im Leibe tragen – und ihn durch unser gutes Handeln gebären. Schwestern und Brüder werden wir ihm, wenn wir wie er den Willen unseres Vaters im Himmel erfüllen«. Klara von Assisi fasst dieses Geheimnis noch inniger:

> Die Seele des gläubigen Menschen
> ist größer als der Himmel:
> Denn die Himmel können mit allen Geschöpfen
> ihren Schöpfer nicht fassen!
> Die gläubige Seele allein ist seine Bleibe
> und durch die Liebe sein Sitz ...
> Wie ihn also die lichtvolle Jungfrau der Jungfrauen
> in ihrem Leib getragen hat,
> so kannst auch du ihn immer
> spirituell in deinem Leib tragen ...
> Du kannst IHN in dir tragen,
> von dem du und alles getragen wird!

»Wir sagen euch an eine heilige Zeit, machet dem Herrn die Wege bereit«: seinen Weg in unsere Seele und den Weg vom eigenen Herzen in unsere eigene Alltagswelt!

Betlehem entgegen
Adventsimpulse in Sichtweite von Weihnachten

Aber du, Betlehem-Efrata,
so klein unter den Gauen Judas,
aus dir wird mir einer hervorgehen, der über Israel herrschen soll.
Sein Ursprung liegt in ferner Vorzeit, in längst vergangenen Tagen.
MICHA 5,1

Drei Chancen | Sonntag

Ein Morgen, Sonntag und Advent: Gleich ein dreifacher Neubeginn ermutigt uns heute zu neuen Schritten!

Jeden Morgen erheben sich all jene, die nicht krank oder gelähmt sind, neu gestärkt. Strecken Sie sich dankbar zum Himmel! Nehmen Sie die neue Kraft wahr, den neuen Mut und die neue Lebenslust! Nicht nur unser Körper erwacht zu neuem Leben, neuem Schauen und Hören, neuen Schritten und neuem Genießen: Auch seelisch ermöglicht uns das Überschlafen einen neuen Blick auf manche Dinge. Es ist die Chance des Morgens!

Der Sonntag, erster Tag der Woche, lädt zum Inne- und Ausschauhalten ein. Was möchten Sie heute neu und anders sehen? Was wollen Sie ablegen und zurücklassen? Was kann und soll anders werden? Was gilt es an die Hand zu nehmen? Was möchten Sie neu angehen oder erneut wagen? Was soll Raum finden? Wozu will ich Sorge tragen? Es ist die Chance des Sonntags, die kommende Woche in den Blick zu nehmen, Akzente zu legen und uns Ziele zu setzen.

Die Adventszeit führt uns auch dieses Jahr neu auf den Weg nach Betlehem: Worauf möchten Sie in Ihrem Glauben zugehen? Was erhoffen Sie sich von der Heiligen Nacht? Und welche Schritte nehmen Sie sich daher vor? Es ist die Chance jedes Advents, dass wir auch innerlich neu aufbrechen!

Herkunft | Montag

Woher kommst du? Da dove vieni? Where do you come from? –
Die Frage nach der Herkunft wird oft zusammen mit der Frage
nach dem Namen gestellt. In italienischen Hotels wird neben dem
Wohnort der Geburtsort registriert. Die Herkunft prägt den Menschen, und sie erlaubt uns, eine Person zu »beheimaten«. Doch
verstehen wir ihre Eigenart dadurch besser? Gewiss: Ein typischer
Preuße wirkt anders als ein urwüchsiger Bayer, eine entschiedene
Schwäbin grenzt sich klar ab von einer Badenerin. Doch können
wir das Denken, das Fühlen und das Wesen einer Person tatsächlich präziser einordnen, wenn wir ihre Herkunft kennen?

Die Geschichte Jesu müsste uns da vorsichtig machen!
Stammt er nun aus Betlehem im Kernland von Judäa, aus Nazaret
im neu besiedelten Galiläa, oder liegt sein Ursprung »in ferner
Vorzeit«, wie der Prophet sagt?

Geburtsort, Herkunftsland, die erlebten Milieus und die
aktuelle Wohngegend prägen uns, ohne unser Wesen festzulegen
oder unser innerstes Geheimnis zu erklären. Woher kommen Sie
– in diesem Augenblick? von Ihrem Lebensweg her?

Nazaret | Dienstag

Gott will Mensch werden! Er sendet zur Zeit des Kaisers Augustus
daher seinen Boten nach Nazaret zu einer frisch verheirateten,
also etwa 14-jährigen Frau. Noch fast ein Mädchen, wird sie nach
jüdischem Brauch im Laufe des Jahres mit ihrem Partner zusam-
menziehen, der kaum viel älter als sie sein dürfte.

Nazaret, seit wenigen Jahrzehnten aus einer neuen jüdischen
Siedlung hervorgegangen, ist damals ein 120-Seelen-Dorf im
berüchtigten Galiläa. Der Engel des Herrn macht sich also ins
Hinterland des jüdischen Staates auf, in einen Winkel des römi-
schen Imperiums, eine liebliche und fruchtbare Gegend zwischen
Afrika und Asien zwar, doch politisch völlig bedeutungslos.
Weder die Stadt Rom, die sich im Mittelpunkt des Erdkreises sah,
noch Kaiser Augustus hätten sagen können, in welcher Weltgegend

Nazaret liege. Gott wählt die Herkunft seines Sohnes im geostrategischen und kulturellen Niemandsland. Sein Sohn wird am Rand empfangen, von einer unbedeutenden Frau. Sagt das nicht viel aus über unseren Gott? Und darüber, wie er sich die von den Propheten angekündigte und von vielen jüdischen Menschen ersehnte »Herrschaft« vorstellt? Nicht machtvoll vom Zentrum aus, in einem Brennpunkt des Interesses und von oben! Jeschua ben Josef kommt unsagbar schlicht zur Welt, wächst bescheiden auf und ist zunächst ein einfacher Mensch unter einfachen Menschen, wie Sie und ich ...

Obdachlos | Mittwoch

Verweilen wir etwas bei der Geburt: Matthäus und Lukas sind sich einig, dass Jesus in Betlehem geboren wird. Die Stadt, in der Rahel ihren Jüngsten, Benjamin, geboren hat und bei der Geburt starb, und die Stadt Davids. Eine Steuererfassung zwingt das junge Paar auf den Weg in die Stammlande des Partners: Maria muss 150 mühevolle Kilometer hochschwanger zu Fuß bewältigen.
In der kleinen Stadt Davids sind die Gassen voller Reisender, die Herbergen überfüllt und auch die Türen der Karawanserei für ein einfaches junges Paar in Not verschlossen. Das Kind kommt unter improvisierten Umständen zur Welt: in einer Hirtenhöhle oder in einem eingeschossigen Haus einfacher Leute, die ihren Wohnraum mit den Tieren teilen. Gott wählt nicht nur den Rand des Kaiserreiches, sein Sohn kommt auch irgendwo an einem Stadtrand zur Welt, er beginnt seinen Weg auf Erden ganz unten, »obdachlos« und mit Eltern, die auf fremde Hilfe angewiesen sind.

Ich erinnere mich an meine eindrücklichsten Weihnachten: in einer Barackensiedlung für Drogensüchtige, die der Züricher Pfarrer Ernst Sieber mitten in der Stadt, unweit der Börse, aufstellen ließ, um obdachlosen Fixern über den Winter ein Notdach zu besorgen. Als ich in der Heiligen Nacht auf ihren Wunsch mit den süchtigen Freunden die Geburt Jesu feierte, sagte ein hartgesottener Junkie plötzlich ergriffen und zu Tränen gerührt: »Gottes Sohn

ist in einer ›Not-schliifi‹ (Notschlafstelle) zur Welt gekommen!
Er hat seinen Weg mit Verstoßenen wie uns begonnen!«

Aus Liebe | Donnerstag

Kaum geboren, muss der kleine Jeschua – so nannte Maria ihren
Sohn aramäisch – in den Armen seiner Mutter fliehen. Nach Matthäus sucht und findet die junge Familie Asyl in Ägypten. Nach dem
Tod des Despoten und politischen Machtwechseln kehrt sie Jahre
später in ihre Heimat zurück (vgl. Matthäus 2,13–23). In Nazaret
wächst Jeschua mit Geschwistern auf. Markus nennt vier Brüder,
Jakob, Joses, Judas und Simon, sowie mehrere Schwestern
(vgl. Markus 6,3). Er wird Zimmermann wie sein Vater, ein lokaler
Bauunternehmer.

Gott liebt unsere Menschenwelt so sehr, dass er in seinem
Sohn selber Hand anlegt, das dörfliche Leben teilt, sich das Brot
verdient, Holz zimmert und Häuser baut. Die franziskanische
Theologie sieht den Grund für Gottes Menschwerdung nicht in der
Sünde, sondern in seiner Liebe zur Welt. Seine Motivation ist nicht
eine Rettungsaktion, sondern Sehnsucht in einer unfassbaren
Liebesgeschichte. So sehr hat Gott die Welt geliebt, dass er in sie
eintreten wollte, mit Leib und Seele, ganz menschlich!

Eine neue Familie | Freitag

Franz von Assisi hat sich Gottes Sohn barfuß auf Erden vorgestellt.
Er spricht von den Fußspuren des Rabbi. Gottes Sohn, der unsere
Erde so sehr liebt, dass er barfuß über sie ging – als Kind vergnügt
mit Spielgefährten, als Jugendlicher mit seinem Vater Holz durchs
Dorf tragend, als Arbeiter verschwitzt am Brunnen, als Wander-
rabbi mit Jüngern und Freundinnen unterwegs am Ufer des Sees
Gennesaret. Mit dreißig brach der Zimmermann mit seinem Dorf,
wurde aus der vertrauten Synagoge vertrieben und von der Familie
für verrückt erklärt (vgl. Markus 3,21). Biografische Brüche sind
Christus also aus eigener Erfahrung schmerzlich vertraut: unver-

standen verstoßen werden, wegziehen, anderswo neue Wurzeln schlagen, eine Wahlheimat finden – und im Dienst des Evangeliums »Haus oder Brüder, Schwestern, Mutter, Vater, Kinder oder Äcker verlassen« hat (Markus 10,29). Ohne jedes Machtmittel, ohne theologisches Diplom, ohne Amt, ohne offiziellen Auftrag und ohne Absicherung zog er durch sein Land, richtete Menschen auf und machte liebende Freiheit erfahrbar. Gott erfüllt auf seine eigene Weise und anders als erwartet, was Micha angekündigt hat: dass einer kommt, der »über Israel herrschen soll« (Micha, 5,1).

In Marias Fußspuren | Samstag

»Doch heute und morgen und am folgenden Tag muss ich weiterwandern« (Lukas 13,33), sagt Jesus. Er wandert »von der Krippe bis zum Kreuz«, wird Franz von Assisi sagen – und »alle Tage mit uns bis zur Vollendung der Welt«. Klara von Assisi staunt über den Anfang dieses Weges, wenn sie ihrer Freundin Agnes von Prag schreibt:

> Liebe ihn,
> dessen Schönheit
> Sonne und Mond bewundern:
> den Sohn des Höchsten,
> den die Himmel nicht fassen
> und den Maria in ihrem Schoße trug!

Klara deutet die Zusage des Auferstandenen fraulich sensibel:

> Jede gläubige Seele
> ist größer als der Himmel,
> der seinen Schöpfer nicht fassen kann!
> Wenn du den Fußspuren Marias folgst,
> trägst auch du Gottes Sohn in dir
> und hältst ihn,
> von dem du
> und alles gehalten wirst!

Franz von Assisi geht noch weiter:

> *Am Weg ist er für uns geboren ...*
> *Wir alle gebären ihn,*
> *wenn wir ihn durch unser Leben und Wirken*
> *auf die Welt bringen!*

Ich wünsche Ihnen auf Marias Fußspuren gute Schritte Betlehem entgegen – und weit über Betlehem hinaus!

Gottes Menschsein
von der Krippe bis zum Kreuz

Holzschnitt von Schwester M. Sigmunda May OSF (2009)[3]

Schritte mit Hirten

Impulse in die Weihnachtstage

Wir haben seine Herrlichkeit gesehen,
die Herrlichkeit des einzigen Sohnes vom Vater,
voll Gnade und Wahrheit.

JOHANNES 1,14B

Die folgenden Impulse sind inspiriert von einer Weihnachtspredigt des deutschen Franziskaners Franz Richardt, heute geistlicher Leiter des Bildungshauses Ohrbeck bei Osnabrück. Mir in unserer gemeinsamen Zeit als Dozenten der Ordenshochschule in Münster als Skript überlassen, findet sie sich hier ab Montag in meditative Kurzbetrachtungen umgesetzt.

Gottes Fern-Nähe | Sonntag

Eine junge Mutter und Hirten staunen als Erste darüber, wie Gott seine Herrlichkeit in Betlehem zeigt (vgl. Lukas 2). Lassen wir uns diese Woche von ihnen mit auf den Weg nehmen: fragend, hoffend, sehend und hörend. Verweilen Sie zunächst aber bei Versen von Georg Schmid, die Gottes Fern-Nähe besingen:

> *Licht, das sich den Hirten zeigt,*
> *Wort, das in Palästen schweigt.*
> *Kind, von dem die Mutter singt,*
> *Leben, das uns Leben bringt.*[4]

Wachen | Montag

»In jener Gegend lagerten Hirten auf freiem Feld und hielten Nachtwache bei ihrer Herde« (Lukas 2,8). Hielten alle Wache? Einige schliefen wohl in ihren Nomadenzelten, um am Tag dann fit zu sein. Haben diese das Licht gesehen? Wurden sie geweckt? Oder haben sie das Ganze verschlafen? Die Wachenden brechen eilig auf. Geht es nicht auch uns so? Die einen machen intensive Erfahrungen, menschliche und religiöse. Andere bleiben davon unberührt oder verpassen sie. Trifft das nicht oft schon in der eigenen Familie zu? Glaubenserfahrungen lassen sich weder planen noch machen: Sie sind ein Geschenk. Und Gott kann es sich leisten, leise zu sein: weder laut noch aufdringlich. Niemand im nahen Betlehem bemerkt das Licht auf dem Feld. Nur eine Handvoll Hirten! Selig, wer wach ist wie sie: wach für Gottes stilles Handeln – mitten im Alltag.

Aufbrechen | Dienstag

»Da sagten die Hirten zueinander: Kommt, wir gehen nach Betlehem, um das Ereignis zu sehen, das uns der Herr verkünden ließ« (Lukas 2,15). Blieb keiner bei den Schafen, pflichtbewusst, »beruflich verhindert«? Oder blieb einer aus Bequemlichkeit? Wurde keiner von Zweifeln zurückgehalten? Auch das wäre uns doch vertraut! Dass Menschen sich den Weg zur Krippe ersparen, weil die Umstände es nicht zulassen, weil sie zu träge geworden sind oder weil sie die Botschaft nicht glauben.

Und jene, die gehen: *Wie* gehen sie? Wie sind *Sie* in die Heilige Nacht gegangen? Erwartungsvoll? Mit Freude? Oder einfach mitgegangen? Stellen wir uns Hirten und Hirtinnen auf dem Weg vor: Eine schreitet neugierig, einer etwas skeptisch, eine voller Hoffnung. Unterschiedlichste Gefühle, je nach Lebenslage: Sie prägen jeden gemeinsamen Weg und jede Glaubensgemeinschaft.

Erwartungsvoll | Mittwoch

Begleiten wir Simon, den tatkräftigsten Hirten! Seine Seele atmet auf: »Endlich, Gott im Himmel, schlägt ihnen die Stunde! Der Messias wird aufräumen mit den Herren, wird aufräumen mit den Abzockern und den Pharisäern ... – endlich!« Simon schreitet kämpferisch. Benjamin hinkt: »Der Heiland wird mir Gesundheit schenken, seine Hand auf mich legen und mich heilen! Er wird meine Traurigkeit vertreiben.« Benjamin hinkt still mit seiner ganz persönlichen Hoffnung hinter Simon her. Sara eilt, die Kinderreiche: »Komm zur Ruhe, gestresste Seele: Ich werde dem Herrn von meinem Frust erzählen, und er wird erkennen, wie ausgenutzt ich mich fühle. Er wird meine Arbeit würdigen und den anderen die Augen öffnen, denn er ist gerecht!« Tamara, die vierte, bleibt nüchtern: »Messias? Noch so ein selbst ernannter Retter des Orients? Ein Guru, der Leute um sich schart und ihnen den Verstand vernebelt? Noch einer, der von Freiheit redet und den Geblendeten das Geld aus der Tasche zieht? Ich werde jene warnen, die auf ihn hereinfallen: Wir haben die eigene Vernunft und unsere Hände zu gebrauchen.«

David geht als Letzter, bedrückt: »Der König wird mich gleich durchschauen. Er wird alles sehen, was ich falsch gemacht oder verpasst habe. Er wird mich mit strengem Blick von sich weisen: Fort mit dir! Versager«. – Und Sie? Wem sind Sie gerade am nächsten? Und Ihr Partner? Ihre Freundin?

Staunen | Donnerstag

»So eilten sie hin und fanden Maria und Josef und das Kind, das in der Krippe lag« (Lukas 2,16). Und sie hörten die Botschaft. Sie kamen, sie sahen, und dann – zunächst wohl einfach Stille, nur Schauen und Dastehen vor dem Geheimnis:

> *Kind, von dem die Mutter singt:*
> *Leben, das uns Leben bringt.*
> *Ewigkeit, noch nie erkannt:*
> *Himmel, der zur Erde fand.*
> *Kind, das in der Krippe liegt,*
> *König, der sich selbst besiegt.*
> *Friede, den kein Sturm zerstört,*
> *Wort, das unsre Worte hört.*[5]

Solidarisch | Freitag

Da stehen all die tatendurstigen Simons, die kämpferisch auf große Veränderungen warten. Da stehen die hinkenden Benjamins, die krank und traurig Heilung für sich selber erhoffen. Da stehen die Saras, die gestresst auf Anerkennung und mehr Rücksicht warten. Da stehen die Tamaras, die nüchtern und skeptisch auf eigene Vernunft und Hände vertrauen. Da stehen die Davids, die voller Selbstzweifel keinem mehr richtig in die Augen schauen.

Wie mag es ihrer Erwartung ergangen sein in der Wohnhöhle von Betlehem? Mit Stallgeruch in der Nase? Einem jungen Paar vor sich? Improvisierter Gastfreundschaft? Und einem Kind, das neugeboren in den Armen der Mutter ruht? Was die Hirten wohl empfinden bei dem, was das junge Paar ihnen erzählt: In einer Welt, in der Machthaber Tausende auf den Weg schicken und Manager über die Köpfe ganzer Völker hinweg bestimmen, da kommt Gottes Sohn mit auf den Weg! Da geht ER mit einfachen Menschen, die von harter Wirtschaftspolitik betroffen sind! In einer Welt, in der neue Könige Truppen losschicken und im Namen des Friedens Waffen einsetzen, wagt Gottes Sohn sich schutzlos ins Land! In einer Welt, in der kühle Ökonomen profitorientiert entscheiden, rechnet Gott dennoch mit offenen Türen. In einer Welt, in der Fremde abgewiesen werden, geht Gott mit jenen weiter, die keinen Platz mehr finden …

Gottes Menschlichkeit | Samstag

Unter einfachstem Dach kommt Gottes Sohn zur Welt! Weil eine Frau ja gesagt hat zu ihrem Kind, trotz schwieriger Ausgangslage, kommt sein Sohn zur Welt! Weil ihr Partner ja gesagt hat zu ihr und ihrer Schwangerschaft, kommt sein Sohn gut zur Welt! Weil das junge Paar zusammengehalten und mühsame Wege gemeinsam bestanden hat, und weil jemand offene Augen hatte für die leise Not mitten im Gedränge der Stadt, kam Gottes Sohn gut zur Welt.

Glücklicher Simon, wenn du ahnst, wie Gott die Welt verändern wird, mit leeren Händen und offenen Augen! Glücklicher Benjamin, der du spürst, wie sehr Gott sich in unsere eigenen Grenzen und Nöte hineinwagt! Glückliche Sara, wenn dein Stress und deine Ansprüche von Marias Frieden berührt werden! Glückliche Tamara, die erfährt, dass es mehr als unsere Vernunft und unsere Hände gibt! Glücklicher David, dem das Kind (und Gott selber) zulächelt, wenn du so geduckt vor ihm stehst!

»Und alle, die es hörten, staunten über die Worte der Hirten. [...] Die Hirten kehrten zurück« (Lukas 2,18.20), zurück in ihre Alltagswelt, mit der Erfahrung, dass der große Gott ganz klein unter uns ist. Dass er unsere Wege mitgeht, ganz menschlich und im Glauben an eine menschlichere Welt!

> *Wind, der durch die Herzen weht,*
> *Leben, das aus Gott entsteht.*
> *Feuer, das für alle brennt,*
> *Gott, der keine Grenzen kennt.*
> *Lobt die Macht, die sich verneigt,*
> *Lobt den Himmel, der nicht schweigt.*
> *Lobt das Licht, in uns entfacht,*
> *Licht aus Licht in unsrer Nacht.*[6]

Reiner Tisch – neue Freiheit

Impulse in den Jahreswechsel

Zärtlich und liebevoll ist der Ewige,
geduldig und von unendlicher Güte.
PSALM 103,8

Altes zurücklassen | Sonntag

Wenige Blätter bleiben am Abreißkalender. Wenige Tage noch hängt das Dezemberbild des Jahreskalenders. Dann geht auch meine alte Agenda ins Altpapier. Seit meiner Jugend sind mir zwischen Weihnachten und Neujahr nicht nur die vielen Besuche und Feiern lieb. Ich habe auch ruhige Stunden schätzen gelernt: Zeit, um Verschiedenes auszuräumen oder in Ordnung zu bringen; zu erledigen, was allzu lange liegengeblieben ist; Menschen zu schreiben, die schon seit Wochen oder Monaten auf einen Brief warten, und andere anzurufen; Aufgestapeltes abzutragen, Ausgeliehenes zurückzugeben etc. Das neue Jahr soll mit »reinem Tisch« und in neuer Freiheit beginnen, auch wenn die neue Jahresagenda bereits eine Fülle von Terminen enthält.

Nicht nur wir wünschen, auch Gott wünscht uns frei für das Leben, das uns erwartet und neu fordert. Was möchten Sie zurücklassen, erledigen und noch im »alten Jahr« bereinigen?

Geister vertreiben | Montag

Viele Gegenden der Schweiz kennen archaische »Silvesterbräuche«. In meiner Heimat wird der letzte Tag des Jahres in aller Frühe mit Kuhglocken eingeläutet. Auch ich bin als Bube jeweils um fünf Uhr mit anderen aufgebrochen, um durch den Schnee von Hof zu Hof zu stapfen. Vor jedem Haus wurde geschellt, bis jemand herauskam und eine kleine Gabe überreichte. Der Brauch wurzelt wie andere auch in »heidnischer« Vorzeit. Glocken und Trommeln sollten die Geister vertreiben, die am dunkelsten Übergang des Jahr-kreises lauerten. Menschen sollen wach werden und Gutes tun. Wir »aufgeklärten« Gläubigen haben die Geister verabschiedet. Das endende Jahr hat uns jedoch neue Ungeister vor Augen geführt: eskalierender religiöser Fanatismus in verschiedenen Nationen und Religionen, Terrorismus, der weltweit zuschlagen kann, bedrohliche wirtschaftliche Zusammenbrüche und zuneh-mende Ängste vor einer ökologischen Katastrophe. Hätten Sie die Krisen, die es im endenden Jahr in die Tagesschau schafften, vor zwölf Monaten an Neujahr erahnt?

Wir haben allen Grund, wach ins neue Jahr zu gehen – ohne von den Geistern der Angst und des Pessimismus verfolgt zu wer-den ... Diese lassen sich mehr noch als durch Glocken im Glauben an Christus vertreiben, der bei uns ist »alle Tage bis zur Vollendung der Zeit« (Matthäus 28,20).

Neujahr | Dienstag

E guets Neus! Ich wünsche es uns allen von Herzen: ein gutes neues Jahr! Wenn Sie die Agenda des alten Jahres nun ins Altpapier wer-fen, tragen Sie doch das Gute weiter: Erfahrungen, für die Sie dank-bar sind; Freundschaften, die Ihr Leben prägen; Begegnungen, die Sie mit neuen Menschen verbunden haben; befreiende Erlebnisse, neue Horizonte und gute Gewohnheiten. Es braucht keine »neuen Vorsätze«, wenn wir Bewährtes weiterführen, gelebten Werten Sorge tragen, wichtige Beziehungen pflegen, da oder dort weiter dazulernen und gut unterwegs bleiben. Die frühe Kirche hat im Fortdauern der Zeit und in jedem neuen Jahr ein Zeichen von Got-tes Geduld erkannt: Gott möchte uns Zeit geben, das Leben und die Welt aus dem Glauben zu gestalten und zu entfalten. Der Psalm preist ihn als »geduldig und von unendlicher Güte« (Psalm 103,8).

365 neue Tage sind uns geschenkt. Und den meisten von uns noch viele weitere Tage – oder vielleicht auch weniger?

Geduld | Mittwoch

Anstelle neuer Vorsätze können wir uns auch Zusagen und Wünsche auf den Weg ins neue Jahr geben lassen. Wenn Gott mit uns geht, wird er uns bestimmt gerne »mit seiner Liebe und seinem Erbarmen, seiner Geduld und seiner Güte« anstecken, so könnte man den Psalmvers in heutigem Deutsch formulieren. Es wäre eine Antwort an die genannten Ungeister, welche uns im neuen Jahr zweifellos weiter beschäftigen. Geduld: Sie beginnt mit mir selber, meinen Grenzen und den Gewohnheiten, die ich gerne abgelegt hätte. Die Geschichte Israels zeigt, wie sehr Gott alle Wege seines Volkes mitgeht. Es sind meist kleine Schritte, die menschliches Leben entfalten und wandeln. Jesu Freude an Menschen ist nicht an Vorsätze gebunden, und seine Zuwendung nicht an Vorleistungen. Nehmen wir uns selbst – und andere – so an, wie er uns! Mit einer Geduld, die weder verbissen noch resigniert wird, sondern hofft, die an uns glaubt und die lächeln kann.

Güte | Donnerstag

»Unendliche Güte«, wie der Psalm sie Gott zutraut, wird von keinem Menschen erwartet. Es reicht, wenn wir »endlich gütig« sind. *Chesed*, das hebräische Wort für Güte, meint Liebe, Wohlwollen, Anmut und Zuwendung. Franz von Assisi ermutigt seine Brüder, das Gute zu schätzen und zu sehen: das Schöne in der Schöpfung, das Gute im eigenen Leben und das Gelungene, »das Gott in andern wirkt«. Wer andere um ihre Talente oder Taten beneide, betrübe Gott, der alles Gute ermöglicht, schenkt und bewirkt. Würde diese Glaubenshaltung unserer westlichen Kultur, die so sehr auf Wettbewerb und Konkurrenz setzt, nicht viel innere Freiheit eröffnen? Freude am Guten, neues Staunen und ein Gemeinsinn aus der Tiefe?

Gottes Güte verbindet »alle Menschen guten Willens« (Lukas 2,14). »Grenzenlos« schließt sie nichts und niemanden aus. Haben Sie auch schon für einen der aktuellen Diktatoren unserer Welt gebetet? Mein Glaube lässt mir leise Hoffnung, dass auch sie erwachen können aus Machtgier und Repression, die sich gegen das eigene Volk richten: erwachen zu einem neuen Blick auf Welt und Menschen – und auf sich selbst. Beten für Gewaltherrscher schließt eine entschlossene Politik, Sanktionen, harte Verhandlungen und notfalls militärische Mittel nicht aus. Wer aber für Menschen betet, spricht ihnen das Menschsein nicht ab und vertraut auf mehr als die Mittel, die uns selber gegeben sind.

Erbarmen | Freitag

»Voll Erbarmen« sei unser Gott. Das Wort *chanun* bedeutet wörtlich: Gott hat ein empfindsames Herz, wendet sich aus reiner Liebe zu und erweist sich wohltuend. Jeder Freitag erinnert daran, wie weit seine Liebe dabei gegangen ist – selbst zu seinen Feinden. Auch seinen Mördern traute Jesus am Kreuz noch zu, dass sie zur Einsicht kommen werden. Sonst hätte er ihnen nicht Vergebung und damit eine Chance erbeten, aus ihrem Hass befreit und für das Reich Gottes offen zu werden. –

Haben Sie unversöhnte Beziehungen mit ins neue Jahr genommen? Lähmende Konflikte oder eine »Waffenruhe«, die Herzen verhärtet? Vielleicht suchen Sie auch nur Verständnis für den Gegenpart zu finden, nicht Einverständnis. Es wäre ein erster »empfindsamer« und »wohltuender« Schritt.

Segen | Samstag

Ihnen wünsche ich mit einem irischen Segen, den ich aus eigener Erfahrung zusätzlich anreichere, ganzheitlich viel Gutes für das neue Jahr:

Gesegnet seist du, Mensch und Gefährtin,
an Leib und Seele!
Auf dass du erkennst,
welch schöner und treuer Freund
dein Leib für deine Seele ist,

auf dass du entdeckst,
wie innig achtsames Schauen, Hören und Berühren
mit dem Geheimnis der Welt verbindet,
auf dass du glücklich wohnst
mit ganzer Seele in deinem Leib
und mit Leib und Seele in dieser Welt,
auf dass du ankommst
bei dir selbst und beim du mit dir
unterwegs zum gemeinsamen Ziel,
und dass du dort feiern kannst
mit dem DU aller Dus
im Fest, das alle Wege vereint.

Neue Hoffnung
Impulse in die Neujahrswoche

Du krönst das Jahr mit deiner Güte,
deinen Spuren folgt Überfluss.
PSALM 65,12

Die folgenden sieben Schritte in ein neues Jahr empfehlen sich unabhängig von der Kalenderfolge der Wochentage für die ersten sieben Tage des beginnenden Jahres. Sie begleiten bruchlos und aufbrechend zugleich in – wenn es gut kommt – 365 neu geschenkte Tage und laden dazu ein, vier neue Jahreszeiten innerlich wach anzugehen.

1. Januar

»Ein gutes neues Jahr!« Ist es nicht hoffnungsvoll, was wir einander zum Jahresanfang in diesen schlichten Worten wünschen? Was wir unseren Lieben sagen und was wir diese Woche noch öfter hören? Ein Jahr – neu – gut! Dass das eben begonnene Jahr neu sei, erneuere und Neues schaffe? Dass es gut sei, gut tue, Gutes bringe, und dass manche alte Geschichte auch gut werde? Wir wünschen uns Segen in ein frisches Jahr, das uns geschenkt, vergönnt, aufgetragen, zugemutet und anvertraut ist – vom Einen, vom Guten, der alles Neue schafft. Und er teilt mit uns, was er uns schenkt – Zeit, Leben, neue Erfahrungen: Er, der vor unserer Zeit, über ihr und in ihr ist! Ich wünsche uns, dass der Wunsch von heute an vielen Tagen des neuen Jahres zum Dankeswort wird, zur schönen Feststellung: »wahrlich, ein gutes Jahr!«

2. Januar

Die meisten von uns nehmen hoffnungsvoll an, dass das neue Jahr heute noch immer mit 364 Tagen aufwartet – für die Welt und uns persönlich. Nicht so der Glaube der ersten Christen und Christinnen. Auch Paulus glaubte fest an das nahe Weltende und die baldige Wiederkunft Christi: »Maranatha! Komm Herr, wir sind bereit« (1 Korinther 16,22). Bald begannen Gemeinden für den »Aufschub des Weltendes« zu beten. Der 2. Petrusbrief spricht es deutlich aus: »Der Herr zögert nicht mit der Erfüllung der Verheißung, wie einige meinen, die von Verzögerung reden; er ist nur geduldig mit euch, weil er nicht will, dass jemand zugrunde geht, sondern dass alle sich bekehren. Der Tag des Herrn wird aber kommen wie ein Dieb« (2 Petrus 3,9–10). Bereits Paulus weitet die Hoffnung im Römerbrief: Gott wird »die Fülle der Völker« retten (Römer 11,25), bevor auch Israel sein Heil erkennt – was einiges an Missionszeit voraussetzt. Wie lange auch immer Gott sich und uns Zeit für die weitere Heilsgeschichte gibt, nehmen wir doch die neu geschenkte Zeit wach und dankbar an!

3. Januar

Wenn das neue Jahr denn 365 Tage zählen wird, sind uns da nicht weniger als 8760 Stunden gegeben! Davon sind bei Vierzig-Stunden-Wochen keine 2000 Arbeitsstunden. Wofür wünschen Sie sich dieses Jahr über die Arbeit hinaus auch noch Stunden, speziell oder immer wieder? Wenn diese oft zu kurz kommen oder gefährdet sind, dann nutzen Sie doch Ihre neue Agenda und schützen sie solche Zeiten! Schaffen Sie bewusst Raum für wertvolle Zeit, die nicht im Alltagsgetriebe untergehen soll.

Bei meiner Einführung ins Ordensleben hat ein Meister geraten, unsere Tage für vier Lebensbereiche zu nutzen: Gebet, Arbeit, Beziehungen und persönlichen Freiraum. Gottesfreundschaft und menschliches Miteinander leben von Zeiten, die ihnen speziell gehören. Über meinen arbeitsamen Einsatz für die Welt hinaus sind auch meine persönlichen Interessen und Bedürfnisse wichtig: Freiräume für Bildung, Sport, Natur, Erholung, Kultur, Hobbys. Im eben begonnenen Jahr haben Sie für all dies ganze 525.600 Minuten Zeit! Raum für Fülle, die auch unser Psalmvers verspricht!

4. Januar

Eine Freundin schrieb über den Wert der Zeit nachdenkliche Zeilen: »Was ein Jahr zählt, willst du wissen? Frage einen Studenten, der im Schlussexamen durchgefallen ist! – Was ein Monat zählt? Frage eine Mutter, die ihr erstes Kind bald zur Welt bringt! – Was eine Woche zählt? Frage die Redaktion einer Wochenzeitschrift! – Was eine Stunde zählt? Frage die Verliebte, deren Freund auf eine Reise geht! – Was eine Minute zählt? Frage jemanden, der seinen Zug verpasst! – Was eine Sekunde zählt? Frage eine Sportlerin, die ein großes Rennen gewonnen hat!« Was unser Leben zählt? Überlassen wir die Antwort Gott, der es uns geschenkt hat, und Christus, der uns »Leben in Fülle« ermöglichen will.

5. Januar

Lauschen wir näher hinein in die überaus poetische Passage unseres Psalmes, der die Schönheit eines fruchtbaren Landes beschreibt – Motive, die wir hierzulande in tausend Bildern illustrieren könnten, wobei wir die Steppen des Nahen Ostens durch unsere europäischen Wälder ersetzen dürfen:

> *Du sorgst für das Land und tränkst es;*
> *du überschüttest es mit Reichtum.*
> *Der Bach Gottes ist reichlich gefüllt,*
> *du schaffst ihnen Korn; so ordnest du alles.*
> *Du tränkst die Furchen, ebnest die Schollen,*
> *machst sie weich durch Regen,*
> *segnest ihre Gewächse.*
> *Du krönst das Jahr mit deiner Güte,*
> *deinen Spuren folgt Überfluss.*
> *In der Steppe prangen die Auen,*
> *die Höhen umgürten sich mit Jubel.*
> *Die Weiden schmücken sich mit Herden,*
> *die Täler hüllen sich in Korn.*
> *Sie jauchzen und singen* (Psalm 65,10–14).

Der moderne Brunnen in unserem Klostergarten, aus weißem Jurastein und rostigem Eisen gefügt, hat ein ganzes Jahr geplätschert. Jetzt steht er zugefroren, und unsere jungen Katzen tasten sich staunend über die Eisschicht. Wie dieser Brunnen erleben auch wir Menschen und Gott mit uns »Jahreszeiten«: Winter – kahle Phasen, in denen scheinbar nichts mehr fließt, in mir, um mich und über mir, Nebelzeiten, die jede Perspektive nehmen, Kälte, die uns frieren lässt. Glauben wir daran, dass Gottes Brunnen, Quellen und Bäche auch im Winter auf neue Fülle vorbereiten: das Leben des Frühlings, der erwacht, wenn der Schnee schmilzt und alle Wasser überreich fließen? Und dass wir in stillen Zeiten wie die Natur Kräfte sammeln – und dass auch unsere Seele Erstarrtes in Tauwetter hineintragen kann?

6. Januar

Das neue Jahr hält uns einen äußeren und sicher auch innere Frühlinge bereit: Zeiten voller Träume und Fantasie, voller Farben, Vitalität und Kraft! Neuaufbruch, Aufblühen, beschwingte Erfahrungen, sie sind jedem Alter auf eigene Art gegönnt. Nur Gottes Frühling wird ewig sein. Unser Jahr wird auch Sommermonate bringen. Hundstage für meinen Leib sind berechen- und absehbar, jene für die Seele nicht: Zeiten der Trockenheit und der Gewitterstürme, die durchzustehen sind und zugleich Reifung erfahren lassen. Freuen wir uns über Gewitter hinaus auf sonnige Tage reich an Arbeit und Unternehmungen – und auf jenen Durst, der uns an tiefere Quellen bringt!

7. Januar

Auch auf Herbstfarben dürfen wir uns freuen – mit Leib und Seele: auf äußere und innere Zeiten der Fruchtbarkeit und zufriedener Freude! Was geblüht hat und was wir durch lange Reifezeit und manche Stürme brachten, trägt Frucht und lässt sich genießen. Treuer Einsatz und durchgetragene Mühen zeitigen sichtbaren

Erfolg und lassen uns glücklich zurückschauen. Erntezeiten sind schön, und sie leben vom Loslassen und dankbaren Genießen.

Der Psalm von Gottes fließender Fülle sieht Lebensreichtum nicht nur individuell, sondern in der ganzen Schöpfung und für alle:

> *Alle Menschen kommen zu dir.*
> *Ost und West erfüllst du mit Jubel.*
> *Du sorgst für das Land und tränkst es;*
> *du überschüttest es mit Reichtum.*
>
> *Der Bach Gottes ist reichlich gefüllt,*
> *du schaffst ihnen Korn; so ordnest du alles.*
> *Du tränkst die Furchen, ebnest die Schollen,*
> *machst sie weich durch Regen, segnest ihre Gewächse.*
>
> *Die Weiden schmücken sich mit Herden,*
> *die Täler hüllen sich in Korn.*
> *Sie jauchzen und singen.*
> *Du krönst das Jahr mit deiner Güte,*
> *deinen Spuren folgt Überfluss.*

Ja, ER kröne das Jahr, das wir eben beginnen!

Mensch mit Leib und Seele

Impulse im Nachklang der Weihnachtszeit

Wir haben seine Herrlichkeit gesehen,
die Herrlichkeit des einzigen Sohnes vom Vater,
voll Gnade und Wahrheit.
JOHANNES 1,14B

»Leben in Fülle« hat Jesus von Nazaret schon in dieser Welt verheißen. Sein eigener Weg und seine Lebenspraxis wurden für Mystiker wie Franz von Assisi, für Reformer von Valdes von Lyon und Jan Hus bis zu den Reformatoren, für die Gesellschaft Jesu und die Quäker grundlegende Orientierung. Leben und Praxis des Rabbi aus Nazaret stellt auch Papst Franziskus entschieden über Tradition und Doktrin der katholischen Kirche. Die folgenden Meditationen nehmen die Spur des Gottessohnes auf, die in Betlehem beginnt und Menschsein in Fülle aufleuchten lässt.

Ganz unten beginnen | Sonntag

Was Kinder seit Tagen in Krippen bestaunen, was Erwachsene bedenken und Geschäfte bedenkenlos vermarkten, ist die Geburt eines Kindes. Eine ungewöhnliche Geburt, weil sie nach dem biblischen Bericht improvisiert geschah: unterwegs und unter dem Dach einfacher Leute. Ein junges Leben, das von Anfang an gefährdet ist! Betlehems Krippe ist ein Vorzeichen und deutet an, wie das Kind dreißig Jahre später wirken wird: heimatlos unterwegs, mit fast leeren und doch befreiend freien Händen. Gottes sichtbare »Herrlichkeit«, wird Johannes später schreiben. Keine Herrlichkeit unserer Art! Kinder staunen über etwas, das uns Erwachsene neu berühren möchte: eine Liebe, die sich arm macht, um mit den Schwächsten unter uns solidarisch zu werden. Alltäglich? »ER wurde ganz Mensch mit Leib und Seele, und so lebte er unter uns« (Johannes 1,14a): Er tat es zuerst, fügt Lukas hinzu (vgl. Lukas 2), mit Menschen auf der Straße und in einer Notunterkunft. Ganz unten zu beginnen kann zur Chance werden – wenn es befreiend geschieht.

Unscheinbares Licht | Montag

Die Impulse dieser Woche möchten nicht darüber nachdenken, *warum* Gott sich so unscheinbar unter uns gesellte. Sie entstehen vielmehr aus dem Staunen darüber, *wie* schlicht und unerwartet er Mensch sein wollte – mit Leib und Seele! Ich habe mein Staunen als junger Student in poetische Zeilen gefasst:

> *als augustus von rom aus*   *als herodes im machtwahn*
> *den erdkreis regiert –*   *eigne söhne erschlägt –*
> *beginnt dein weg*   *bringt ein schlichtes mädchen*
> *in vergessenem land*   *unterwegs dich zur welt*

Nicht im Zentrum, sondern am Rand der Welt beginnt ein menschlich lichtvoller Weg. Vielleicht wartet auch mein Alltag heute im scheinbar Nebensächlichen, im Kleinen mit Überraschungen auf: unscheinbare »Orte«, wo sich neues Leben zeigt, Licht aufstrahlt, Begegnung geschieht und gemeinsame Wege entstehen.

Die Alltagswelt lieben | Dienstag

Als »Mensch mit Leib und Seele« lernt das Kind an Marjams Hand dann gehen, erkundet seine kleine Welt und spielt mit Gefährten in Nazarets Sandhaufen. Wahrhaft »herrlich«, wie lieb sie Gottes Sohn wird: unsere Erde in einem Winkel der Welt!

> *während priester im tempel*   *als pharisäer das volk*
> *deine ankunft erflehn –*   *in den geboten belehr'n –*
> *wächst du als sohn*   *lebst du ganz still*
> *eines zimmermanns auf*   *von deiner hände werk*

Kinder können auch ohne Worte gute Prediger sein. Die Kleinen erzählen mit ihrer Spielfreude und Neugierde von Ihm, der selbst gehen und spielen, singen und tanzen, werken und genießen gelernt hat. Dorfalltag, als Handwerker im kleinen Nest Nazaret erlebt und zusammen mit 120 Bewohnern gemeinsam gestaltet, wird auch für den Gottessohn während dreißig Jahren zum bergenden Zentrum der Welt.

Ver-rückt | Mittwoch

Was Jeschua-ben-Josef nach einer Wüstenerfahrung dann tut, erscheint den Geschwistern und der Mutter verrückt (vgl. Markus 3,21.31). Auch diese Erfahrung bleibt dem Menschensohn nicht erspart: unverstanden zu sein von denen, die mir an nächsten stehen; familiäre Spannungen, die öffentlich werden; und selbst größere Konflikte im eigenen Dorf. Jesus durchbricht den Kreis familiärer Bedürfnisse, beruflicher Interessen und dörflicher Mentalität. Gottes befreiender Geist eröffnet ihm neue Wege, erfüllt alte Hoffnungen und wirkt erstaunliche Zeichen:

wo zeloten erwarten
den messias mit schwert –
ziehst du gewaltlos
als rabbi durchs land

als qumrans mönche
sich enthalten der welt –
umdrängt dich das volk
in kafarnaum

wie theologen sich streiten
so schriftgelehrt –
erzählst du den armen
vom gottesreich

wo fromme am sabbat
ruhn nach gesetz –
zeigst gott du ganz nah
und befreiend im tun

Mutige Zuwendung | Donnerstag

Entschiedener Einsatz für Menschen und gegen den Missbrauch der Macht schafft nicht nur Freunde. Entlarvende Kritik an sozialem Unrecht und religiöser Arroganz provoziert. Dass der Rabbi

»schlechten Umgang« mit Zöllnern und Dirnen liebt, populäre Feindbilder durchkreuzt und sich Fremden zuwendet, macht ihn vielen Landsleuten fremd und einigen Interessengruppen zum Feind.

> wo israel seine zöllner
> und dirnen verstößt –
> sitzt du gerecht
> mit sündern zu tisch

> als barabbas die römer
> bekämpft mit gewalt –
> heilst du dem feind,
> der da glaubt, den sohn

Liebe ohne Grenzen | Freitag

Wehe dem, der Eigeninteressen und Falschheit der Autoritäten aufdeckt. Gefährdete Macht reagiert oft mit Gewalt. Jesus sieht, was sich in Jerusalem zusammenbraut. Der Hohe Rat könnte zu Intrigen, Mobbing und einem unfairen Prozess greifen. Der Rabbi wagt sich dennoch zum Pascha in die Stadt. Er trägt seine Botschaft der neuen Zuwendung Gottes ins Zentrum des Tempelstaats. Werden die Selbstherrlichen dort ihre Privilegien mit allen Mitteln verteidigen? Flucht vor ihnen hieße eingestehen, dass Macht über Menschlichkeit siegt.

> als die führer im rat
> sich tödlich verschwör'n –
> spür'n lahme und leprose
> dass gott sie liebt.

> als soldaten beim kreuz
> ihre pflicht nur tun –
> trittst du beim vater
> für die mörder ein

> als kaiphas zur »ehr gottes«
> das urteil verhängt –
> da weint dein abba
> der nicht eingreifen darf

> als spötter dich nackt
> am kreuze verhöhn –
> vergibst du dem
> der nicht weiß, was er tut

Tochter der Freiheit | Samstag

»Wir haben seine Herrlichkeit gesehen.« Kein Glanz der weltlichen Art, sondern lichtvolle Gegenwart ohne Machtmittel, fern von Privilegien und Karriere, ganz unten – doch kraftvoll aus innerer Freiheit und in einer Menschlichkeit, wie nur Gott sie lebt. Der Höchste erweckt seinen Sohn, der sich zum Bruder aller und zum Freund der Kleinsten gemacht hat: Er lässt eine Liebe siegen, die allen Hass, jedes Dunkel und den Tod überwindet.

> *als im tempelstaat*　　　*als israels nation*
> *wieder ordnung herrscht –*　　　*im krieg versinkt –*
> *erlebt die gefährtin*　　　*gelangt deine botschaft*
> *den erstandenen herrn*　　　*an die grenzen der welt*

Sie heute weitertragen heißt, den »Fußspuren Jesu« folgen. Echter Glaube setzt ohne jeden Zwang auf eine einzige Kraft: Gottes Herrlichkeit heißt Liebe, und »l'amour est l'enfant de la liberté«, sagt eine französische Weisheit: Echte Liebe ist die Tochter der Freiheit.

Schauen und Handeln
Impulse in Wintertage

Kommt und seht die Taten Gottes!
Staunenswert ist sein Tun an den Menschen.
PSALM 66,5

Mein Lebensweg | Sonntag

Sonntag auf verschneiten Höhen. Ein weites Nebelmeer bedeckt
das Schweizer Mittelland. Kalter Wind lässt die Berge, Hügelzüge
und Juraketten klar aus der weißen Decke ragen. Zwei Stunden
genieße ich das Panorama von der Rigi aus. Der weite Rundblick
lässt mich die Etappen meines Lebensweges orten: von Rapperswil
über den Appenzeller Alpstein bis zum Westschweizer Jurakamm,
von Solothurn über Luzern bis Zürich und ins Urner Reusstal. Die
einzelnen Lebensorte beginnen zu erzählen. Gesichter, Errungenes
und erfahrene Fülle tauchen in der Erinnerung aus der leuchtenden Nebeldecke. Ich lese in meiner Geschichte, höre ihr Lied und
schaue gut hin. Der Tag sieht mich glücklich und dankbar nach
Hause zurückkehren. Psalm 66 nimmt seine Einladung auf und
vertieft sie. Lies in deiner Geschichte – und schaue durch sie hindurch: Du wirst das Werk dessen erkennen, der deine Wege begleitet, ermöglicht und erfüllt. Wo hat Er mir »Wege geebnet«, wo ließ
er mich »durch Feuer und Wasser gehen«? Wo hat er mich »in die
Freiheit hinausgeführt«? Man muss nicht auf Berge steigen, um
den eigenen Lebensweg nachzuzeichnen. Ihn mit den inneren
Augen durchzugehen ist jedermann, jederfrau und überall möglich. Eine Einladung für heute?

Schauen und singen | Montag

Ob wir ihn »Gottes Schöpfung« oder einfach »unsere Welt« nennen:
Der blaue Planet fordert moderne Menschen vielfältig heraus. Wir

erforschen, beschreiben und erklären unseren Lebensraum, wir zähmen, gestalten und verändern Mikro- wie Makrokosmos, wir erschließen, nutzen und bearbeiten die Natur, wir kontrollieren, sanieren und prägen die Welt nach unseren Ideen. Im Erforschen, Zupacken und Handeln werden wir von Kindheit an gezielt geschult.

Der Psalm erinnert zunächst aber an eine Kunst, in der Kinder noch wahre Meister sind, bevor viele es verlernen: Im Schauen und Wahrnehmen – lange vor jedem Tun. Kinder zeigen eine wache Offenheit der Sinne, die dem kleinsten Tier die längste Zeit zuschauen mag, die staunen kann und Freude am scheinbar Banalen zeigt. Der Psalm ermutigt uns, die Augen zu öffnen – und dann singend zu verbinden: Schauende, Geschautes und Gott, der weit mehr als nur Zuschauer ist. Der Aufruf zum »Lobpreis« lebt vom Sehen und Singen – vor und in allem Tun.

Ehrfurcht | Dienstag

Albert Schweitzer (1875–1965) überzeugt als Glaubender, der engagiertes Denken mit initiativem Handeln verbindet. Theologische Schriften zeichnen ihn ebenso aus wie seine soziale Pioniertat. Bei allem geistigen und pragmatischen Zupacken bewahrt er die Kunst des Staunens. »Ehrfurcht« wird zur Grundhaltung, mit der er der Welt begegnet: Alles Leben in und um uns, unsere Mit- und Umwelt sind nicht einfach »Objekt« unseres Handelns, sondern Kunstwerk und Geschenk eines Anderen. Der Mensch ist eingeladen, die Welt mit der eigenen Fantasie und Kreativität weiterzugestalten – zusammen mit dem Künstler, der sie deshalb unvollendet schuf. Daher ist die Welt kein Paradies und kein Schlaraffenland, sondern eine Herausforderung: »Taten Gottes« – »Menschen« anvertraut. »Ehrfürchtige« nehmen wahr, wo sie mit dem Künstler gemeinsam Hand anlegen können: sei es in Projekten, sei es im schlichten Alltag.

Wenn Sie Gott wären ... | Mittwoch

Bei einem Adventstreffen habe ich junge Leute gefragt, was sie an Gottes Stelle in der Welt verändern würden. Die Liste zeigt, wie sehr unsere Realität nach Veränderung ruft. Die jungen Leute würden Gott raten, Folgendes abzuschaffen: Liebe ohne Treue, alle Suchtmittel, Landesgrenzen, Türschlösser samt Schlüssel, alle Waffen, alle Tempel und Kirchenbauten (um dem Glauben eine neue Chance zu geben), Atomenergie und die Börsen. Zwei haben gar geraten, die ganze alte Schöpfung zu entsorgen, um eine gänzlich neue Welt zu schaffen – und eine Gesellschaft mit spirituelleren und sensibleren Menschen, ohne Rassisten und ohne Spekulanten. Einführen würden sie in Gottes Lage gleiche Rechte für alle, Bildung und sinnvolle Arbeit für jeden Menschen, eine gegen Dollars und Populisten resistente Demokratie, eine allen gemeinsame und leicht erlernbare Weltsprache und vieles andere mehr. Was möchten Sie verändert sehen? – Wer den Mut zum Träumen hat, wird auch Kraft zum Handeln finden. Gott will die Welt durch unsere Hände und Fantasie verändern.

Wie Gott handelt | Donnerstag

Betlehem zeigt, dass Gott tatsächlich »eingreift« in unsere Welt – eigenhändig und »mit Leib und Seele«. Er tut es achtsam: nicht mit Macht, von oben, kraftvoll und effizient, keine Weltveränderung in der Art des Augustus, mit Edikten und Befehlen über alle Köpfe hinweg, kein Überrumpeln, kein Herumbefehlen, kein Manipulieren der Menschen und Völker. Gottes Sohn wählte einen Weg, der unsere menschliche Freiheit liebevoll achtet – und einiges »von unten« in Bewegung bringt. Das Neue Testament korrigiert diesbezüglich alttestamentliche Fiktionen, welche Gottes »Machttaten« retrospektiv überhöhen und mit menschlichen Allmachtswünschen ausmalen: Gott handelt schlicht, menschlich, mit unseren Möglichkeiten – und durch unser Tun. Wer nichts Böses im Sinn hat, wird von Gott erhört und darf auf sein tatkräftiges Mittun vertrauen, sagt derselbe Psalm (vgl. Psalm 66,18).

Regie und freie Akteure | Freitag

Der 66. Psalm erkennt in Gott gleichsam den Regisseur der Weltgeschichte: Er richtete die Bühne ein, gestaltet sie um, behält alles im Auge, lenkt das Geschehen und leitet die Akteure, bewahrt und prüft, lässt zu und erlaubt, holt heraus und setzt ein. Das Bild des großen Theaters regt dazu an, eigene Welt- und Gotteserfahrungen zu überdenken.

Ich selbst würde das Gleichnis so formulieren: Nachdem der Schöpfer unsere Erde als Bühne liebevoll eingerichtet hat, wagt er sich als Regisseur an ein einzigartiges Werk. Freie Schauspielerinnen und Schauspieler sollen kein vorgegebenes Drehbuch umsetzen, sondern die Geschichte selber erfinden. »Frau Weisheit« begleitet sie in allen Völkern (vgl. Sprüche 9), auch prophetische Menschen bringen die Stimme des Regisseurs ein. Sie drängen sich jedoch nicht auf und können überhört werden. Die Weltgeschichte wird reich an wundervollen Szenen, sieht aber auch furchtbare Verirrungen. Die wohl schlimmste wirft Gottes eigenen Sohn von der Bühne, der doch am schönsten aufleuchten ließ, wie der Regisseur sich gelungenes Menschsein vorstellt.

Wie hätten Sie sich da verhalten, wenn Sie an der Stelle des himmlischen Vaters gewesen wären? Und wo, glauben Sie, kann der Regisseur uns freien Akteuren oder Akteurinnen heute kaum zuschauen?

Gewinnende Liebe | Samstag

Dass der große Regisseur der Schöpfung und Weltgeschichte auch nach Golgota noch an sein Werk – ein gemeinsames Welttheater mit freien Schauspielern und Drehbuchautoren als Heilsgeschichte mit gutem Ende für alle – glaubt, das macht betroffen. Schafft er es, mit uns an sein Ziel zu kommen? Gemeinsam der neuen Schöpfung entgegenzugehen und bereits jetzt auf sie hinzuwirken? Und dies, ohne uns jene Freiheit zu nehmen, die allein Gottes Zuwendung erwidern und in seine Liebesgeschichte eintreten kann?

Alles, was auf der Erde und im Himmel lebt, wird durch Christus vereint werden, sang die frühe Kirche in ihren Gottesdiensten (vgl. Kolosser 1,20). Die große Versöhnung alles Geschaffenen, des Irdischen und Überirdischen zu erreichen, und damit auch alle Konfliktparteien zu verbinden – nicht durch politische Schachzüge, sondern im Zeichen seiner Liebe zu uns freien Menschen, das wird wohl das größte »Werk Gottes an uns« werden. Gelingt es Gott, wird es in der versöhnten Gemeinschaft der Vollendung keinen Menschen geben, der mir da nicht wieder begegnet.

Wünschen Sie daher unversöhnlichen Menschen gute Schritte hin in die große Gemeinschaft, und wünschen Sie es auch sich selbst. Christus kommt seiner Sendung und seinem Ziel mit uns damit näher, Schritt für Schritt.

Wege
Impulse in den Februar

Zeig mir den Weg, den ich gehen soll;
denn ich erhebe meine Seele zu dir.
PSALM 143,8

Lichtvoll aufbrechen | Sonntag

»Freut euch!« (*iubilate*) steht als Einladung über diesem Sonntag.
Verweilen Sie doch kurz bei der Frage, was Sie in der letzten Woche
gefreut hat und wo Ihnen dieses Wochenende kleine Geschenke
macht.

Seit der Spätantike feiern katholische Gemeinden Anfang Februar »Lichtmess«: Das Fest gedenkt 40 Tage nach Weihnachten des
Weges, der Maria und Josef mit ihrem Kind ein erstes Mal nach
Jerusalem führt (vgl. Lukas 2,22). Als Simeon das Neugeborene im
Tempel sieht, nimmt er es in die Arme und singt: »Meine Augen
sehen, Gott, wie du dein befreiendes Werk beginnst! Allen Völkern
sendest du Licht, und dein Volk Israel lässt du leuchten« (Lukas
2,29).

Kerzen, die heute im katholischen Gottesdienst gesegnet werden, sollen mit auf den Weg durchs neue Jahr kommen. Sie sind so
vielfältig wie die Gläubigen, die sie herbringen – und sie stehen für
vielfältige Lebenswege. Wie das eine und selbe Licht auf all diese
Wege mitgeht, begleitet Gottes Geist unsere Schritte, gehen diese
nach rechts oder links, seien sie langsam oder schnell.

Gemeinsam unterwegs | Montag

Maria und Josef sind mit dem Kind auf dem Weg. Jesus selber wird
nach 30 Jahren ein Wanderleben aufnehmen und Gefährten um
sich sammeln. Nachfolgeworte sprechen dabei immer wieder vom
Loslassen, Aufbrechen und mutigen Unterwegssein. Die ersten

Christinnen und Christen nennen sich selber »Leute vom Weg«
(vgl. Apostelgeschichte 9,2). Die Urmütter und Urväter wie Abraham, Sara, Jakob und Josef machen entscheidende Gotteserfahrungen unterwegs. Auch der alte Psalm sieht Gläubige auf dem
Weg. Er vertraut darauf, dass Gottes »guter Geist mich leite auf
ebenem Pfad« (Psalm 143,10).

Wo fühlen Sie sich zurzeit innerlich spürbar unterwegs?
Was möchten Sie hinter sich lassen? Wo eröffnen sich Ihnen
schöne Aussichten? Was erhoffen Sie sich hinter der nächsten
Wegbiegung? Oder ist Ihre Seele sesshaft geworden? Haben Sie
sich fest eingerichtet im Denken und im Glauben, in Beziehungs-
formen und im alltäglichen Verhalten?
Glaube lebt von Schritten – und von Weggemeinschaft mit Menschen und mit Gott.

Innere Jahreszeiten | Dienstag

Auch die Vegetation schreitet voran: Sie geht einer neuen Jahreszeit entgegen. Mit allen Lebewesen wechseln wir von Winter zu
Frühling und über den Sommer in den Herbst. Anders als der
äußere Jahreslauf folgen unsere inneren Zeiten freien Rhythmen
unterschiedlicher Länge.

Das Leben kennt Frühlingszeiten voller Fantasie, Lebensfreude und Kraft: Zeiten reich an Ideen, da vieles aufbricht. Innere
Sommerzeiten muten dagegen Trockenheit und Gewitterstürme
zu, die durchgestanden Reifung ermöglichen: sonnige Tage reich
an Arbeit und an Tätigkeiten, die auch Durst nach tiefen Quellen
wecken. Ihnen folgt Herbst, Zeiten der Ernte, die auch schmerzliches Loslassens kennen: Langer Einsatz und ertragene Mühen zeitigen Früchte und schauen glücklich zurück. Innere Winterzeiten
lassen dagegen Leere erfahren, da scheinbar nichts mehr lebt,
Nebelzeiten, die jede Perspektive nehmen: Glücklich, wer da mit
der Vegetation trotz Erstarrung in mir und um mich dem neuen
Frühling entgegengeht.

Befreiend | Mittwoch

Auch unser Psalm spricht von Übergängen: Gott soll den Rufer aus der Finsternis führen (Vers 3), sein Herz aus der Erstarrung wecken (Vers 4), seine Seele aus der Trockenheit befreien (Vers 6) und auf dunkle Nacht den Morgen folgen lassen (Vers 8). Die uralten Zeilen spiegeln die Erfahrung Israels wider: Sein Gott wirkt befreiend, wendet sich zu, richtet auf, weckt neues Leben und lässt Menschen neu aufbrechen. Was die Exodusgeschichte als Bundesgeschehen zwischen Gott und Volk beschreibt, wird hier auf jeden einzelnen Menschen hin gesagt. Dieser urbiblische Glaube wird zur Gewissensfrage an jede christliche Verkündigung: Ist das, was sie vertritt und lehrt, erhellend, befreiend, aufrichtend? Weckt es oder lähmt es Leben? – Entfalte oder belaste ich selber Leben in mir und in anderen (Vers 2)?

Klartext im Gebet | Donnerstag

Der Beter oder die Beterin des Psalms steckt in der Enge: Von Menschen bedrängt, alleingelassen und »zu Boden gedrückt«, »erhebt« sie ihre Hoffnung und Sehnsucht zu Gott. So fern er erscheint, lässt er sich doch ansprechen, anrufen und drängen.

Gebetssprache darf ganz menschlich, direkt und spontan sein: Sie muss ihre Worte nicht auf die Waage legen. Sie richtet sich an ein du, das uns gut kennt – besser als wir uns selber (vgl. Ps 139) – und das mich im Tiefsten versteht. Das gilt auch von Psalmen, die Gott unverblümt Vorwürfe machen. Selbst Fluchpsalmen hat das Volk Israel in sein biblisches Gebetbuch aufgenommen. Eine Beziehung muss gut und tief sein, will sie ungeschminkten »Klartext« in zwischenmenschlichen Krisen richtig verstehen.

Psalmen trauen Gott zu, dass er mit unserer Sprache und unseren Emotionen umgehen kann. Sie lehren uns, Klartext zu sprechen mit einem Du, auf das ich hoffen und mit dem ich auch streiten darf. Ein Du, das uns weit persönlicher und verlässlicher begegnet als die nebelhafte »Mitte der Welt«, als »gute Energie-

felder« oder das »kosmische Allbewusstsein« moderner Heils-
lehren. Ein Du, auf das in jeder Lebenslage Verlass ist.

Nächte bestehen | Freitag

Unser Psalm verhält sich wie in einer guten Freundschaft. So ernst
er das aktuelle Befinden nimmt und so klar er Gefühle ausspricht,
er weitet den Blick Betender und behält den ganzen Weg vor
Augen. Frühere Erfahrungen finden Wertschätzung (welch schönes Wort: den Wert jeder Erfahrung schätzen!). In der Nacht, die
der Beter gegenwärtig menschlich und auch religiös erfährt, ruft er
Erinnerungen wach. Ein Herz, »das verzagt«, denkt »an die vergangenen Tage, ich sinne nach über all deine Taten, erwäge das Werk
deiner Hände« (Psalm 143,5). Das persönliche Unterwegssein und
der gemeinsame Weg haben Tage und Nächte gesehen, lichtvolle
und schattig-dunkle Strecken, Zeiten glücklicher Nähe und Zeiten
der Distanz. Glücklich, wer in einer dunklen Nacht an die erlebten
Tage und an frühere Nächte denkt. Weise, wer aus Erfahrungen
schöpft und sich an Ermutigendes erinnert. Selig, wer im Dunkel
auch ohne Sterne über sich an den kommenden Tag glaubt – sei es
zwischenmenschlich, sei es auf dem Glaubensweg.

Seine Spur und mein Weg | Samstag

Das Wort »Weg« begegnet in der Bibel – rechnet man Pfad und
Straße mit – fast 1000-mal. Es steht oft für menschliche Wege, oft
für Gottes Weg – oder eben gemeinsame Wege von Gott und Menschen. »Pilgernde und Gäste sind wir auf Erden«, ruft der erste
Petrusbrief der Gemeinde in Erinnerung: auch solchen Glaubensgeschwistern, die äußerlich sesshaft leben (vgl. 1 Petrus 11). Neben
den Jüngerinnen und Aposteln Jesu, die mit ihm losziehen und
sich von ihm durch Dörfer und Städte senden lassen, gibt es auch
sesshafte Freundinnen wie Marta und Maria in Betanien. Doch
auch sie bringt die Freundschaft zum Rabbi auf einen Glaubensweg.

Wie würden Sie Ihr persönliches Unterwegssein kennzeichnen? Lieben Sie es, Ihren eigenen Weg selber zu bestimmen, den ureigenen Weg zu finden und zu wagen? Gehen Sie eher den Weg eines anderen Menschen mit? Suchen, erringen, erfahren Sie einen gemeinsamen Weg? Und spirituell: Gehen Sie den Weg Gottes? Folgen Sie Spuren, auf die er Sie geführt hat? Oder erfahren Sie ihn auf Ihrem Weg mit dabei? Sei es als Gefährte mit Ihnen, oder als Vater/Mutter über Ihnen, oder auch als innere Kraft (Ruaḥ) in Ihnen?

Wie auch immer Ihre Schritte gerade aussehen: Sehnsucht kann auch Ihnen die Richtung weisen. Sie ist eine Kraft, die in meinem Innersten weiß, was ich mir wünsche, was mir fehlt und in welcher Richtung das verheißene »Leben in Fülle« wachsen könnte. Sehnsucht bringt Israel in Ägypten auf den Weg des Exodus. Sehnsucht lässt die Freundin des Hohenliedes nachts wach liegen und durch die Stadt streifen. Sehnsucht führt Maria von Magdala am Ostermorgen in den Garten. – »Zeig mir den Weg, den ich gehen soll, denn mich verlangt nach dir«, meinem du, Licht und Leben.

Suchen und gesucht werden

Impulse aus Karnevalstagen in Venedig

Ihr, die ihr Gott sucht:
Euer Herz lebe auf!
PSALM 69,33

Tanzend | Sonntag

Jeder Mensch liest Schriftworte mit eigenen Augen. Die aktuelle Situation färbt das Wahrgenommene zusätzlich. Sie, liebe Leserin und geschätzter Leser, sehen diese Psalmverse vermutlich zu Hause, irgendwo zu Besuch, in einem stillen Garten oder im Zug unterwegs. Ich dagegen betrachte sie anderswo: in Venedig, mitten im ausgelassenen Carnevale. Nach Vorlesungen an der Theologischen Hochschule gönne ich mir einen Tag, um durch die schönste Lagune Europas zu tanzen. Das bunte Treiben verzaubert Plätze, Gassen, Stege und selbst die vielen Boote in eine lebensfrohe Fastnachtswelt, die fantasievoller kaum sein könnte. Im Kloster meiner Brüder auf der Redentore-Insel halten unentwegte Bürger einen alten Brauch wach, den ich bisher nur aus den Geschichtsbüchern kannte. Sie beten vierzig Stunden, Tag und Nacht, gegen die Versuchungen und für alle Sünder im bunten Karnevalstreiben. Ob Sündenangst ihr »Herz aufleben« lässt? Hat Jesus sich nicht mal mit den Kindern verbunden, die auf dem Marktplatz Tanzlieder singen und erfahren, dass Menschen unberührt zuschauen und abseits stehen (vgl. Matthäus 11,17)?

Ich wünsche Ihnen schlicht, dass der heutige Sonntag Sie im Genießen des Lebens, ausgelassen oder gesammelt, an der frischen Luft und bei Tisch, im Zusammensein mit Menschen und vielleicht auch in einem Gottesdienst »aufleben« lässt.

Farben im Gesicht | Montag

Statt »auf den Knien zu beten« lasse auch ich mich vom Carnevale
faszinieren. Auf der Piazza San Marco schaue ich jungen Frauen
zu, die mit feiner Hand die Gesichter von Passanten kunstvoll
bemalen: Mitten im Gedränge und im Sound verschiedener Musik-
cliquen bilden je zwei Stühle und ein Tischchen eine ruhige Insel.
Ich staune über die Hingabe, mit der diese Frauen einen Menschen
wahrnehmen und seine Züge verzaubern. Es braucht so wenig –
einen guten Blick, Farben und Pinsel, Zuwendung und etwas Fantasie – und Gesichter beginnen zu leuchten. Dabei strahlen nicht nur
die aufgetragenen Farben, sondern tiefer noch das Glück über
Zuwendung, Schönheit und Lebensfreude.

Immer wieder haben spirituelle Autoren die Schöpfungsge-
schichte dahin gelesen, dass Gott sein Bild in uns gelegt hat und
dass es im Lauf unseres Lebens immer heller aufleuchten möchte.
Ich wünsche Ihnen, dass der Meister selber mit seiner Zuwendung
an ihnen wirkt, Tag für Tag neu – und dass er sein Bild in Ihnen
schön und schöner durchscheinen lässt. »Gott suchen« kann dabei
schon im eigenen Spiegel beginnen ...

Neugier | Dienstag

Sonntag vor der prächtigen Frari-Kirche in Venedig. Es ist noch
früh am Vormittag, und die Stadt erholt sich von der Karnevals-
nacht. Auf dem Wasser tuckern Boote vorbei, auf dem Platz tummeln sich muntere Frühaufsteher, und in der Kirche murmeln nur
wenige Leute das Credo. Welch ein Kontrast: eine etwas verschla-
fene Liturgie in der heutzutage viel zu großen Kirche – und das
heiter erwachende Leben vor ihren Pforten! Italiens Politik verwickelt ältere Männer in eine beherzte Diskussion, Buben spielen
inmitten der Leute Fußball, und eine Großmutter wiegt stolz einen
Kinderwagen in der wärmenden Sonne. Als die vergnügte Verfol-
gungsjagd zweier Mädchen zu lautstark wird, mahnt die junge
Mutter zur Mäßigung: »Nicht schreien, da drinnen halten sie
Messe!« Ein Mädchen schleicht darauf ans Kirchenportal, öffnet

die Tür einen Spalt und schaut neugierig in den gotischen Raum. Ältere Menschen schauen da gerade still zum Altar und auf geheimnisvolle Rituale! Ob das Kind in seinem eigenen Leben »Gott suchen« lernt? Und wo es ihn einmal finden mag?

Gesucht | Mittwoch

Auch heute früh haben wir Brüder die Morgenpsalmen für Sonntage und Feste gesungen. Ich komme innerlich meist nicht über den allerersten Vers hinaus: »Gott, du mein Gott, dich suche ich – meine Seele sehnt sich nach dir« (Psalm 63,2). An einem Oasentag hoch über Schwyz habe ich den Vers einmal umgedreht, worauf er mich stundenlang bewegt hat. In beiden Fassungen kann er mein Herz bis heute immer wieder »aufleben lassen«. Sind wir selber nicht längst gesucht, bevor wir überhaupt nach dem DU über allem fragen? »Gott, du mein Gott, du suchst mich – und deine Liebe sehnt sich nach mir«. Oder in meiner Sprache: »Du, du mein DU, du suchst mich – immer wieder, auch heute, und nachdem du mich längst gefunden hast.«

Naheliegend | Donnerstag

Eigene Erfahrungen mit Schriftworten schreiben uns Verse tief in die Seele, wo sie uns zu kostbaren Perlen werden. Auch mit dem Vers aus Psalm 69 ist es mir so ergangen, als ich letztlich mit einer Ulmer Pfarrei durch Assisi unterwegs war. Eine Woche lang sind wir den Spuren Klaras nachgegangen. Ein schlichter Kanon zum Vers aus Psalm 69 hat unsere Spurensuche täglich begleitet.

Klara ist um 1200 in einem reichen Wohnturm aufgewachsen. Als Adelstochter hatte sie eingeschlossen zu leben, bekam Bildung und lernte edles Textilhandwerk – und hinter dicken Mauern hatte sie sich gut betucht auf eine standesgemäße Hochzeit vorzubereiten. Auch ohne Bewegungsfreiheit entwickelte das junge Mädchen eine erstaunliche Sensibilität für Menschen am Rand und im Schatten der Stadt. Sie ließ Hungrigen von ihren Speisen bringen.

Sie trug unter kostbaren Kleidern ein raues Untergewand aus dem Wollstoff, der auch leibeigene Bäuerinnen und Bettler kleidete. Noch ohne »aussteigen« zu können, verband sie sich schlicht mit jenen, die Jesus seine liebsten Geschwister nannte: Fremde, Hungernde, Ausgeschlossene aller Art. Die Gott suchen, müssen nicht weit gehen. Menschen, die auf Zuwendung und wache Blicke warten, gibt es in nächster Nähe.

Eigenständig | Freitag

Mit 16 hätte Klara einen vorbestimmten Mann heiraten und dabei der Familienpolitik dienen müssen. Das Leben hätte sie als edle Dame in der höchsten Gesellschaftsschicht Assisis reich privilegiert. Wie viele Prinzessinnen und Edeldamen treffe ich in Venedigs Carnevale an! Doch die junge Klara verweigert sich zwei Jahre lang allen familiären Eheplänen und flieht schließlich in einer Frühlingsnacht 1211 zu den Brüdern des Franziskus. Nichts hält die reiche Tochter davon ab, alles hinter sich zu lassen und mit leeren Händen den Spuren eines Gottes zu folgen, dem alles gehört und der doch schlicht unter uns Menschen erschien. »Schau auf sein Leben wie in einen Spiegel!«, rät sie einer Freundin: »Verweile bei seiner Armut, mit der er in einer Futterkrippe lag! Schau auf die Schlichtheit seiner Liebe, die ihn mit leeren Händen für uns unterwegs sein ließ! Und erkenne, wie seine Liebe ihn am Ende nackt ans Kreuz brachte.«

Selig, die Gott auf Erden suchen: Sie werden vorgegebene Lebenspläne infrage stellen, der eigenen Sehnsucht folgen und ein DU finden, das uns noch immer in aller Schlichtheit umwirbt!

Lichtvoll | Samstag

Klara von Assisi schert sich die Haare kurz und kleidet sich wie die Brüder in eine Kutte aus ungefärbter Wolle. Sie irritiert moderne Menschen mit der radikalen Armut, die sie »in den Fußspuren Jesu« wählt. In ihren Briefen leuchten jedoch eine Freude und ein

innerer Reichtum auf, die im Sinn des Psalmverses von tiefer und
beglückender Glaubenserfahrung zeugen. »O *selige Armut:* Wer
sie liebt und umarmt, empfängt ewigen Reichtum! O *gottgefällige
Armut:* Sie hat der Herr Jesus Christus, der Himmel und Erde
regierte und regiert, vor allem anderen in seine Arme genommen.«
Klaras Liebe zum arm gewordenen Gott erfährt seinen Reichtum
nicht nur mystisch, sondern indem sie arme Menschen jeder Art
in ihre Arme nimmt. »Clara, clarior, clarissima« schreibt der
Biograf des Franziskus schon zu ihren Lebenszeiten tief berührt:
»Klar dem Namen nach, in ihrem Leben noch leuchtender und
am hellsten strahlend in der Liebe, die sie lebt.«

Wo immer Sie Gottes Spuren suchen – ob arm oder reich,
frei oder gebunden, jung oder schon reifer, ob allein oder gemeinschaftlich, engagiert oder zurückgezogener, ob mitten im Gedränge
des Alltags oder auf ruhigerem Lebensweg, ob bestärkt im Glauben
oder spirituell tastend: Gottes Nähe kann sich überall zeigen,
seine Zuwendung will Sie finden und sein Licht möchte auch Ihr
»Herz aufleben« lassen.

Licht in dunkler Nacht

Impulse zu einer Franziskusgeschichte

Wer im Dunkel lebt
und wem kein Licht leuchtet,
der vertraue auf den Namen des Herrn
und verlasse sich auf seinen Gott.

JESAJA 50,10

Tag des Lichts | Sonntag

Der erste Tag der Woche hat seinen Namen bis heute vom Licht, präziser: vom *Sol invictus*, dem »unbesiegten Sonnengott« der alten Römer. Als die Spätantike an ihrem überfüllten Götterhimmel zu zweifeln begann, hat sie sich der siegreichen Sonne als einziger Gottheit zugewandt: ein einziger Gott, der lichtvoll ist und stärker als alles! Kaiser Konstantin hat diesen Sonnengott verehrt, und es fiel seiner christlichen Mutter nicht allzu schwer, ihn von der »göttlichen Sonne« zu Christus zu führen, dem Licht der Welt. Der Sonntag der Römer wurde so zum christlichen »Herrentag« oder *dies dominicus*: Als *dimanche, domenica* und *domingo* erinnert er in den romanischen Sprachen an Christus, als *Sunday* und *Sonntag* an das Licht der Welt. Die Geschichte, die uns in den nächsten Tagen begleitet, sieht den lichtvollen Heiligen aus Assisi ungewohnt durch Dunkel tasten. Friedrich Prinz hat Franziskus ein »religiöses Genie« und »den menschlichsten unter den christlichen Heiligen«, genannt, »einen Gottesfreund und einen Menschenfreund«.
Als solcher strahlt er denn auch viel Licht aus: der Sänger der Schöpfung, der Bruder jedes Menschen vom Aussätzigen bis zum Papst, der Freund des Sultans, der mystische Dichter aus Assisi.

Ich wünsche Ihnen, dass Sie den heutigen Sonntag als Lichttag erleben: helle Stunden, schöne Erlebnisse, lichtvolle Begegnungen, ein erhellendes Bibelwort, menschliche Wärme, ein freundliches Gesicht, strahlende Augen, leuchtende Lebensfreude, Lichtblicke – Spuren Seiner Gegenwart.

Mond-Tage | Montag

Unsere Woche erinnert daran, dass das Leben nicht nur Licht
kennt. Auf den Sonntag folgt ein »Mond-Tag«. Von Britannien bis
Sizilien wünscht uns »Monday« und »lunedì« Licht in dunkle Stunden. Kürzlich habe ich mit einer Gruppe eine Franziskusgeschichte
unterwegs betrachtet. Sie handelt von einem nächtlichen Weg. Wir
wanderten selber durch Nacht und nahmen Fackeln mit. Der aufgehende Vollmond hat uns jedoch den Wald über dem Urnersee so
erhellt, dass wir ohne künstliche Lichtquellen auskamen. Schweigend und staunend unterwegs haben wir uns gefragt, wo wir in
unserem Leben schon dunkle Strecken zurückgelegt haben.

Was hat mir in dunklen Zeiten weitergeholfen? Was hat mir
Mut gemacht, Kraft gegeben und meine Schritte erhellt? Was wün-
sche ich anderen auf tastenden Wegen und in verdunkelten Zeiten?
Oft braucht es wenig: einen aufmerksamen Blick, eine ruhige
Hand, schweigendes Mitgehen, auf dass innere Nacht zum Mond-
Tag wird.

Lichtblicke | Dienstag

Die erwähnte Franziskusgeschichte illustriert das Jesajawort auf
eindrückliche Art:

> Unterwegs gerieten die beiden Brüder unweit des Po in fins-
> tere Nacht. Neblige Sümpfe und ausufernde Flussauen ließen
> den Weg lebensgefährlich werden. Da sagte der Gefährte zu
> Franziskus: »Bete, Bruder, dass Gott uns aus der Gefahr
> rette!« Der Freund Gottes erwiderte ihm voller Zuversicht:
> »Wenn es Gott in seiner Güte gefällt, kann er diese Finsternis
> verscheuchen und uns Licht schenken!« Kaum waren diese
> Worte verklungen, leuchtete durch Gottes Kraft ein Licht auf.
> Es ließ mit seinem Schein nicht nur den Weg, sondern auch
> die Umgebung erkennbar werden, und dies in finsterer
> Nacht. Dieses Licht erleuchtete nicht nur ihre Augen, sondern
> stärkte auch ihre Seele. So gelangten sie, Gott dankend, nach

*einer längeren Wegstrecke spätnachts zur nächsten
Herberge.*

Glückliche Nächte, in denen Gefährten aufeinander vertrauen,
gemeinsam unterwegs bleiben und von Lichtblicken ermutigt werden. Es kommen Ihnen bestimmt eigene Wegstrecken in den Sinn,
die äußerlich oder innerlich dunkel waren und die Sie dank
Gefährten bestanden haben. Glücklich, wer dabei auch erfährt,
dass Gott selber sich durch unser Vertrauen in ihn herausfordern
lässt!

Was die Nacht erhellt | Mittwoch

Was hilft den beiden Brüdern in dunkler Nacht und weglos gefährdet in den Sümpfen der Poebene? Ein Erstes: Sie geben sich nicht
auf, lassen sich nicht fallen und tasten sich weiter – Schritt um
Schritt. Dann spricht der Gefährte über seine Gefühle, drückt seine
Angst aus und teilt sich mit. Mit ausgesprochener Sorge und Angst
lässt sich umgehen, persönlich und gemeinsam. Der Bruder richtet
sich dabei an einen »Freund Gottes«. Und gemeinsam verlassen sie
sich darauf, dass jenseits ihrer eigenen Möglichkeiten ein anderer
ist, der weiter sieht und weiter führt. Franziskus kennt ihn als
guten Gott, gütig und zugewandt. Ein lichtvoller Gott, der das
Dunkle nicht scheut und der gerade Menschen im Dunkeln sucht.
Dieser Gott scheucht die Nacht nicht weg, sondern erhellt sie
nur – so weit, dass die beiden sich neu orientieren und den Weg
wiederfinden können.

Worin besteht es, dieses Licht, das ›die Augen erleuchtet und
die Seele stärkt‹? Vielleicht geben Ihnen eigene Lebenserfahrungen
eine Antwort?

Lichtmess | Donnerstag

Die katholische Kirche feiert in der dunklen Jahreszeit, sechs
Wochen nach Weihnachten und zwei Monate bevor der Frühling

erwacht, »Lichtmess«. Das Fest erinnert daran, wie die jungen Eltern Maria und Josef ihr neugeborenes Kind in den Tempel brachten und wie der greise Simeon im Baby Jesus »ein Licht für alle Völker« (vgl. Lukas 2,32) erkennt. In einer dunklen Zeit Israels, das unfrei und von Rom besetzt war, hat Simeon auf das Kommen dieses Lichtes vertraut. Und es verunsicherte ihn nicht, dass er dabei alt wurde. Und es befremdete ihn nicht, dass sich die großen Visionen der Propheten so leise und schlicht erfüllen: dass das »Licht der Völker« so still und so arm daherkam!

»Lichtmess« setzt Simeons Verheißung symboltief um. In aller Welt, allen Kulturen und allen Sprachen werden an Lichtmess Kerzen gesegnet, die für dieses Licht stehen. Sie flackern verletzlich und doch ermutigend in den Kirchen und, nach Hause getragen, auch in den Wohnungen der Leute: Symbol für Christus, der gegenwärtig ist mitten im Alltag der Menschen, in Fischerhütten und Villen, in Iglus und Wohnblöcken, in engen Bergbauernhäusern und weiten Attikawohnungen – in meiner Welt, in der Ihren und bei unseren Nachbarn und Nachbarinnen (mit oder ohne Kerzen).

Im Finstern getragen | Freitag

Für Jesaja, Simeon und Franziskus sind Menschen im Dunkel nicht Ungläubige, und Gläubige leben nicht immer lichtvoll. Das Leben kann jeden und jede in Dunkelheit hineinführen. Glücklich, wer sich auch im Finstern noch an Gott halten kann. Die Tagesschau-Sequenz eines schreienden Imams in Sri Lanka hat sich mir tief eingeprägt. In den ersten Tagen nach der furchtbaren Flutkatastrophe im Dezember 2004 übermannte ihn bei einer interreligiösen Trauerfeier Verzweiflung. Er schrie in seinem Schmerz zu Allah und klagte ihn zornig an: »Wo bist du! Warum kann so etwas geschehen? Wo schaust du hin? Was tust du?« Der muslimische Seelsorger tat, was Jesaja sagt: »Wer im Dunkel lebt und wem kein Licht leuchtet, der vertraue auf den Namen des Herrn« (Jesaja 50,10). Selbst in größter Verzweiflung ruft dieser Imam Allah an. Jesus hat es auf Golgota auch getan. – Gott hält menschliche Fragen, Klagen und selbst Anklagen aus: Zeichen eines schwer geprüften Glaubens, der nichts mehr versteht und dessen Schrei ein nacktes Vertrauen ausdrückt – das Vertrauen, gehört zu werden und verstanden zu sein von einem DU, das in auswegloser Not weiter sieht.

Lichtvoll pilgern | Samstag

Wie kann der Gott des Lichts menschliches Leid und Dunkelheit zulassen? Lässt die Verantwortung bei Kriegen, angesichts des Hungers in der Welt und bei Tragödien wie AIDS oder Ebola sich noch im Tun und Lassen des Menschen finden, trifft die Anklage bei Naturkatastrophen Gott selbst. Gottes Antwort auf Schreie: Er trat selber ins Dunkel ein – bis ganz hinab. Er erspart und verscheucht unser Dunkel nicht mit hellem Licht von oben, sondern geht unsere Wege mit – wie die Geschichte der Passion und des Emmausweges ergreifend zeigt. Er lebt sein Ja zu einer Welt voller Licht und Dunkel. Warum? Damit wir die Welt in ihrer Schönheit und Verletzlichkeit, ihrer Lebensfülle und Vergänglichkeit selber so lieben wie er? Damit wir selber solidarisch sind, Mutlose ermutigen, Gestrauchelte aufrichten, Unfreie befreien, Unversöhnliche versöhnen, Getrennte verbinden, Verletzte heilen, Lieblose lieben? Und vielleicht im Tiefsten auch, damit wir unterwegs bleiben auf seine neue Schöpfung zu? Dass wir möglichst lichtvoll weiterpilgern durch diese schattenreiche Welt ins ewige »Reich des Lichts«?

> *Dieses Licht erleuchtete nicht nur ihre Augen, sondern stärkte auch ihre Seele. So gelangten sie, Gott dankend, nach einer längeren Wegstrecke spätnachts zur nächsten Herberge.*

Die Pointe der alten Franziskus-Erzählung lässt sich auch auf das ganze Leben und sein irdisches Ziel beziehen. Glückliche Tage und Nächte, in denen Gefährten aufeinander vertrauen, gemeinsam unterwegs bleiben und von Lichtblicken ermutigt werden – bis sie in der ewigen Herberge ankommen.

Wie ein Baum am Wasser

Impulse in die vorösterliche Fastenzeit

[Der Gerechte] ist wie ein Baum,
der an Wasserbächen gepflanzt ist,
der zur rechten Zeit seine Frucht bringt
und dessen Blätter nicht welken.

PSALM 1,3

Liebliches Land | Sonntag

Es sind schon viele Jahre vergangen, und doch klingt der Vers in
mir bis heute nach. Als ich nach vier Lehr- und Wanderjahren aus
Italien zurückkehrte, ließen meine Schweizer Brüder mich in Alt-
dorf wieder heimisch werden. Unser ältestes Haus nördlich der
Alpen empfing mich in schönster Lage über dem Dorf. Gartenter-
rassen mit Steinmauern, Palmen, Reben und Zypressen umgeben
ein Klösterchen, dessen Stille die Welt vor Augen hat und das sich
gastfreundlich verschiedenen Kreisen öffnet. Sooft Psalm 16 in
unserem Abendgebet vorkam, summte meine Seele innerlich einen
Vers noch bis in die Nacht hinein weiter: »Das Los ist mir gefallen
auf liebliches Land« (Psalm 16,6). So lieb mir Italien war, das Wur-
zelschlagen im Reusstal hat nach langer Ausbildungszeit eine tiefe
Sehnsucht erfüllt.

Wie geht es Ihnen auf Ihrem Land? Leben Sie glücklich verwurzelt? Können Sie für Ihr Los danken? Oder drängt Sie innere
Sehnsucht weiter?

Verwurzelt | Montag

Mein »Baum« steht nicht mehr im Reusstal. Auch das Leben unter
den markanten Gipfeln der Schwyzer Mythen war danach sechs
Jahre lang sonnig, fruchtbar und schön. Und nun schlage ich
Wurzeln am Jurasüdfuß. Kapuziner sind Wanderbrüder. Im

Gegensatz zu Mönchen, die ein örtlich beständiges Leben geloben, wechseln wir als »Pilger und Gäste auf Erden« regelmäßig den Ort (1 Petr 2,11).

Vielleicht leben Sie dem Bild des Psalms ähnlicher: wie ein Baum mit der Gegend verbunden, in der Ihre Geschichte begann? Bäume können ihren Lebensort nicht wählen. Sie wachsen da, wo Wind, Vogel, Gärtnerin oder Förster ihren Samen hingebracht haben.

Haben Sie Ihren Lebensort in aller Freiheit gewählt? Einmal oder wiederholt? Oder sehen Sie sich von den Lebensumständen, von Beruf und Familie in ihr jetziges Lebensfeld hineingestellt? Wie auch immer: Wie die Bäume tun wir gut daran, tiefe Wurzeln und weite Äste zu haben – um als Menschen mit Tiefe und Weite zu leben.

Allein oder vereint | Dienstag

Bäume können allein stehen: frei im Sonnenlicht, aber auch allein Wind und Wetter ausgesetzt. Oft bilden Bäume an Wasserläufen eine Ufervegetation: eine Pflanzenwelt, die gemeinsam Sonne und Regen aushält, gemeinsam durch Winter, Frühling, Sommer und Herbst geht. Das Bild des Psalms lässt sich ausgeweitet meditieren: Mit wem teilen Sie ihre Lebensquellen, stehen Sie Kälte und Hitze durch, genießen Sie das Schöne im Leben, erfahren sie Helles und Dunkles? Wie Bäume, die sich nahe stehen, schützt auch menschliche Nähe und bietet zugleich Reibungsflächen.

Jede Lebensform hat ihre Werte und ihre Handicaps: ob alleinstehend, locker verbunden oder nah mit anderen vereint. Wir können über die Lerchen des Himmels und die Lilien des Feldes hinaus (vgl. Matthäus 6,25–30) auch von den Bäumen lernen: sich gut verwurzeln, zum Himmel streben, Jahr um Jahr reifen, die Erfahrungen in Jahresringen sammeln, wetterfest sein, standhaft und biegsam zugleich Winde und Stürme aushalten, allein oder eingebunden in eine Lebensgemeinschaft durch die Zeit gehen.

Fasten und reines Wasser | Mittwoch

Seit meiner Rückkehr in die Schweiz im Herbst 1996 habe ich jeweils die ersten acht bis zwölf Tage der vorösterlichen Fastenzeit mit Heilfasten gestaltet. Meine Brüder mahnen mich Leichtgewicht immer wieder, es mit dem Totalfasten nicht zu übertreiben, zumal ich jeweils bis zu sieben Kilo verliere. Ich selber staune jedes Mal, wie nährend Fasten sein kann: für die Seele, die in eine ungewohnte Klarheit, Ruhe und Freiheit gelangt, und für den Leib, der ganz gerne mal seine Reserven abbaut und sich entschlacken lässt. Doch trinken ist wichtig, den ganzen Tag, und am liebsten reines Wasser. Die im Fasten empfindsameren Sinne genießen das Wasser auch beim Duschen mehr denn je. Genießen Sie es, reines Wasser in Fülle zu haben: Trinkwasser für Sie, für Tiere und Pflanzen, Wasser für Kochtöpfe und Ihre Kochkünste, Wasser für den Frühlingsputz, Wasser auf Ihrer Haut und für alltägliche Sauberkeit in Ihrer Lebenswelt.

Wie und wo immer Sie in der vorösterlichen Fastenzeit (oder zu anderen Zeiten im Jahr) fasten oder anderen Verzicht üben, um sich selber Gutes zu tun und um mit Notleidenden noch solidarischer zu sein: Ich wünsche Ihnen und mir, dass sinnvoller Verzicht Sie selber reicher macht – ärmer an Dingen und reicher an Leben!

Bäche und Lebensquellen | Donnerstag

»Gepflanzt an den Wasserbächen«: Als ich letzten Sommer auf dem französischen Jakobsweg unterwegs war, querten wir das Zentralmassiv in einer Dürrezeit. Heißer Wind ließ verseppte Grasebenen gänzlich austrocknen. Wie ein Wunder erschien uns da ein grünes Band mitten in der Prärie: Bäume, Büsche und frisches Gras entlang eines Baches, der sich durch die flachen Hügel schlängelte. Das Bad im frischen Wasser hat wunderbar belebt, ebenso die Siesta im Schatten kräftiger Bäume.

Der Psalm wünscht uns Wurzeln an einem Bach, der auch in größter Trockenzeit nicht versiegt. Gerechtigkeit ist der Boden dazu. Israels Propheten, Weisheitsbücher und Psalmen meinen mit

»Gerechtigkeit« vorwiegend eine über die bloße Pflicht hinausgehende Solidarität mit Mitmenschen und ein lebensfreundliches Verhalten auch in der Schöpfung. Selig die Solidarischen, denn ihre Lebensquellen werden nicht versiegen!

Brunnenvision | Freitag

Der Schweizer Nationalheilige Bruder Klaus (1417–1487) verbrachte seine letzten zwanzig Lebensjahre als Eremit an der Melchaa, einem kräftigen Flüsschen aus den nahen Obwaldner Bergen in der Zentralschweiz. Es rauscht in jeder Jahreszeit und führt auch bei größter Trockenheit viel Wasser. Klausens Klause ließ ihn in der Stille auch spirituell Quellen hüten und »wie ein Baum an Wasserbächen« leben.

Eine seiner eindrücklichen Visionen wird zum zeitkritischen Bild weit über seine Epoche hinaus: In der Brunnenvision sah er viele Zeitgenossen, die fleißig und doch arm waren und die hierhin und dorthin liefen, ohne ihren Durst stillen zu können. Mitten unter ihnen fand sich ein Kraftort, von der Gemeinde für alle zugänglich gebaut, in dem ein Brunnen reichlich spendete: Wein, Öl und Honig. Bruder Klaus wunderte sich, dass niemand zu diesen kraftvollen Quellen fand, obwohl die Türen offen standen und das geräumige Brunnenhaus ihnen allen gehörte. Er trat ein, kostete aus den Quellen und staunte noch mehr über den köstlichen Reichtum. Draußen erwarteten ihn Menschen, deren Geschäftigkeit sie von den Quellen fernhielt, nach denen es ihnen im Tiefsten so verlangte.

Eigeninteressen können den Blick trüben, und unsere oft hektische Gesellschaft kann mich da- und dorthin rufen, beruflich, in der Freizeit und mit Kollegen. Welche Orte nähren mich, nicht nur kulturell, sondern auch spirituell, nicht nur geistig, sondern auch seelisch? Klaus sieht nicht nur Blindheit aus Eigennutz, sondern auch Verblendung unter seinen Zeitgenossen. Nicht Selbstgerechte schöpfen vom Lebenswasser des Psalms, sondern Gerechte: Jene, die sich von Herzen auf andere einlassen – und auf Gott, der seine Gerechtigkeit in versöhnlicher Liebe zeigt (vgl. Römer 3,25).

Fruchtbar | Samstag

»Ein Baum ... der zur rechten Zeit seine Frucht bringt und dessen
Blätter nicht welken.« Früchte reifen im Lauf der Jahreszeiten
durch Winter, Frühling, Sommer und Herbst. »Meine Zeit« lässt
sich – biblisch mit nicht welkenden Blättern – auch anders verstehen: Bei allem, was wird, blüht, altert und vergeht, gibt es bleiben-
des Leben in uns, Unvergängliches, ewig Kraftvolles! Stärker als
alles Vergängliche ist die Liebe, sagt das Hohelied (vgl. 1 Korinther
13,1–13). Liebend und geliebt, bringt unsere Seele ihre Früchte:
im Kindesalter kindlich, in Jugendjahren sich selber neu findend,
durch erwachsene Jahre in Beziehungen und Engagements, und im
Alter mit einem Erfahrungsschatz, mit viel Zeit für andere und der
Geduld eines knorrigen Baumes mit sich selbst.

In welchem Alter auch immer Sie gerade sein mögen, nehmen
Sie doch folgende drei Fragen mit in den Tag und auf den Weg.
Schwester Paulin, eine spirituell reich erfahrene Franziskanerin,
hat sie mir mit in meine beginnenden Vierzigerjahre gegeben. Sie
sprechen jedoch in jede Lebensphase je eigen: Erstens, wie steht es
um deine Liebe? Zweitens, ist dein Leben fruchtbar? Und drittens,
was gedenkst du mit der dir verbleibenden Zeit zu tun?

Gott sammelt und vollendet
Impulse aus einer Pfarreiwerkstatt

Gott der HERR *... spricht:*
Ich will noch mehr zu der Zahl derer,
die versammelt sind, sammeln.
JESAJA 56,8

Ein Feuer vor der Kirche | Sonntag

Sieben Tage hat das Feuer auf dem Kirchplatz gebrannt, und auch
durch die Nächte ist es gehütet worden. Das lebendige Symbol der
Begegnungswoche einer Innerschweizer Pfarrei hat Menschen
aller Art verbunden: zunächst die Feuerhüter und -hüterinnen
selber, Familien, Gruppen, Schüler mit Lehrerin, Vereine und Einzelne, dann auch viele Katholiken und nicht wenige Reformierte,
kirchlich Aktive und Fernstehende, die sich am Feuer begegneten.
Unzählige Gespräche haben sich im Lauf der Tage und Nächte am
Feuer ergeben: heitere und nachdenkliche, philosophische und
lebenspraktische, spirituell tiefsinnige und politisch engagierte.
Auf den Holzklötzen setzten sich Menschen zusammen, die im
Städtchen sonst aneinander vorbeieilen. Regelmäßig haben auch
meditative Zeiten hier Akzente gesetzt: Besinnliche Impulse haben
am Feuer in den erwachenden Tag eingestimmt, mittags zum ruhigen Atemholen eingeladen und nach bewegenden Abenden einen
großen Kreis um seine innere Mitte gesammelt. Das brennende
Feuer hat sich schnell zum allgemeinen Treffpunkt entwickelt. An
sonnigen Nachmittagen und selbst im letzten Schneetreiben des
Winters haben sich Seniorinnen und Schulklassen den Feuerwäch-
tern angeschlossen, Frauen auf Einkaufstour, Handwerker mit
Znünibrot oder Büroleute mit Feierabendbier.

Wenn ein schlichtes Feuer derart sammeln kann, um wie viel
mehr dann Gott, dessen Liebe für die ganze Welt brennt – zu seiner
Zeit, die alles im Himmel und auf Erden in Christus vereinen wird
(vgl. Epheser 1,10)?

Ein Fest für alle Menschen | Montag

Die Prophetenfamilie der Jesaja spricht öfter vom »sammelnden«
Gott. Ihre Visionen schauen in eine hoffnungsvolle Zeit. Hören Sie
sich zwei davon doch an, und stellen Sie sich vor, wer da alles auf
den Weg gehen mag:

> Am Ende der Zeit wird es geschehen: Der Ort des Ich-bin-da
> überragt alle anderen Berge und die Völker der Welt strömen
> zu ihm hin. Viele Nationen machen sich auf den Weg und
> sagen: »Kommt, wir gehen zum Berg des Herrn [...] Er zeige
> uns seine Wege – auf seinen Pfaden wollen wir gehen!« [...]
> Dann schmieden sie aus ihren Schwertern Pflugscharen und
> aus den Spitzen ihrer Speere Winzermesser! [...] Auf, ihr
> Nachkommen Jakobs, lasst uns im Lichte leben, das Gott uns
> schenkt! (Jesaja 2,1–5)

Eine Einladung, die alle Völker verbindet, lässt mit Blick auf das
gemeinsame Ziel Konflikte und Gewalt sinnlos erscheinen. Eine
zweite Vision malt das Fest am gemeinsamen Ziel näher aus:

> Auf seinem Berg wird Gott, der Umscharte, für alle Völker ein
> Festmahl geben mit feinsten Speisen und besten Weinen [...]
> Er zerreißt dann die Hülle, die den Nationen die Sicht ver-
> schleiert, und nimmt die Decke weg, die alle Völker bedeckt.
> Er beseitigt den Tod für immer. Ja, dann wischt Ich-bin-da
> die Tränen ab von jedem Gesicht. (Jesaja 25,6–8)

Universale Hoffnung | Dienstag

Der Bibelvers aus Tritojesaja knüpft nach dem Exil an eine große
Hoffnung an. Gott sammelt: nicht nur Israel, nicht nur ein Volk,
sondern Menschen aller Völker (vgl. Jesaja 56,7). Die Propheten-
schule spricht ausdrücklich von Ausländern, die willkommen sind.
Ja, Gott will »noch mehr zu der Zahl derer, die versammelt sind,
sammeln«, er »will noch mehr Menschen herbeibringen und mit

euch vereinen!« (Jesaja 56,8), wie es in einer anderen Übersetzung heißt. Jesus wird diese universal-offene Hoffnung in den Ostererscheinungen noch radikaler weiten. Nicht mehr Jerusalem wird Bezugsort dieser Hoffnung, sondern Gott lässt sich in der ganzen Welt finden und »im Geist feiern«. Der Zwölferkreis, Symbol des neu vereinten Gottesvolks, wird »an die Enden der Erde gesandt«, Grenzen, die niemanden mehr ausschließen. Die frühe Kirche baut ihre Mission auf diese Hoffnung. Erst in neuester Zeit trauen die Großkirchen dem Geist Gottes zu, auch andere Religionen auf ihren Wegen in Gottes Nähe und in sein Fest zu führen. Die göttliche Geisteskraft kann auch jene sammeln, die wir nicht überzeugen können – oder die wir gar abschrecken, sei es durch unerlöst freudloses Christsein, das schon Nietzsche kritisierte, sei es durch aggressive Mission oder die globale Machtpolitik christlicher Nationen im Namen Gottes.

Versöhnt vereint | Mittwoch

Wenn Gott sein Ziel erreichen will und am Ende der Zeit »alle Völker« in seinem Fest vereinen wird, muss unterwegs noch einiges geschehen. Niemand kann gemeinsam feiern, wenn sich Feinde oder Täter und Opfer unversöhnt am gleichen Tisch finden. Der Gott Jesu wird die Geringsten und ihre Freundinnen zuerst um sich versammeln (vgl. Matthäus 25). Wenn auch die anderen es auf Gottes Berg geschafft haben – auf welchen Irr-, Um- und Rückwegen auch immer –, wird Gott vielleicht die Geringsten fragen, ob er auch sie einlassen soll: all jene, welche kein Herz für sie hatten. Schmerzlich, wenn die Opfer über aktive und passive Täter entscheiden, wenn Kleine, Fremde und Bedrängte sagen, wen sie geschwisterlich erlebt haben. Befreiend, wenn sie nach langem Beraten nicht urteilen und es Gott überlassen, seine Töchter und Söhne selber zu erkennen. Glücklich, wenn Schritte zur Versöhnung und Vollendung auch nach dem Tod noch Raum finden. Der Liebe dessen, der »sammelt« und vollendet, traue ich mit Luise Rinser lieber zu viel als zu wenig zu. Er begleitet den verlorenen Sohn nach Hause, lässt ihm Zeit für seine Reinigung, bereitet ein

Fest und ringt mit dem zürnenden Bruder, dass auch er versöhnt ins gemeinsame Feiern finde (vgl. Lukas 15).

Und Judas? | Donnerstag

Die skizzierten Hoffnungshorizonte finden einen bewegenden, vielleicht auch provozierenden Ausdruck in einer Metallikone aus dem Atelier des evangelischen Goldschmieds und Mystikers Josua Boesch (1922–2012). Nach längerem Ringen mit der Frage, was denn mit Judas sei, sieht der Künstler in der Auferstehung nicht Jesus allein ins Licht aufsteigen. Der Erstandene zieht eine Gestalt aus den dunklen Fluten des Todes mit in den Lichtkreis, über dem der Stern des ewigen Tages steht. Viele sehen in der Ikone ein Hoffnungsbild für Gläubige, für jeden Menschen, der sich an Christus hält. Josua Boesch hat in der zweiten Gestalt tatsächlich einen Gefährten Jesu gesehen: einen, den er bis zuletzt und auch im Verrat noch »Freund« nannte: »Auferstehung des Judas Iskariot« heißt die Ikone. Gottes Liebe kann Menschen sammeln, die wir aufgeben (möchten). Mit dem Wort »Freund« in den Ohren ist auch Judas in seine schlimmste Nacht gegangen (vgl. Matthäus 26,50) und hoffentlich aus dem tiefsten Dunkel von Christus mit ins ewige Licht geführt worden.

Eine Abbildung der Judas-Ikone findet sich in: Simon Peng, Auferstehungsleicht. Der ikonografische Weg von Josua Boesch, Noah Verlag, Oberegg 1999, S. 88–89.
Der Impuls zum Montag der Karwoche weiter unten kommt auf die Ikone zurück.

Gottes Gästeliste | Freitag

Hoffnungsvisionen des Ersten Testaments und die Praxis Jesu müssten vor selbstsicheren Unterscheidungen warnen, die oft selbstgerecht Gute von Unguten, Gottgefällige von Gottfernen trennen. Wir finden Auswüchse davon nicht nur unter Falken und

Kriegstreibern christlicher Nationen und bei »heiligen Kriegern«
in allen Religionen der Welt, sondern auch in religiös engen Strö-
mungen der Großkirchen und in evangelikalen Aufbrüchen. Gott
sammelt, »mehr als versammelt sind« in unseren Kreisen – und
vor allem: so viele und wen ER will. Weder Mächtige noch Fromme
können ihm vorschreiben, wer dazugehört und – noch weniger –
wer nicht. Einige »Verwünschungen« anderer Menschen könnten
mich selber mit Blick auf Gottes Gästeliste einmal an seinen Fest-
tischen in Verlegenheit bringen.

Kirchliche Türhüter | Samstag

Abgrenzungen und Teilnahmeverbote werden umso schmerzlicher
spürbar, wo sie die sichtbare »Versammlung Gottes« in Abendmahl
oder Eucharistie betreffen. Vielleicht müsste gerade die katholische Einschränkung der Tischgemeinschaft, die wiederverheira-
tete Geschiedene und Gläubige anderer Konfessionen ausschließt,
beherzigen, wie Bischof Cyrill von Jerusalem um 350 sein Amt deutete: das eines Türhüters beim Hochzeitsessen eines Königs, der
großzügig einlädt und selbst Leute von den Hecken und Zäunen
rufen lässt. Gott selber ist der Gastgeber, und er wünscht sich seinen Festsaal voll. Die feiernde Gemeinschaft ist nicht exklusiv, der
König begnügt sich nicht mit auserwählten Gästen. Die Türhüter
– so fährt Cyrill fort – hätten jeden einzulassen, der den Ruf gehört
hat und der Einladung folgt (vgl. Matthäus 22,10). Niemanden
abzuweisen seien sie berechtigt: Wer kommt, ist einzig daran zu
erinnern, dass die Kleidung – Symbol für die innere Haltung – dem
Bräutigam zusagen soll.

Die Haltung des Bischofs von Jerusalem könnte ängstliche
Abgrenzungen in der Ökumene und exklusive Gastfreundschaft am
»Tisch des Herrn« überwinden helfen.

Als ich eine Schweizer Gruppe durch Thüringen begleitete,
wünschten wir in Creuzburg eine Tauferinnerung zu feiern: in der
Nikolaikirche, wo Elisabeth als Landgräfin Thüringens im Jahr
1222 den Thronfolger taufen ließ. Die lutherische Pfarrerin
gewährte uns herzliche Gastfreundschaft und bot uns an, Wein

und Brot (Oblaten) für die Eucharistiefeier bereitzulegen. Als wir zum Pauluswort »*ein* Herr, *ein* Glaube, *eine* Taufe« den romanischen Taufstein betrachteten, aus dem vier Jahrhunderte lang katholische Kinder und fünf Jahrhunderte lang evangelische Kinder zu Töchtern und Söhnen Gottes wurden, trat eine Pilgergruppe in die Kirche und setze sich in die hintersten Bänke. Unsere Einladung, mit uns das Mahl zu feiern, stieß auf zweifelndes Zögern: Sie seien evangelische Polizistinnen und Polizisten, und die katholische Kirche grenze ihre Gastfreundschaft da ja strikte ein. Bruder Josef, der die Feier leitete, antwortete ihnen »als katholischer Gast in einer evangelischen Kirche«, hieß sie in ihrem Haus und bei unserer Feier willkommen, erinnerte an das Pauluswort vom »einen Glauben, einer Taufe und einer Hoffnung« (Epheser 4,5), und stellte klar: »Christus selbst ist Gastgeber! Wer sich zum Teilen SEINER Gaben eingeladen fühlt, folge seinem Ruf.« – Jesajas Gotteswort »Ich will noch mehr zu der Zahl derer, die versammelt sind, sammeln!« lässt sich auch ökumenisch lesen.

Weite Horizonte
Impulse für offene Blicke

Denn die Augen des Herrn schweifen über die ganze Erde,
um denen ein starker Helfer zu sein,
die mit ungeteiltem Herzen zu ihm halten.
2 CHRONIK 16,9

Schalttag | Sonntag

Kennen Sie Leute, die am 29. Februar, am Schalttag, Geburtstag
feiern? Sie kosten »ihr Datum« wohl herzhafter aus als jene, die
jährlich feiern können. Schalttage haben aber auch uns anderen
etwas zu sagen. Ich selber »schalte« öfter einen speziellen Tag ein.
An Sonntagen meist im Einsatz, soll mir der christliche Sabbat
nicht einfach ausfallen. Meine innere Stimme mahnt mich nach
bewegten Wochen, Freiräume in die Agenda einzufügen, die mich
wieder in einen stimmigen Rhythmus bringen.

Sind Sie selber Ihrer Natur entsprechend ausgeglichen? Gut
im Rhythmus? Eilt Ihr Leben da oder dort dem Stimmigen etwas
voraus, davon? Wie der Kalender es eben wieder über das Maß des
Sonnenjahres tat? Der Schalttag flüstert uns ermutigend zu, dass
verlorene Übereinstimmung neu gewonnen werden kann – auch
im menschlichen Leben!

Umschau | Montag

Haben Sie gestern »die Augen schweifen lassen« auf die Frage hin,
ob Sie Geburtstagskinder des 29. Februar kennen? Unter den vielen
Menschen, mit denen ich schon ein Stück Weg gegangen sind, finden sich solche. Ich weiß das sicher, auch wenn mir niemand kon-
kret »vor Augen kommt«. Der Vers aus der Chronik sagt, dass auch
Gott ins Land schaut, »über die ganze Erde«. Er sieht jeden und
jede einzelne, die gestern Geburtstag feierte. Er sieht sie nicht nur,

sondern kennt sie auch, kennt ihre Geschichte, ihre Freuden und Sorgen, ihre aktuellen Ängste und Hoffnungen.

Der Glaube daran hat etwas Entlastendes und etwas Wunderbares an sich: Wenn vertraut gewordene Menschen andere Wege gehen und aus meinem Blickfeld geraten, bleibt Gott selber nahe, Weggefährte und auch sorgsam über ihnen. Wer sieht und liebt, handelt auch, wenn es nötig ist. Gott tut es fraglos und ungebeten, auf seine ureigene Art und weit über unseren Gesichtskreis hinaus.

Weltweit | Dienstag

Je älter ein Kind wird, desto weiter wird seine Welt. Vor meiner Schulzeit war das kleine Bauerndorf Bürg mit seinen nahen Hügeln und Wäldern meine ganze Welt. In der Primarschule weiteten die Schweizerkarte, Schulreisen und Ferien meinen Horizont bis an die nationalen Grenzen. Dann begann mich die ganze Welt zu interessieren: andere Völker, fremde Kulturen. Als Student lernte ich, in fremden Welten Wurzeln zu schlagen: zunächst in der französischsprachigen Kultur, als ich an der Universität Fribourg studierte. Dann ließen mir Studienjahre in Italien die Schweiz zwergenhaft erscheinen. Erste Reisen über die Meere zeigten mir, wie klein Europa in der Welt liegt.

Als Kapuziner lebe ich in einer Gemeinschaft, die mit etwa 11.000 Brüdern in 95 Ländern der Welt präsent ist, es gibt Kommunitäten am Amazonasbecken, in Kanada und Ozeanien, in indischen Fischerdörfern und am Kilimandscharo. Und in der Tagesschau beschäftigt mich, was in Afghanistan, Syrien oder Eritrea geschieht. Lasst unsere Blicke »schweifen über die ganze Erde«, denn das ist unsere Welt!

Panoramablicke | Mittwoch

Aus der Frühzeit meiner Gemeinschaft gibt es eine wunderschöne Geschichte. Die edle »Frau Armut«, die als Freundin den Weg Jesu von der Krippe bis ans Kreuz mitgegangen ist, wird von Franziskus auf einem hohen Berg gefunden. Die Brüder laden sie zu einem schlichten Picknick ein. Darauf möchte die Armut das Kloster der Brüder sehen. Diese führen sie nach der Siesta im frischen Gras auf einen Aussichtspunkt, lassen sie den Panoramablick genießen und sagen dann: »Edle Herrin, das ist unser Kloster, unser Schlafsaal, unser Garten, unser Gebetsraum, unsere Küche und unsere Werkstatt: die Welt, so weit das Auge reicht!« Die Brüder verzichteten darauf, sich ihre eigene kleine Welt einzurichten, weder die eines stillen Klosters noch die eigener Stadthäuser. »Tragt das Evangelium bis an die Grenzen der Erde«, lautete der Auftrag Jesu an die Apostel, den die Brüder neu umsetzten.

Franziskus sang das Lied der einen geschwisterlichen Schöpfung. Nicht, dass Sie nun wie Franz von Assisi Wanderbruder oder Wanderschwester werden! Ich wünsche Ihnen jedoch Erfahrungen und Begegnungen, die den Blick weit öffnen. Ich wünsche uns Orte und Zeiten, die uns Über-Blick verschaffen, Grenzen aufheben und eine Gesamtschau vermitteln, in der unser aktueller Lebensort als Parzelle erscheint: einzigartig und eingebettet in eine sehr viel größere Welt.

Überblick | Donnerstag

Wenn ich nach langen Wochen unterwegs jeweils wieder in mein Heimatdörfchen kam, brauchte ich nur einen Tag bei meiner Großmutter einzukehren, um den lokalen Überblick zurückzugewinnen. Sie verstand es, mir alle bedeutsamen Ereignisse im Dorf, in seinem Umfeld und in unserer wachsenden Sippe zu schildern. Die einfache Webersfrau faszinierte mich immer wieder mit ihrem Panoramablick. Wie eine Lehrerin blätterte sie im Lebensbuch bis dahin zurück, wo ich selber stehengeblieben war, und setzte mich mit einer eigenen Weisheit ins Bild.

Ich stelle mir vor, wie Gott das macht: alles im Blick behalten, mit seiner Weisheit verstehen – und begleiten! Und dass er uns gerne die Augen dafür öffnet, soweit wir uns eben Zeit nehmen und auf ihn hören. Er spricht aus Schöpfung und Geschichte, durch weise Menschen und in der Heiligen Schrift, aber auch näher: in der Stille und in unserem Innersten.

Gottes Reich | Freitag

Der Bibelvers erinnert an einen Konflikt des Sehers Hanani mit König Asa (vgl. 2 Chronik 16,1–10). Der Herrscher von Juda und Nachfahre Salomos hatte eine Allianz mit Syrien geschlossen, um seinen aggressiven Rivalen Bascha in Israel in Bedrängnis zu bringen. Syrien bekommt alles Gold aus dem Tempel und dem Königspalast in Jerusalem. Der syrische König Ben-Hadad greift daraufhin das Nordreich an, zerstört ganze Städte und ermöglicht Juda einen Raubzug über seine Grenzen hinaus. Der Prophet trübt die Freude des König Asa über seinen Erfolg: Menschliche Politik steht auf wackeligen Beinen. Sie gerät, auf Eigeninteressen bedacht, allzu schnell in verhängnisvolle Abhängigkeiten und sät Gewalt. Jahwe wäre der verlässlichere Bündnispartner, wenn es um Frieden und Leben in Fülle geht: »Denn die Augen des Herrn schweifen über die ganze Erde, um denen ein starker Helfer zu sein, die mit ungeteiltem Herzen zu ihm halten« (2 Chronik 16,9).

Glücklich, wer sich nicht allein auf eigene Kräfte und die Künste seiner Alliierten verlässt. Wahrhaft glücklich wird, wer Gott an seiner Seite erfährt, oder eben: sich selber für Gottes Sache engagiert. Wer einsteht für sein Reich, seinen Frieden auf Erden, eine liebenswerte und menschenfreundliche Welt – im Hier und Jetzt meines Alltags.

Auf Gottes Seite? | Samstag

Der Prophet landet im Gefängnis! König Asa duldet keinen kritischen Blick auf seine Machtpolitik. Und er provoziert in der Folge auch Übergriffe des Machtapparats auf sein Volk, weckt Opposition und Unfriede. Zwei Jahre später erkrankt der König: »Die Krankheit war sehr heftig. Aber auch in der Krankheit suchte er nicht den Herrn, sondern die Ärzte. Asa entschlief zu seinen Vätern;

er starb im einundvierzigsten Jahr seiner Regierung« (2 Chronik 16,12.13a).

Herrscher sind manchmal wenig zimperlich, selbst solche, die in Gottes Namen regieren. Kritik ist riskant, auch gut gemeinte. Das gilt selbst in unseren Gemeinden. Gerade religiöse Menschen und Kirchenvertreter wähnen sich oft vorschnell »auf Gottes Seite«. Nicht wer Religion im Munde führt, sondern wer sich »im Herzen« auf Gott verlässt – mehr noch: Wer sich innerlich, »mit ganzer Seele und all seiner Kraft« auf ihn einlässt, wird erfahren, wie Gott sich an seine Seite stellt. Das kann bei unscheinbaren Menschen wie Hanani geschehen: Man kann sie zum Verstummen bringen, doch er, der sie stärkt und der aus ihnen spricht, behält einen klaren Blick und freie Hände. »Ich-bin-da« (Jahwe) ist mit jenen, die sich auf ihn verlassen, wo auch immer auf Erden.

Innere Glut

Eine Emmausgeschichte mit Franz und Klara von Assisi
für gemeinsame Wege

Brannte uns nicht das Herz in der Brust,
als er unterwegs mit uns redete
und uns den Sinn der Schrift erschloss?

LUKAS 24,32

Die Impulse dieser Woche lesen die österliche Erzählung vom Weg nach
Emmaus (Lukas 24,13–35) im Spiegel einer umbrischen Legende zu
Franziskus und seiner Schwester Klara. Beide Weggeschichten schil-
dern den Wert von Gefährtenschaft, persönlichem Teilen und Offenheit
für den »Dritten«, sei es der auferstandene Rabbi oder seine Ruaḥ,
Gottes inspirierende Kraft in jeder Seele.

Weggefährten | Sonntag

Zwei Freunde Jesu, Kleopas und ein namenloser Gefährte (vielleicht auch eine Gefährtin!), sind unterwegs nach Emmaus. Die
zwölf Kilometer lange Wanderung bietet ihnen Zeit und Raum, um
sich über ihre aktuellen Erfahrungen, Gefühle und Gedanken aus-
zutauschen (vgl. Lukas 24,13–14). Die franziskanische Geschichte
beginnt ganz ähnlich und bezieht sich auf eine vergleichbare
Wegstrecke:

> *In der Frühzeit ihrer Gemeinschaften wanderten Franziskus*
> *und Klara eines Tages vom Städtchen Spello durch Oliven-*
> *haine und Eichenwälder zurück nach Assisi.*

Zwei Menschen, die einander gefunden haben, gehen gemeinsame
Wege. In der Legende ist es Winter, und über erschütternde Kälte
tauschen sich auch die Emmausjünger aus. Beide Duos kennen
auch Frühling, den sie gemeinsam erlebt haben, glückliche Zeiten

des Aufbruchs. Sie kennen farbige Herbstzeiten und bestehen auch Winter. Denken Sie an eine Weggemeinschaft, die Ihnen lieb ist, und an die Jahreszeiten, die diese schon erlebt hat. Denken Sie an das, was Ihre Weggemeinschaft begründet, zusammengebracht hat und verbindet.

Erfahrungen teilen | Montag

»Während sie redeten und ihre Gedanken austauschten ...«, fährt die Emmausgeschichte fort (Lukas 24,15). Von Erschütterung ist die Rede, vom Tod Jesu, von Trauer und Aufregung. Menschen nehmen wahr, was geschehen ist und wie es ihnen damit geht. Bewegt sind auch Franziskus und Klara:

> Dabei waren sie nicht wenig beunruhigt. Ein Haus hatte ihnen die Türe geöffnet und auf ihre Bitte hin etwas Brot und Wasser gegeben. Dabei hatten die beiden sich aber böse Blicke zugezogen, und sie mussten peinliches Geflüster mit zweideutigen Anspielungen hinnehmen. Schweigend traten sie nun hinaus vor die untergehende Sonne. Es war die kalte Jahreszeit, und das Land lag ringsum mit Schnee bedeckt.

Klara und Franziskus erleben Beunruhigendes. Ihre Geschichte handelt von der Gefährdung einer Freundschaft. Die Gefahr kommt hier von außen: Menschen urteilen, belasten ein Miteinander mit Unverständnis, Misstrauen, dummem Gerede, Verdächtigungen, Gerüchten und Verleumdung – vielleicht auch Neid ...

Welche Grundstimmung prägt die Weggemeinschaft, die ich vor Augen habe, aktuell? Glück und Stimmigkeit oder Stress und Unbehagen? Was setzt meiner Weggemeinschaft zu – und sei es auch »harmlos«? Was könnte sie gefährden, im Kleinen oder Großen? Wo trifft sie auf belastende Umstände?

Gefühle wahrnehmen |

Beide Geschichten gehen zu Herzen: Auf dem Emmausweg tritt
Jesus unerkannt hinzu, deutet die traurigen Erfahrungen im Licht
der Schrift und bewirkt, dass den beiden zunehmend »das Herz
brennt« (Lukas 24,32). Klara und Franziskus deuten das Erlebte zu
zweit. Der Bruder spricht, und der Schwester schnürt es das Herz
zu:

> Als es am Horizont dunkelte, unterbrach Franziskus das
> traurige Schweigen: ›Schwester, hast du verstanden, was die
> Leute über uns gesagt haben?‹ Damals verfolgte die römische
> Kirche nämlich mit aller Härte Laien, Frauen und Männer,
> die das Evangelium wie die Apostel lebten und gemeinsam
> umherzogen. Klara gab keine Antwort. Ihr Herz war wie
> zugeschnürt, und sie spürte, dass ihr Tränen näher waren
> als Worte. ›Es ist Zeit, uns zu trennen‹, sagte schließlich der
> heilige Franz.

Der Bruder sucht bei aller Betroffenheit umsichtig und nüchtern
zu handeln: Er trägt dem Bedrohlichen Rechnung und schlägt
einen schmerzlichen Schritt vor. Vernünftig? Die einzige Lösung?
Klara reagiert mit dem Herzen: Sie kann in ihrem Schmerz weder
sprechen noch handeln.

Wie erleben Sie selber männliche und weibliche Reaktionen
in Ihrer Weggemeinschaft? Was unterscheidet sie? – Und was
würden Sie Klara als nächsten Schritt raten?

Sich nicht trennen |

In Emmaus angekommen, lassen die beiden Gefährten Jesus
nicht allein weitergehen. Sie drängen ihn, bei ihnen zu bleiben
(vgl. Lukas 24,29). Auch Klara wird gedrängt:

> »Du wirst noch vor Einbrechen der Nacht in San Damiano
> sein«, sagte ihr Franziskus. »Ich werde allein gehen und dir

folgen, wie Gott mich führt.« Da brach Klara in Tränen aus,
blieb auf dem Weg stehen, fasste sich dann aber und ging
gesenkten Hauptes weiter.

Franziskus will Klara folgen, auf Distanz, um im abendlichen Wald
doch in Sichtweite hinter ihr herzukommen. Erleben Sie Fernnähe
so oder anders auch in Ihrer Weggemeinschaft? Wann ist Ihnen
das Gehen »mit gesenktem Haupt« zum letzten Mal passiert?
Warum? Was hat den Blick damals wieder geweitet?

Mit dem Herzen sehen | Donnerstag

»Da ging er mit hinein, um bei ihnen zu bleiben. Und als er mit
ihnen bei Tisch war, nahm er das Brot, sprach den Lobpreis, brach
das Brot und gab es ihnen. Da gingen ihnen die Augen auf und sie
erkannten ihn« (Lukas 24,29–31). Mahlgemeinschaft und das
schlichte Brotbrechen lässt erfahren, wer da sichtbar und doch
unfassbar mit den Gefährten ist. Emmaus ermutigt uns, in Abendmahl und Eucharistie Ähnliches zu erleben. Und die Assisige-
schichte weitet die Optik über liturgisches Feiern hinaus: Auch
Klara zieht da nicht allein weiter, und Gottes leise Gegenwart wird
beiden die Augen öffnen:

> *In einem Wald blieb Klara stehen und wartete auf den Bru-*
> *der: »Wann werden wir uns wiedersehen?« – »Im Sommer,*
> *dann, wenn die Rosen blühen«, erwiderte Franziskus. Da*
> *geschah etwas Wunderbares: Ringsum blühten Rosen auf*
> *den reifbedeckten Hecken.*

Franziskus spielt ängstlich auf Zeit. Opfert er dabei ein kostbares
Miteinander ungünstigen Umständen oder eigener Mutlosigkeit?
Was raten Sie Verzagten aus eigener Erfahrung? Den Blicken der
Emmausgefährten entzieht sich darauf der Auferstandene (vgl.
Lukas 24,31). Sie erschrecken nicht: Erfahrene Gegenwart genügt
ihnen und trägt weiter.

Rosen im Winter |

Klara fasst schrittweise Mut: Sie hört auf ihr Herz, nimmt Unstimmiges wahr, bietet nicht Hand zu vorschnellen Lösungen, hebt den gesenkten Blick, weitet ihre Sicht – und der Himmel gibt ihr recht: Es gibt voreilige Entscheidungen und ungute Kompromisse. Echte Verbundenheit will mutig gelebt werden. Einer tiefen Liebe werden auch mitten im Winter Rosen geschenkt. Die Erfahrung, dass der Himmel menschliche Weggemeinschaft begleitet und segnet, ermutigt:

> *Nach dem ersten Staunen eilte Klara, pflückte einen Strauß Rosen und legte ihn Franz in die Hände.*

Auch die Emmausgeschichte endet nicht mit dem Staunen der beiden in einer Herberge. Erfahrene Zuwendung bewegt, und Gotteserfahrungen wollen Kreise ziehen. »Noch in derselben Stunde brachen sie auf und kehrten nach Jerusalem zurück und sie fanden die Elf und die anderen Jünger versammelt« (Lukas 24,33). Die beiden kehren dahin zurück, wo sie herkommen: zurück in ihre bisherige Welt und in ihren Freundeskreis. Sie sind am Mittag erschüttert aufgebrochen und kehren spätabends mit leuchtenden Augen zurück.

Glücklich, wer sich Schmerzlichem stellt, Erlebtes gemeinsam verarbeitet, sich den Blick wieder weiten lässt, Gottes Zuwendung wahrnimmt, seine leisen Zeichen liest und in neuem Licht weitergeht.

Verbunden und gesendet |

Die umbrische Legende endet mit einer innersten Gewissheit:

> *Von da an waren der Bruder und die Schwester nie wieder getrennt.*

Es gibt Erfahrungen, die bleibend verbinden, auch wenn Klara sesshaft leben und Franziskus durch die halbe Welt ziehen wird.

In der Emmauserzählung finden die beiden in Jerusalem »die Elf und die anderen Jünger versammelt. Diese sagten: Der Herr ist wirklich auferstanden und ist dem Simon erschienen« (Lukas 24,33–34). Aus dem kleinen Kreis, den der Auferstandene neu ermutigt, erleuchtet und sendet, entsteht allmählich die Kirche. Bei der Wahl des Matthias (vgl. Apostelgeschichte 1,15–26) sind es 120 Jüngerinnen und Jünger. Im charismatischen Aufbruch nach Pfingsten entstehen bald weitere Gemeinden. Die Jesusbewegung gelangt über Palästina hinaus nach Syrien und fasst Fuß von Ägypten bis Rom. Sie schöpft Kraft aus ihrer gemeinsamen Gotteserfahrung und menschlicher Gefährtenschaft – in Leben und Glauben.

Ent-sorgen
Impulse für sieben Tage Alltag

Werft alle eure Sorge auf ihn,
denn er kümmert sich um euch.
1 PETRUS 5,7

Sorgen weg-räumen | Sonntag

Meine Klosterzelle ist mir Lebensraum, wenn ich zu Hause bin. Sie ist gleichzeitig Arbeits- und Schlafraum, kleine Privatbibliothek, Ort für Begegnung und Gespräche, Werkzimmer und via Internet auch Fenster in die weite Welt. Die Zimmer im 400-jährigen Klösterchen von Schwyz sind so klein, dass alles leicht verfügbar ist, auch all die Arbeit, die sich anstaut, wenn ich mal wochenlang unterwegs bin (was sehr oft geschieht).

Sie selber leben wahrscheinlich in größeren Räumen. Doch auch da kann die Frage wohltuend sein: Wie schaffe ich es, dass an Sonntagen mein Zuhause ein guter *Freiraum* wird: ein Raum der Freiheit »am ersten Tag der Woche«, der uns entlasten und frei atmen lassen möchte? Freizeit, die uns Freiräume wünscht für mich selber, für Begegnungen und sorgloses Miteinander?

Die gemeinschaftlichen Tagesrhythmen schaffen uns Franziskanerbrüdern aus guter Erfahrung an Sonntagen besondere Freiräume für unbeschwertes Zusammensein: schon morgens nach Meditation und Gottesdienst, wenn das Frühstück sich in die Länge ziehen darf, auch mittags wieder, oft mit Gästen, und nach Abendessen und Vespergebet bei einem Glas Wein. – Dazwischen sind freie Stunden mir selbst anvertraut, wenn etwa Regen uns im Hause hält und Sportliches oder Spaziergänge entfallen. Dann hilft es, im eigenen Privatraum, wo Arbeit, PC und viel Drängendes einen umlagern, Sorgen und »zu Besorgendes« wegzuräumen. Buchstäblich: in Schubladen, Schrank und Regale! Keine Arbeit anrühren und Freiraum schaffen für sorg-lose Stunden und Oasenzeit: ein Gottesgeschenk an freie Menschen (vgl. Genesis 2,3)!

Sorgen lassen | Montag

Wieder bin ich aus einem Bärenschlaf erwacht! Während Georges
Moustaki seine vertraute Gefährtin »solitude«, die Einsamkeit,
besingt, die sich in seinem Bett breitmacht und ihn nicht zur Ruhe
kommen lässt, danke ich meiner sorgsamen »Schwester Nacht«.
Bleischwer und müde habe ich mich gestern spät hingelegt. Die
Nacht hat mich mit Schlaf eingehüllt und mit guten Träumen zuge-
deckt: Sieben Stunden, in denen ich nichts gedacht, gesagt oder
gehört – und nichts getan habe! Dennoch ist viel geschehen: Neuer
Elan, neue Freude am Schauen, Hören und Tun lassen mich leichtfüßig aufstehen.

Glücklich, wer Sorgen abends lassen kann: Er oder sie wird am
Morgen mit neuer Kraft in den Tag aufbrechen und auch Sorgen-
volles mit frischem Mut angehen.

Sorgen zurück-lassen | Dienstag

Nicht jede und jeder legt sich abends einfach ins Bett, um gleich
ein- und die Nacht durchzuschlafen. Ein persönliches Nachtritual
erleichtert es mir, nach einem Arbeitstag und bewegten Abend-
stunden zurückzulassen, was sich nicht einfach »lassen« lässt.

Unser Klösterchen ist um einen Kreuzgang angeordnet. Verwitterte Ziegeldächer umgeben ein kleines Geviert mit Blumen vor
den Fenstern und in der Mitte. Auf leisen Sohlen kann ich da auf
Kopfsteinen Kreise ziehen, ohne dass bereits schlafende Brüder
erwachen. Oft sind es zehn Minuten, oft eine halbe Stunde, die ich
spätabends nach Arbeit, Briefen, Sport, einer Sitzung oder einem
bewegenden Film da draußen schweigend verbringe: geborgen von
einem stillen Haus, allein unter den Sternen. Immer wieder lässt
der Nachthimmel mich dann gelassen in die Federn gehen. Denn
Sorgen halten meist mit ruhigen Schritten in bergender Stille nicht
mit und bleiben zurück: in guter Hand!

Sorgen ab-werfen | Mittwoch

Der biblische Petrusbrief drückt sich markant aus: Nicht nur lassen, sondern geradezu abwerfen sollen wir unsere Sorgen. Manchmal zwingt das Leben dazu. In einem Einsatzwinter auf Zürichs Straßen ist mir ein Obdachloser lieb geworden, der mit einem erfolgreichen Leben gebrochen hatte. Karriere, Familie und Vereinsaktivitäten waren miteinander zunehmend in Konflikt geraten. Zu viele Pflichten und Aufgaben wuchsen zur Überforderung: Erfolg stresste, der Dauerstress laugte aus, und Erschöpfung führte zum Bruch – schmerzlich, radikal, dramatisch. Seit Jahren lebt Bodo auf der Straße, und er tut es erstaunlich gelassen und frei. Er habe noch nie so wenig Sorgen gehabt, seit er »all seine Pläne und Projekte weggeworfen« habe.

Der junge Franziskus hat sie ebenfalls nach einer Krise entdeckt – die Freiheit dessen, der sich ehrgeizige Ziele und ihre Zwänge vom Leibe schafft, um zu erfahren: Ich bin Sohn und Tochter Gottes, auch mit leeren Händen und ohne Erfolge.

Sorgen ab-legen | Donnerstag

Weder die schmerzliche Art, mit der ein Clochard seine Sorgen loswurde und Gottvertrauen lernte, noch der radikal befreiende Bruch in Franziskus' Biografie werden unseren Alltag sorgenfreier machen. Doch Vertrauen lässt sich auch anders stärken. Dazu verhilft mir ein weiteres Ritual aus meinem Klosterleben.

Wie andere Brüder genieße ich ein bis zwei Joghurts täglich: einen mitten am Vormittag und den andern spätabends. Der Joghurt ist mir Zeichen für den Tag geworden: geschenkte Zeit, die ich gedankenlos oder sinnlich verkosten kann. Wie das Glas sich langsam lehrt und gereinigt zurückgegeben am Morgen neu gefüllt wird, so geht es der Sanduhr unserer Tage. Vormittags kann ich beim Joghurtessen darum beten, dass alles, was der Tag bringt, mich nähre und stärke: auch Saures und Nüsse, die er enthält. Abends gebe ich den Tag mit dem leeren Glas dem »Geber alles Guten« zurück: mit der Bitte, dass ich alles Erfahrene gut verdaue.

ER selber wird das »Gefäß« meines Tages reinigen und neu füllen mit dem, was ich morgen brauche. Er tut es »für die Seinen im Schlaf« (Psalm 127,2).

Sorgen hin-halten | Freitag

Leidenschaft für die Welt kann Leiden schaffen – am eigenen Leib. Niemand zeigt es uns deutlicher als Jesus selbst. Wer sich einsetzt, setzt sich aus und riskiert Spannungen, Risiken, Widerstand, bis hin zur Gewalt. Der Rabbi hat sie bis zum Äußersten durchgehalten. Sorgen und Nöte »auf Gott werfen« kann, wer sich ihnen nicht entziehen darf oder wer sich Schmerzen nicht mehr entziehen kann, im Extremfall auch »am Kreuz«. Gequält, unverstanden und abgelehnt lässt sich IHM mit ausgespannten Armen auch quälende Sorge und Not hinhalten: Einsamkeit – Trennung – zerbrochene Beziehungen – Unglück – Arbeitslosigkeit – Sucht und Dahinsiechen – bodenlose Depression – alles, was Leben festnagelt, lähmt und erdrückt ...

Be-sorgt und um-sorgt | Samstag

Das Ikonenkreuz von San Damiano in Assisi, als Reproduktion weltweit verbreitet, stellt mit einer für das 12. Jahrhundert bewegenden Deutlichkeit Jesu Leiden am Kreuz dar: den geschundenen Herrn, die Ohnmacht der Frauen, das wartende Grab. Zugleich weist das ruhige Vertrauen in Jesu offenen Augen, kleine Engelgestalten am Grab und eine Hand über dem ganzen Geschehen auf den »Höchsten« hin, der leidenschaftlich für das Leben einsteht: »Leben in Fülle« hat Jesus schon jetzt verheißen, für jeden und jede – und erst recht in seiner neuen Welt.

Was sorgt ihr euch um euer Leben? Darum, was ihr essen und womit ihr euch kleiden sollt (und vieles mehr)? So fragt Jesus in der Bergpredigt. »Er, der die Vögel nährt und die Lilien kleidet, ER sorgt sich um euch – die ihr ihm viel mehr wert seid als diese!« (Matthäus 6,25–30).

Zwischen Karfreitag und Ostern liegt ein Tag: Raum für Zweifel, Scherben, Dunkelheit. Morgen, am Sonntag, feiern alle christlichen Gemeinden den Sieg des Lebens und die Sorge dessen, der jede Not und selbst den Tod zum befreienden Durchgang macht – in ewig sorgloses Leben.

Passion und Leidenschaft

Impulse in die Karwoche

Vater, vergib ihnen,
denn sie wissen nicht, was sie tun.
LUKAS 23,34

Die Meditationen dieser Woche nehmen Menschen in den Blick, die Jesu letzte Tage in Jerusalem prägen. Zwei Schwestern sprechen von den letzten Nächten Jesu außerhalb der Stadt, Jünger tragen mit Eifer und Mutlosigkeit zur Katastrophe bei, politische Führer schaffen eine unliebsame Hoffnungsgestalt aus der Welt und Frauen gehen auch die schmerzvollsten Wege mit. Alle Zeugen ermutigen uns, in der eigenen Welt aus dem Passionsgeschehen von damals zu lernen.

Palmsonntag

Ein begeisterter Empfang: Menschen jubeln und Scharen feiern den Hoffnungsträger, der ihre Träume zu erfüllen verspricht (vgl. Lukas 19). Hat Jesus nicht von Lebensfülle gesprochen, die Gott schon auf Erden verheißt? Es gibt mehr als das, was meinen Alltag ausfüllt! Größeres oder Tieferes als das Glück, das ich mir selber bereiten kann! Besseres als das, was Gesellschaft und Politik mir bieten! Auch ich bin empfänglich für die Stimme der Hoffnung, die Besseres und größere Erfüllung verspricht. Die Werbung und Polit-Kampagnen arbeiten damit. Religiöse Heilsanbieter aller Art setzen hier an. Der Empfang Jesu in Jerusalem gibt dem Wunsch nach MEHR Raum: Israel sehnt sich nach dem Messias, nach neuer Größe, mehr Freiheit, neuer Gemeinschaft im Land und Gottes Zuwendung. Die Pharisäer warnen den Rabbi, und der Hohe Rat ist alarmiert: Gottesmänner sehen ihre Privilegien gefährdet, verschließen sich menschlicher Hoffnung und verkennen göttliches Handeln! Und das Volk wird den Hoffnungsträger schnell fallen lassen, wenn sich vordergründige Wünsche nicht erfüllen.

Wer erhofft etwas von Ihnen, seien es kleinere Dinge oder größere? Und welche Hoffnung können, welche wollen und dürfen Sie erfüllen?

Montag der Karwoche

Wer war er wirklich, Judas Iskariot? Der modernen Bibelforschung entzieht sich die historische Person: Die frühe Kirche fügt lauter alttestamentliche Motive zum Zerrbild eines geldgierigen Verräters (vgl. Lukas 22,4–6), und die kirchliche Tradition verteufelt diesen zusätzlich. Doch wer war er, Jeduda isch-Kariot, der Mann aus dem Dorf Kariot? Ein Zelot? Ein von Jesus Enttäuschter? Jesus selbst lässt uns vorsichtig werden im Urteil über seinen Jünger, der ihn an die Autoritäten des Tempelstaates ausliefert. Nach Matthäus ist das letzte Wort des Rabbi bei der Verhaftung keine Verurteilung, sondern eine Frage: »Mein Freund, dazu bist du gekommen?« (Matthäus 26,50).

Dass der Meister seinem Jünger die Freundschaft auch im Verrat nicht aufkündigt, hat den Goldschmied und Mystiker Josua Boesch (1922–2012) zu einer bewegenden Metall-Ikone inspiriert: »Die Auferstehung des Judas Iskariot« nennt er dieses Werk. Es zeigt, wie Jesus aus dem Tod befreit seinen Jünger, der in dieselbe Nacht stürzte, mit in den Lichtkreis der neuen Schöpfung zieht. Wo Menschen enttäuschte oder verratene Beziehungen abbrechen, hält göttliche Freundschaft die Hand weiterhin ausgestreckt.

Dienstag der Karwoche

Tag für Tag zieht Jesus mit seinem Kreis von Betanien ins nahe Jerusalem. In der Stadt richtet er Menschen auf, begegnet Leidvollem heilsam und ermutigt. Im Tempel betrachtet er das religiöse Treiben kritisch. Er fordert die Priesterschaft heraus, bringt Schriftgelehrte in Verlegenheit und warnt vor Selbstgerechtigkeit (vgl. Lukas 19–21). Die Händler in den Vorhallen des Tempels lassen ihn ausrasten (vgl. Lukas 19,45–46): Wehe, wer sich durch Religion und Kultbetrieb bereichert! Wehe, wer Gottes Haus zur Räuberhöhle macht! Wehe, wer eigensüchtig an Geschäfte denkt, wo Himmel und Erde sich berühren, wo Menschen Gott verehren und wo Gott zu uns Menschen spricht: »Ihr könnt nicht beiden dienen, Gott und dem Mammon!« (Matthäus 6,24).

Dient mir das Materielle oder diene ich diesem? Und dient mein Wirtschaften anderen, nahen und fernen Personen? Was Menschen aufrichtet und Leben nährt, was Leidvollem abhilft oder mich mit anderen ermutigt, darf sich auch im Umgang mit Geld auf den Geist Jesu berufen. Was das Gegenteil bewirkt, darf es nicht ...

Mittwoch der Karwoche

Abend für Abend zieht Jesus sich wieder nach Betanien zurück. Dort findet sein Kreis im Haus von Marta und Maria Ruhe, Sorge und Erholung (Matthäus 21,17–18). Die beiden Schwestern sind Jüngerinnen Jesu, die nicht mit ihm durch Galiläa zogen, Freundinnen des Rabbi, die nicht alles zurücklassen, wie der Rabbi es den Zwölf geraten hat, zusammen mit ihrem Bruder Lazarus gastfreundliche Menschen und ermutigende Vorbilder einer sesshaften Christusnachfolge. Frühere Aufenthalte haben Martas tatkräftige Sorge für ihre Gäste deutlich gemacht. Sie handelt und eilt, packt zu und besorgt mehr als nur das Notwendige. Maria lässt Hände und Füße ruhen: Sie nimmt sich Zeit für die Gäste, wendet sich zu, hört und sieht (vgl. Lukas 10,38–42). Nimmt sie auch an diesem Abend wahr, was Jesus bewegt? Die sich verschärfenden Konflikte in Jerusalem und was sie im Rabbi bewirken? Ahnen die beiden Schwestern, dass es die letzte Nacht Jesu in ihrem Haus sein könnte? Sein letzter Schlaf? Der Rabbi kann in Betanien durch beides Kraft schöpfen: Martas Einsatz und Marias Zuwendung.

Auch unsere Beziehungen nähren sich von beidem: von dem, was wir *füreinander* tun, und von allem, was wir *miteinander* sind. Marta und Maria leben in jeder Seele.

Gründonnerstag / Hoher Donnerstag

Am nächsten Morgen bricht der Rabbi mit seinen Jüngern erneut
nach Jerusalem auf. Es wird ihr letzter gemeinsamer Tag sein. In
der Stadt, die vor dem Paschafest überfüllt ist, lässt Jesus ein spezi-
elles Mahl vorbereiten (vgl. Lukas 22,7 ff.). Bereits in den Konflikten mit Israels religiösen Führern hat er sein Geschick in die Reihe
der Propheten gestellt, die übel behandelt und verfolgt worden
sind. In Jesus verdichtet sich die Ahnung, dass er aus dem Weg
geschafft wird (vgl. Lukas 20). Das letzte Mahl soll seinen Freunden
zur Verheißung werden: Er werde keinen Wein mehr trinken, bis
er mit ihnen wieder zu Tische sitzen werde im Reich des himmlischen Vaters. Es gibt ein Du über allem menschlichen Tun, über
und jenseits unserer Geschichte, mächtiger als menschliche Taten
und Untaten. Simon Kephas fällt an diesem Tag wiederholt auf:
Erst verspricht er, dem Rabbi unbeirrt überallhin zu folgen, dann
will er sich von ihm die Füße nicht waschen lassen, nach dem Mahl
schläft er ohne Gespür für die Not des Rabbi im nächtlichen Garten
ein, dann schlägt er mit dem Schwert auf einen Diener der Tempel-
polizei ein, schließlich verleugnet er seinen Meister im Hof des
Joseph Kaiphas und macht sich für die folgenden Tage davon.
Jesus weiß, dass er keine Helden um sich geschart hat, weder
damals noch heute.

Karfreitag

Nicht nur mutlose Freunde, sondern auch Gauner können über
den Tag der Katastrophe hinaus Zuversicht schöpfen: Pilatus lässt
Jesus wider bessere Erkenntnis aus politischem Kalkül fallen, der
Hohe Rat Israels liefert den Gottessohn »im Namen Gottes« dem
schlimmsten Verbrechertod aus, Soldaten morden im getreuen
Ausführen der Befehle, und Jesus stirbt nach qualvollen Torturen
zwischen zwei Kriminellen (vgl. Lukas 23). Seine Jünger haben sich
zuvor aus dem Staub gemacht, während seine Weggefährtinnen
auch den Horror des Kreuzweges und der Hinrichtung mit aushalten. Sie hören denn auch, wie der Geschundene für seine Gegner

betet: Der himmlische Abba möge ihnen vergeben, da sie nicht wissen, was sie tun. So spricht eine *Liebe,* die selbst ihre Feinde nicht fallen lässt. So betet eine *Hoffnung,* die auch Israels religiösen Führern zutraut, dass sie Gottes befreiendes Wirken in ihrem Volk noch erkennen werden. Solches wünscht ein *Glaube,* der nichts ausschließt, und den die Urkirche in ihren Hymnen besingt: »In der Fülle der Zeiten« wird Christus alle und »alles vereinen, was im Himmel und auf Erden ist« (Epheser 1,10), und Gott werde durch den geliebten Sohn alles in seinem Schalom versöhnen: Nichts »im Himmel und auf Erden« wird aus seiner Gemeinschaft hinausfallen (Kolosser 1,20), und auch nichts »unter der Erde« wird den Gottessohn verkennen (Philipper 2,10). So spricht Jesu denn auch einem der Kriminellen, der an seiner Seite stirbt, »heute noch« (Lukas 23,43) Leben und Gemeinschaft im Reich des Vaters zu. Wie misslungen ein Leben auch sein mag: Glaube und Hoffnung genügen! Wer der Liebe Jesu folgt, darf keinen Menschen für immer abschreiben, auch feindselige nicht: Selbst wenn ich mich aktuell gerade vor solchen schützen muss, kann ich sie in meinem Hoffen und Beten Gottes Liebe anvertrauen.

Karsamstag

Die Freunde Jesu stehen vor einem Scherbenhaufen. »Von Gott verflucht ist, wer am Holze hängt« (5. Buch Mose/Deuteronomium 21,23), heißt es im Alten Testament über Hingerichtete. Haben die Jünger sich derart getäuscht? Hat der Rabbi sie geblendet und zu falscher Hoffnung verführt? Warum nur haben sie seinetwegen so viel aufgegeben und sind ihm gefolgt? Wie konnte er und wie konnte Gott zulassen, dass die religiösen Führer derart zuschlagen? Darf Bosheit über Güte siegen, und wird Hass weiter über Liebe triumphieren?

Wer immer heute von Glaube und Kirche bitter enttäuscht ist, wer seine tiefsten Hoffnungen zerstört sieht, findet in den Jüngern an Karsamstag Schicksalsgenossen. – Und wer nicht in Trauer und Enttäuschung, in Bitterkeit, Fatalismus oder Resignation versinken will, findet in Maria von Magdala eine Gefährtin: Sie geht nach dem

Sabbat in aller Frühe zum Grab und sucht ihn, den ihre Seele liebt (vgl. Hohelied 5), und findet weit mehr, als ihre Trauer erhoffte (vgl. Johannes 20,1–18).

Auch in mir steckt ein Simon bar Jona, von Jesus Kephas genannt: mal begeistert, mal zaghaft, entschlossen aus dem Boot steigend, tatkräftig und treu, dann mutlos Freunde lassend. Auch in mir träumt Judas Iskariot, der Freund Jesu, der sich auf ein Gottesbild fixiert, das seinem Wunsch entspricht, und dessen Eifer ihn und andere in die Enge treiben kann. Auch in mir lebt etwas von Maria von Magdala, die nachts wachliegt und ihn suchen will, den ihre Seele liebt, die Freundin, die am Ostermorgen durch den Garten tanzt.

Aufstehen und auferstehen
Impulse in die Osterwoche

Was sucht ihr den Lebenden bei den Toten?
LUKAS 24,5

Ostersonntag

Eine Frau steht auf, »frühmorgens, als es noch dunkel war«
(Johannes 20,1). Sie geht durch eine Stadt, bevor diese zum Leben
erwacht. Weinende Schritte durch dämmernde Gassen.

Lebendige Erinnerungen an eigene Erfahrungen auf der
Straße steigen in mir auf: Junkies, die keine Ruhe fanden, weil Leib
und Seele nach Stoff schrien. Bei Maria von Magdala sind es Trauer
und Liebe, die sie so früh aus dem Bett treiben. Wie die Freundin
im Hohenlied ist sie unterwegs: unerwartet allein und ohne ihn,
»den meine Seele liebt«. Auch jene Freundin eilt nachts durch das
dunkle Jerusalem, begegnet »Wächtern« und fragt, da sie den
Freund nicht findet: »Habt ihr ihn gesehen?« (Hoheslied 3). Besser
beraten als jene Liebende erhält Maria von den Lichtgestalten am
Grab Weisung. Sie sucht weiter – und findet ihn im »Garten«. Ein
Wort genügt, damit ihr die Augen aufgehen: »Maria!« – »Rabbuni«!
(Johannes 20,11–18).

Mein liebstes Osterevangelium ist mit Motiven aus dem
Hohenlied eingefärbt: Der erste Mensch, der dem Auferstandenen
begegnet – ist seine Freundin. »Stark wie der Tod ist die Liebe«
sagte das alte Lied der Lieder (Hoheslied 8,6). »Stärker als der Tod
ist sie«, darf Maria am Ostermorgen jubeln.

Ostermontag

Ostererfahrungen mit dem Rabbi, der »tot war und lebt«, geschehen nicht einfach so! Auffallend oft begegnet er unterwegs: Maria,
die morgens früh durch die Stadt ging, den beiden Emmausgefähr-

ten bei einem gemeinsamen Tagesmarsch, Petrus und Johannes zeichenhaft nach einem Wettlauf, den Jüngern, die dazu nach Galiläa ziehen müssen. Selbst Paulus wird als Verfolger der jungen Kirche unterwegs überrascht. Unterwegs und auch außerhalb des versammelten Apostelkreises erfahren Menschen den, der stärker ist als der Tod. Eine Hoffnungsbotschaft selbst für jene, die ihre Kirche verlassen haben, wenn sie Suchende sind: liebend wie Maria, ringend wie die Emmausgefährten oder zornig wie Paulus.

Dienstag der Osterwoche

Auch die Apostel – in Gemeinschaft versammelt – erfahren den Auferstandenen (vgl. Apostelgeschichte 1,12–14). Kirchliche Gemeinschaft ist eine Einladung, miteinander zu warten und zu sehen, tiefer zu verstehen und zu feiern, gemeinsam berührt zu werden und aufzubrechen. Dazu darf sie nicht sitzenbleiben. Leiden viele christliche Gemeinden nicht auch deshalb an Stagnation, Stillstand und Resignation, weil sie sesshaft geworden sind? Sesshaft im Bewährten, Vertrauten, Bequemen?

Sich sammeln ist heilsam, persönlich und gemeinsam. Auch gemeinsame Wege in die Innerlichkeit führen zu Lichtquellen. Sitzen bleiben dürfen gläubige Kreise von Christinnen und Christen jedoch nur, wenn sie auf Pfingsten warten und wenn sie um den Geist bitten, der die Wege weist. »Leute vom Weg« wird die junge Kirche sich nennen (vgl. Apostelgeschichte 9,2), und bewegte Glaubende werden Gottes Weltliebe bis an die Grenzen der Erde tragen (vgl. Markus 16,15).

Mittwoch der Osterwoche

Vor wenigen Tagen haben wir meine Großmutter zu Grabe getragen. »Bertha Kuster hat sich auf den Weg gemacht« steht in der Todesanzeige. Die Lokalzeitung druckt zwei andere Anzeigen ab. Eine erste spricht die Hoffnung auf eine Wiedergeburt aus: »Wie das Wasser immer wieder vom Himmel kommt und zurückgeht im ewigen Kreislauf ...« Die andere ist so originell wie hoffnungslos in eine Adressänderung gepackt: »Ich bin umgezogen! Meine neue Adresse: Friedhof yx«. – Ich bin froh, den Glauben meiner Groß-mutter zu teilen: Der Tod ist nicht Endstation oder letzte Adresse bis zum Vergessen, noch einfach Zieldurchlauf zu einer neuen Lebensrunde auf der gleichen Rennbahn. Franziskus hat den Tod »sorella morte« genannt. Er dankt dem Schöpfer für diese Schwes-ter, die den Menschen auf ein letztes Stück Weg begleitet – in ein Licht, von dem niemand mehr zurückkehren möchte und kein Mensch zurückkehren muss. Nur dass der Heimweg je nach vor-ausgegangener Lebensgeschichte »verlorener Söhne« oder Töchter (vgl. Lukas 15,11–32) eben unterschiedlich lang ist ...

Donnerstag der Osterwoche

Die vorösterlichen Fastentage sind für uns Brüder und vierzig Gefährtinnen, die eine Woche radikales Heilfasten mitgemacht haben, erneut ein intensives Erlebnis geworden. Zehn Tage habe ich selber auch diesmal körperlich »nahrungslos« verbracht und an Leib und Seele reinigend erlebt. Niemand von uns ist deshalb magersüchtig geworden. Zu sehr sind alle ins Leben verliebt, und in uns allen ist auch von Tag zu Tag die Freude aufs »Essendürfen« gewachsen.

Zurück in diese Ostertage: Im Angesicht seines nahen Ster-bens sagte Jesus im Abendmahlssaal, er esse nun nicht mehr, bis er im Reich seines Vaters wieder essen werde zusammen mit seinen Gefährtinnen und Freunden. Gemeinsames Essen, Feiern, Licht ohne Schatten, das Fest eines Königs, sieben Tage orientalische Hochzeit mit nie versiegendem Wein, das Fest für verlorene Söhne (und Töchter), ein Fest für alle Völker: Das sind die Bilder, welche die Bibel für das Ziel des Weges verwendet. Feiern auch wir – wie die Jünger mit dem Rabbi – Mähler und Feste, die dafür zum Vor-geschmack werden. Es können Einladungen in schlichtem Rahmen sein wie das Essen im Haus des Zachäus, Oberzöllner in Jericho (vgl. Lukas 19,1–10). Oder spezielle Essen, sorgfältig geplant und mit besonderen Gästen genossen. Oder ein Fest, wie es die antiken

Agape der frühen Gemeinden am ersten Tag der Woche waren: Alle bringen Speisen und Getränke mit, und zusammen ermöglichen diese ein improvisiertes Feiern, das ganz vom Miteinander lebt. Solches Teilen und Feiern kann zum Vorgeschmack werden für das große Fest, von dem Jesus spricht.

Freitag der Osterwoche

»Ich war tot, und ich lebe!« Lange haben die Kirchen aus Jesu Osterbotschaft ein Trostpflaster für die Leidenden dieser Welt gemacht: »Im Himmel werdet ihr es einmal gut, viel besser haben«. Karl Marx hat denn auch ein Christentum verworfen, das die Religion wie Opium einsetze: »Die Religion ist der Seufzer der bedrängten Kreatur, das Gemüth einer herzlosen Welt, wie sie der Geist geistloser Zustände ist. Sie ist das Opium des Volks«, lautet seine Kritik im Jahr 1844.

Mit Vertröstungen auf das Jenseits haben Prediger übersehen, übergangen und überspielt, wie leidenschaftlich Jesus sich für ein befreites und aufrechtes Leben vor dem Tod eingesetzt hat. Wen immer der Rabbi gebeugt, gelähmt und unfrei antraf, suchte er aufzurichten:

> Menschen, die
> sozial an den Rand gedrängt werden,
> oder von Lebensmut verlassen,
> von Schuld beladen,
> von Vorurteilen zugedeckt,
> von Depressionen gefangen,
> von Ängsten bedrückt,
> von Krankheiten gelähmt,
> von Einsamkeit umschlungen,
> von Enttäuschungen geschlagen
> oder von Menschen niedergedrückt sind.

Auch wir können Ostern im Kleinen erfahren und ermöglichen – schon jetzt und mitten im Alltag. Oft genügen kleine Zeichen, dass auch Menschen um uns sagen können: »Ich war wie tot und lebe neu.«

Samstag der Osterwoche

Ich sitze in der Morgendämmerung am Schreibtisch. Das Aufwachen ist schön gewesen – gemütlich und ohne Schnellstart in den Tag. Heute bleibt vor der Morgenfeier selbst noch Zeit, etwas nachzuspüren: dem Aufwachen aus dem Dunkel der Nacht. Aus einem Dunkel, das uns nichts sehen ließ, nichts hören und spüren, denken oder tun. Aufwachen aus einem Dasein, das nichts von der Welt um uns bemerkt. Aufwachen, blinzeln, Geräusche wahrnehmen. Neu zum Leben erwachen und zu neuem Leben erstehen: sich aufrichten und aufrecht in den Morgen gehen – unvergleichlich frischer, leichter, unternehmungslustiger als der Abend mich am Ende sah ...

Wie immer Sie selber diese Nacht geschlafen haben: Sie stehen in einen neuen Tag hinein auf, mit neuer Kraft und neuen Zielen. Werden solche schlichten Morgen-Erfahrungen nicht zu einem Auferstehungserlebnis im Kleinen? Jeden Tag neu? Mal etwas schwereren Schrittes und mal leichtfüßig? – Ein leiser Vorgeschmack auf das eigene Ostern, im Garten *unseres* leeren Grabes?

Licht

Impulse in die Osterwoche

Gott sprach: Es werde Licht.
Und es wurde Licht.
GENESIS 1,3

Ostersonntag

Was der dritte Vers der Bibel über den Urbeginn sagt, könnte treffender nicht ausdrücken, was in der »Mitte der Zeit« ganz neu geschieht. Seit Jahren erlebe ich die Osternachtfeier nicht abends. Während die meisten Pfarreien sie weiterhin noch vor der Abenddämmerung beginnen, haben wir Brüder sie in einigen Klöstern frühmorgens angesetzt. Wir kommen im tiefen Dunkel der Nacht zusammen und versetzen uns ins innere Dunkel, in dem die Jünger und die Gefährtinnen Jesu damals in Jerusalem waren. Eine Einladung, uns heute ins Lebensdunkel von Menschen zu versetzen, die selber Liebstes verloren haben und trauern. Tastende Schritte zu tun wie die Frauen, die frühmorgens zum Grab aufbrachen und noch kein Licht sahen. Wie Kleopas durch die ganze Heilsgeschichte zu gehen, um Antwort zu finden auf dunkle Fragen (vgl. Lukas 24,18 ff.). Sechs Lesungen und passende Bilder führen uns am Ostermorgen ab 4.30 Uhr ebenfalls durch die Heilsgeschichte. Schritt für Schritt wird es dabei hell: hörend auf das Wort, dann auch sehend im Klostergarten um das Osterfeuer, und schließlich mit allen Sinnen feiernd – mit frischem Taufwasser im Kerzenlicht, mit uralten Osterliedern und neuen Zeichen, im Kreis Glaubender, die sich Brotschale und Kelch reichen. Wenn danach zum gemeinsamen Frühstück die Sonne aufgeht, findet sie bereits Licht vor: helleres als jenes, das die Augen sehen.

Ostermontag

Ein Ostermontag in Rom! Nach dem Festtagsrummel gönnte ich mir einen Tag im Grünen. Über das antike Pflaster der Via Appia wandernd wollte ich durchatmen, meine Seele lüften und dabei auch der Emmausgeschichte nachspüren: wie die beiden Gefährten still unterwegs sein, die Stadt zurücklassen und den leisen Schritten des Auferstandenen begegnen. Doch welche Überraschung: Halb Rom zog ebenfalls ins Grüne, und die Via Appia füllte sich mit Leben: alt und jung, ausgelassen und lautstark, reizvoll und gereizt, Einsame, Zweisame, ganze Gruppen und Scharen von Menschen. War das wohl nicht damals schon so, in Jerusalem, wenn Zehntausende nach dem Paschafest wieder nach Hause zogen? Ein Emmausweg, nicht idyllisch und meditativ, sondern Schritte zu dritt mitten im Treiben der Menschen?

Rechnen wir mit den leisen Schritten des Auferstandenen auch auf hektischen Wegen? Lassen wir uns von ihm einholen, ansprechen, berühren und überraschen in aller Bewegung des Lebens?

Dienstag der Osterwoche

An der Via Appia liegen mehrere frühchristliche Katakomben. In den vulkanischen Tuffstein gegraben, ziehen sich Dutzende von Kilometern enger Gänge durch den Untergrund. Zehntausende von Grabnischen strahlen eine Ruhe und einen Frieden aus, der Menschen immer wieder berührt. Liegt es an der Hoffnungsbotschaft, die aus den kleinen Marmorplatten, den Tondeckeln und aus den schlichten Fresken spricht? Das Relief eines Sarkophags zeigt, wie Mose an einen Fels schlägt und wie aus hartem Stein überraschend Leben sprudelt! Daneben lässt Noach eine Taube fliegen, die ihn und alles Leben zum Verlassen der engen Arche ermutigt. Fresken lassen Lazarus aus dem Grab treten. Platten auf den Grabnischen zeigen Christus, der als guter Hirt in neuer Jugendlichkeit verlorene Schafe nach Hause trägt: Osterbotschaften! Aus kaltem Stein, enger Arche und dunklen Gräbern geht Leben hervor.

Christus nennt uns wie Lazarus Freund und Freundin. Er befreit uns schon heute aus selbst gemachten Archen ins Leben – und ruft auch uns einmal aus dem tiefsten Dunkel in sein ewiges Licht.

Mittwoch der Osterwoche

Selbst »Verlorene« dürfen hoffen. Das Bild des Guten Hirten ist neben den Symbolen von Anker und Fisch das beliebteste Motiv in den Katakomben der Frühen Kirche. Das Gefühl, vor Gott »verloren zu sein«, kann selbst strahlende Heilige wie Franz von Assisi mit Menschen verbinden, die sich in ihrem Leben von Gott abgewandt haben. Oder die verloren sind, weil sie Gott gar nicht finden.

»Er geht dem Verlorenen nach«, singt ein Christushymnus der orthodoxen Kirchen. Und das kommt vielen Menschen zugute: mir, vielleicht auch Ihnen – und wer immer im Glauben stolpert, Hoffnung verloren hat oder von der Liebe enttäuscht wird.

Donnerstag der Osterwoche

So seltsam es klingen mag: Die spärlich beleuchteten Katakomben und ihre unzähligen dunklen Grabnischen sind voller Licht! Ich habe viele Gruppen dahin begleitet – und habe kein einziges bedrücktes Gesicht aus der dunklen Tiefe zurückkehren sehen. Im Gegenteil: In den Augen vieler leuchtet Friede, Hoffnung und Zuversicht. Wo noch nie ein Sonnenstrahl hinkam, erzählt braunroter Tuff-Fels wortlos und eindrücklich von ewigem Licht. Was Katakombengänge nie sahen, was unsere Augen schauen und was unsere Erde belebt, seit sie besteht (Genesis 1,1), ist Licht vom LICHT.

Achten Sie heute doch einmal darauf, wo Dunkel oder Licht in unserem Alltag durchsichtig wird auf dieses LICHT hin. Es findet sich kraftvoll über allem, hoffnungsvoll hinter allem, und leise in allem ...

Österliches Licht muss nicht sanft sein. Paulus könnte davon ein Lied singen. Als Feind der jungen Christusbewegung kommt er durch eine Lichtvision ins Stolpern. Lukas schreibt wörtlich: »Unterwegs aber, als er [Saulus] sich bereits Damaskus näherte, geschah es, dass ihn plötzlich ein Licht vom Himmel umstrahlte. Er stürzte zu Boden und hörte eine Stimme ...« (Apostelgeschichte 9,3–4). Dass er dabei vom Pferd stürzte, sagt die Apostelgeschichte nicht: Diese Ausmalung des Szenarios entspringt der Fantasie der darstellenden Kunst. Es steht Christus fern, Menschen vom Pferd und auf den Boden zu werfen ... Der Auferstandene überrascht den fanatischen Verfolger der Gläubigen unterwegs nach Damaskus. »Es wurde Licht«, so stark, dass Saulus geblendet und blind weiter nach Syrien zieht.

Gott kann vom Weg abkommen lassen, Menschen ins Stolpern bringen. Er muss dabei nicht wuchtig einfahren oder umwerfend handeln. Manchmal wünsche ich einzelnen Personen allerdings Letzteres: gerade jenen, die in der Weltpolitik Macht missbrauchen oder die Menschenwürde mit Füßen treten; jenen, die Gottes Schöpfung Gewalt antun und aus Erde, Tieren oder Pflanzen gefühllos Profit schlagen ... Ich wünschte es auch solchen, die den Kirchen Gottes zusetzen: fundamentalistische Kräfte in allen Religionen, christenfeindliche Regierungen, plumpe Elefanten im Porzellanladen der Ökumene oder auch Glaubenswächter, die im eigenen »Haus« wie der Pharisäer Saulus durchgreifen. Nicht Niederschmetterndes wünsche ich ihnen, sondern Erschütterung und Einsicht. Nicht Dunkel wünsche ich ihnen, sondern Licht ...

Am Anfang war das Licht

> Es malt den Himmel tiefblau
> und weckt das Leben auf Erden.
> Es lässt die Felder reifen
> und die Vögel in der Frühe singen.
> Es gibt deinem Leben alle Farben
> und berührt durchs Auge die Seele.

In der Mitte der Zeit ist Licht

> Es strahlt auf über Betlehem,
> leuchtet im Rabbi aus Nazaret
> und dringt ins Felsengrab,
> wo Frauen Lichtgestalten finden
> und Marias Liebster lichtvoll erscheint.

Auch am Ende wird Licht sein

> Licht nach dem Ende der Welt
> und nach unserer Lebenszeit:
> »Gott spricht – und es wird Licht!«
> Das Licht der Neuen Schöpfung!

Offen für den Frieden

Impulse in die Osterzeit

Schafft Frieden in euren Toren!
SACHARJA 8,16

Offenherzig | Sonntag

Manche Blumen wirken am intensivsten, wenn sie aus dem Garten gepflückt allein in einer Vase stehen. So ergeht es mir mit diesem Bibelvers. Er ist wie eine Blume aus einem reichen Garten. Der volle Text, aus dem der Vers stammt, soll uns erst Ende der Woche interessieren.

»Friede in unseren Toren!« Meine Kirche feiert heute, eine Woche nach Ostern, den »Weißen Sonntag«: Kinder ziehen nach einjähriger Vorbereitung zu ihrem ersten Abendmahl. Weiß gekleidet und von der Dorfmusik begleitet, feiern sie »Erstkommunion«. Ich erinnere mich an meinen eigenen Weißen Sonntag. Es war die erste Gemeindefeier, auf die hin wir neunjährigen Kids freudig fieberten. Die Tore der Kirche öffneten sich für den festlichen Einzug weiter denn je. Wir zogen durch das Hauptportal ein. Ich höre noch immer, wie der Pfarrer dann auf der Kanzel zu uns Kindern sagte: »Weit offene Türen sind etwas Gutes, und besonders schön, wenn wir mit dem Auferstandenen durch sie ziehen. Noch wichtiger sind jedoch offene Herzen, durch die er zu uns selber kommen kann, ganz persönlich.«

Selber empfänglich sein, offen für das göttliche DU, das zu uns kommt, offen für menschliche Du, die uns heute besuchen. Die eine Offenheit schließt die andere nicht aus. Und ein offenes Herz kann offenherzig sein, zu Gott und zu Menschen.

Offene Stadttore | Montag

Das mittelalterliche Städtchen Olten, vor dessen Mauern unser
Kloster gebaut worden ist, verfügte über zwei Stadttore: eines zur
Holzbrücke über die Aare und das andere Richtung Jura und Basel.
Es gibt sie nicht mehr. Der Häuserring der Altstadt, einst jeden
Abend verschlossen und bewacht, lässt uns heute jederzeit durch
breite Zugänge zirkulieren. Es gibt keine Bedrohung und keine
Feinde mehr, die ferngehalten werden müssten. Auch Krawalle und
gewalttätige Demos hat mein Städtchen schon lange nicht mehr
gesehen. In der Feuerwehr üben sich Neubürger im Löschen möglicher Brände, und im Stadtrat sitzen alle größeren Parteien, ohne
dass ihre Kollegialität in Frage steht. In unserem offenen Klostergarten feierten im Sommer über 4000 Personen zwei Tage lang ein
Fest mit Begegnungen über alle sozialen, kulturellen und kirchli-
chen Grenzen hinweg. Solche Grenzen gibt es zwar immer noch,
durchaus. Aber sie sind kein Übel, wenn sie denn durchlässig
werden – wie offene Stadttore in einer schon lange dauernden
Friedenszeit.

Offene Klosterpforte | Dienstag

Ich staune über den Frieden, der durch die Tore unseres Klosters
gefördert und genährt wird. Die Pforte ist mit einer »Suppenstube«
verbunden, eine Art Suppenküche, die aus unserem eigenen Koch-
topf versorgt wird. Wir teilen unsere Speisen mit offensichtlich
und mit versteckt Armen. Dieselbe Pforte, an die Bedürftige klop-
fen, öffnet sich für den Stadtpräsidenten, der unser Kloster als
»Oase in der Stadt« schätzt. Und bisweilen trinkt auch mal der
Chefredakteur einer nationalen Zeitung oder der Bischof von Basel
ein Gläschen mit uns. Als sich bei uns im Frühwinter Delegationen
des Evangelischen Kirchenbunds und der Schweizer Bischofskonferenz trafen, saßen am selben Tag auch straffällige Jugendliche
zum Essen an unserem Tisch.

Eine offene Türe, offene Augen, offene Hände, Offenheit für
jeden, der uns anspricht. Diese Einladung steht im 7. Kapitel unse-

rer Ordensregel von 1221: »Und mag zu den Brüdern kommen, wer da will, Freund oder Feind, Dieb oder Räuber, so soll er gütig aufgenommen werden.« Offenheit, die von Vorurteilen absieht, ermöglicht verbindende Begegnungen, und diese sind die Grundlage für den Frieden.

Freiraum | Mittwoch

Tore haben eine Innen- und eine Außenseite. Sie sind bedeutsam für den Innenraum und die Außenwelt. Meine Gemeinschaft, die der Franziskaner, schließt ihre Tore immer wieder für »geschützte« Zeiten. Denn permanente Beanspruchung, ruheloses Leben, andauernde Erreichbarkeit, mangelnde Geborgenheit, zu wenig Zeit füreinander, das könnte den eigenen und den familiären Frieden gefährden.

Im Gegenzug zu den genannten Gefährdungen lässt sich positiv sagen: »Entspanne dich, gönne dir selber Gutes, ruhe dich aus, komme zu dir selber, genieße die Tischgemeinschaft mit Vertrauten, nimm dir Zeit für Partner und Weggefährtinnen, wage im guten Rahmen auch über Belastendes zu sprechen, werde wieder einmal verspielt ...« Oder eben: »Schafft dem Frieden Raum innerhalb der eigenen Tore!«

Innerer Friede | Donnerstag

Alltäglich geschützt für uns Brüder sind Morgen- und Abendmeditation sowie unsere drei Gebets- und Essenszeiten. Ich liebe es, mich in der Morgendämmerung meditierend in der Stille zu verwurzeln – und in allem, was mein oft bewegter Tag bringt, mit der Stille im Tiefsten verbunden zu bleiben. Ich liebe es, abends ganz allein in der verschlossenen Kirche zu sitzen, mit der verstummenden Stadt im Rücken und vor einem Gott, der meinen Tag in seine Hand nimmt, um ihn über Nacht in meine Lebensgeschichte einzuweben. In meinem bewegten und reiseintensiven Leben liebe ich auch die Stille, die wir uns in den zwei oberen Etagen des Klosters sichern. Während wir im Erdgeschoss vielerlei Gäste mit in den Essraum nehmen, in den Sprechzimmern empfangen, zu einem Kaffee einladen oder ins gemeinsame Gebet mitnehmen, ist unser privater Wohnbereich »Klausur«.

Was viele Städterinnen und bewegte Zeitgenossen in Timeouts oder mit Exerzitien im Alltag erleben, unsere Lebensweise bietet es uns in ihren alltäglichen Rhythmen, in meditativen Gebetszeiten und in geschützten Räumen der Stille. In ihnen liegen unsere Quellen des Friedens »innerhalb unserer Tore«, Kraft aus der Tiefe und die Chance, den inneren Frieden von Tag zu Tag neu zu nähren.

Grenzkontrolle | Freitag

Bildungsaufträge an theologisch-philosophischen Hochschulen und in Akademien lassen mich oft durch »Grenztore« gehen: über die Pyrenäen, über den Bodensee und den Arlberg, oder im Nachtzug nach Venedig. Auf dem Weg über die südliche Landesgrenze habe ich eine peinliche Kontrolle erlebt. Mein Nachbar ist durch seine Hautfarbe aufgefallen. Ein Libyer, fünfzig, mit zwei Koffern, wurde von den italienischen Beamten sogleich gründlich durchsucht. Das Transitvisum weckte ihre Neugier. Datencheck per Funk, Befragung im Wagen, Durchwühlen des Gepäcks, und viele Mitreisenden hörten zu und schauten hin. Das Ganze dauerte lange zwanzig Minuten. Ich fragte danach den Familienvater, der für ein Entwicklungsprojekt arbeitet, ob ihm der Argwohn bei solchen Grenzpassagen nicht peinlich sei. Er werde an jedem Zoll auseinandergenommen, antwortete er gelassen: von Libyen nach Italien, dann an der Schweizer und der deutschen Grenze, und bisweilen dreimal auf dem Weg zurück. Und mit Augen voller Ruhe fügte er an: »Niemand kann dir den Frieden nehmen, wenn du ihn in dir trägst!« – Wir bleiben bis Mailand im Gespräch. Der erste der 99 Namen Gottes sei »der Erbarmer: Wir ehren Allah, wenn wir barmherzig urteilen«. Der fünfte Name sei »as-Salām, der Friede: Wir ehren Allah, wenn wir Frieden in uns tragen! Und der 99. Name Allahs ist as-Sabūr, der Geduldige: Wir ehren ihn, wenn wir geduldig sind ...«

Saat des Friedens |

Unser Bibelvers stammt aus einer Prophetenrede, die Israel nach dem Exil eine neue Zukunft ankündigt. Dazu müsse es jedoch Frieden schaffen in seinen Toren – ein Hinweis auf die Tradition in Israel, nach der in den Stadttoren Konflikte gelöst und Fehden bereinigt wurden. Sacharja gibt die Verheißung Gottes weiter: »Die Saat meines Friedens wird aufgehen! Der Weinstock wird seine Frucht geben, der Boden seinen Ertrag, der Himmel Tau und Regen – und ich gebe meinem Volk Zukunft. [...] Ich werde euch mit Gutem überschütten. Habt also keine Angst! Aber tut auch, was ich von euch erwarte! [...] Zu jener Zeit werden Männer aus Völkern mit ganz verschiedenen Sprachen euren Gewandzipfel ergreifen und sagen: ›Lasst uns mit euch ziehen! Wir haben gehört, dass Gott auf eurer Seite steht‹« (Sacharja 8,12.15.16.23).

Wir stehen in der Osterzeit. Erscheint der Auferstandene seinen Jüngern und Freundinnen, wünscht er ihnen als Erstes Frieden. Bereits in Galiläa haben sie sich unterwegs mit ihm in einen neuartigen Frieden eingeübt und haben, von ihm gesendet, Friede in Häuser und Dörfer getragen (vgl. Lukas 10). *Schalom* sollen sie nun bis an die Enden der Erde verkünden und bringen: als Töchter und Söhne des einen Vaters, eingeübt in eine neue Menschlichkeit, ohne sich durch nationale, kulturelle, ethnische und sprachliche Grenzen beirren zu lassen, und im Vertrauen, dass der Geist des Friedens, der Heilige Geist, in jedem Menschen wirkt.

Neues wird
Impulse in Frühlingstage

Wenn also jemand in Christus ist, dann ist er eine neue Schöpfung:
Das Alte ist vergangen, Neues ist geworden.
2 KORINTHER 5,17

Neue Schöpfung | Sonntag

Der aufbrechende Frühling lässt den Winter vergessen. Längere
Tage und wärmere Abende verabschieden Dunkel und Kälte. In das
neue Blühen, Knospen und Sprießen kehren die Vogelstimmen
zurück. Ihre Lieder wecken auch in Menschen das Gefühl, eine
neue Schöpfung zu erleben. Vielleicht singen oder summen sie
heute Morgen mit Cat Stevens leise ins Vogelgezwitscher den
modernen Schöpfungs-Hit: »Morning has broken like the first
morning, blackbird has spoken like the first bird, praise for the
singing ...« (unter dem Titel »Morgenlicht leuchtet« in der deutschen Übersetzung von Jürgen Henkys im Evangelischen Gesangbuch Nr. 455). Der Text legt sich bezeichnenderweise auf die Melodie des gälischen Weihnachtsliedes »Leanabh an àigh« (»Kind der
Freude«). Cat Stevens widmet den Song dem neuen Licht – am
Anfang der Schöpfung und jeden Tag. Dass Altes vergeht und Neues
wird, gehört zum Urerlebnis jeden Morgens und jeden Frühlings.

Glücklich, wer Dinge überschlafen und Unverdautes in Träumen verarbeiten kann. Glücklich, wer vom Winter müde nun neue
Kraft spürt und auch innerlich Erstarrungen löst oder düstere
Zeiten hinter sich lässt. Siehe, Neues wird, ja Neues will und kann
werden: jeden Frühling – und jeden Morgen!

Aus Erstarrtem aufbrechen | Montag

Nicht jeder Mensch erfährt den Frühling befreiend. Nicht in jeder
Lebenslage vermag das Morgenerwachen innere Schatten zu vertreiben. Wenn ich an Milena denke, der mit 25 Jahren die Sehn-

sucht nach dem Tod wie ein Schatten folgt. Oder an Tim, dem eine schwere Krankheit endlose Nacht zumutet! Innere Winterzeit kann sich oft hartnäckig halten. Altes bleibt, Unrecht oder Sorgen haften wie Lehm an den Beinen und lassen kein neues Aufbrechen zu. Jede Kultur und jede Religion kennt Frühlingsbräuche, welche die Lebensgeister rufen. Fruchtbarkeit von Erde und Pflanzen, Tieren und Menschen wird neu geweckt. Mit den Ostereiern und -hasen haben wir uralte Symbole dafür von antiken Völkern übernommen. Der Mensch weiß, dass neues Leben um uns und in uns nicht machbar ist, sondern ein Geschenk. Das Grundvertrauen in sich erneuernde Lebensquellen verbindet uns mit allen Weltreligionen. Alte und neue Frühlingsbräuche glauben an die Lebenskräfte, rufen, wecken und bitten um sie. Wie tun Sie es?

Lebenskräfte | Dienstag

Der Paulusvers spricht ein Urproblem der griechischen Kultur an: das Leiden an einer vergänglichen Welt. Das alte Ägypten konnte an eine Art von Auferstehung glauben: Der Sonnengott selbst starb in diesem Glauben täglich. Jeden Abend ertrank er im westlichen Meer, um am anderen Morgen im Osten neu aufzusteigen. Die christliche Taufe nimmt mit den Zeichen des Eintauchens und Untertauchens dieses Ursymbol des Sterbens auf. Dreimal tauchten die ursprünglich erwachsenen Täuflinge in frischem Wasser unter, um im Namen des lebendigen Gottes dreimal aufzutauchen. Das Taufgeschehen nimmt die Kräfte ernst, die das Leben ins Dunkle hinabziehen. Es drückt zugleich aus, dass die Lebenskräfte stärker sind: Licht, das Aufrichtende – und schließlich die Auferstehung. Kein Erstehen wie im Alten Ägypten, das Göttern und göttlichen Pharaonen vorbehalten bleibt. Kein Absinken in eine Unterwelt, die Griechen und Römer unentrinnbar erwartete. Alle, die an Christus glauben, erstehen zu neuem Leben – nicht erst im Tod.

Orientierung | Mittwoch

Die frühchristliche Taufsymbolik kennt nicht nur das Abtauchen
und Auftauchen im Taufbecken, das »Sterben des alten Menschen«
und die »Neugeburt in Christus«. Zu den vorbereitenden Ritualen
gehören Wege durch die Kirche. Täuflinge und Mitfeiernde schritten zunächst nach Westen. Da, wo die Sonne untergeht und die
Nacht sie verschlingt, hat man die dunklen Kräfte und die Vergänglichkeit angesiedelt. Sie sollen nicht überhandnehmen im neuen
Leben der Getauften. Allem, was Leben mindert, verdunkelt,
gefährdet und bedrängt, »widersagten« die Glaubenden. Dann
bewegte ihr Zug sich nach Osten – dem Sonnenaufgang entgegen,
in Richtung Morgen und heller Zukunft. Osten heißt lateinisch
Oriens und steht für die Herkunft von Licht, Farben, Leben und
Ewigkeit. Glaubende sollen sich zum Licht hin ausrichten, sich
zum neuen, hellen und kraftvollen Leben hin »orientieren«.
Wonach richte ich mich aus? Was bestimmt meine alltäglichen
Wege, meine Hoffnungen, meine Ziele? Leuchtet mir innerlich die
aufgehende oder eher die untergehende Sonne entgegen? Sehen
Menschen in meinen Augen Tag oder Nacht gespiegelt?

Gefährdete Ausstrahlung | Donnerstag

An einem Wochenende mit zwölf jungen Frauen sitzen wir im
Kreis am Boden um das alte Kupferbecken, das in der Osternacht
das neue Taufwasser barg. Jede der künftigen Lehrerinnen hat eine
eigene Lieblingskerze mitgebracht: große und kleine, kunstvolle
und schlichte – individuell gestaltet, originell und vielfältig wie
auch Menschen sind. Wir tauchen reihum die Lebenssymbole ins
kalte Wasser: so tief, wie es uns gegenwärtig stimmig erscheint. Im
Eintauchen nennen wir Kräfte, die uns nach unten ziehen, Realitä-
ten und Mächte, die nicht zu stark werden dürfen: Traurigkeit,
Hektik, Eifersucht, Zweifel, Schuld, Sorgen, Einsamkeit, Stress,
Resignation, Ungeduld, Aggression, Neid ... Bei einigen flackern die
Flammen nur noch knapp über dem Wasser, das sie verschlingen
könnte.

Im Auftauchen und Aufsteigen der Kerzen klingen dann Kräfte und Erfahrungen an, die Leben nähren, stärken, aufrichten und erneuern: Hoffnung, Freundschaft, Vertrauen, Verzeihen, Gemeinschaft, Glaube an sich selbst, Geduld, Freiheit, Mut, Liebe, Erfahrungen von Gottes Nähe, ein tief verstehender Mensch ...

Was lässt Ihre Lebenskerze abtauchen? Was setzt Ihnen zu? Was erleben Sie als bedrohlich? Und was lässt Ihre Lebenskerze aufsteigen? Was verleiht Ihnen Kraft und Mut? Was lässt Sie strahlen?

Neu geboren | Freitag

»Sei gepriesen, mein Gott, durch alle, die verzeihen ›per lo tuo amore‹«, so singt Franziskus in der Menschenstrophe seines Schöpfungsliedes: »Sei gepriesen für alle, die Mühen ertragen aus der Kraft deiner Liebe.« Wer getauft ist, muss als »neue Schöpfung« nicht perfekt leben, wie der Begründer einer neuen Täuferbewegung 1830 gemeint hat, um seine Gemeinden dann einem unerträglichen Zwang zur Vollkommenheit auszusetzen. Auch der »neugeborene Mensch« kann und darf irren oder Fehler machen. Das »Neue« zeigt sich in einer neuen Hoffnung, einer größeren Weite und tieferen Quellen. Sie lassen »Seine Liebe« durchscheinen, wo wir Menschen begegnen, Unrecht widerstehen, Schmerzliches aushalten, verzeihen und neu anfangen: damit Altes vergehen kann und Neues entsteht.

Mit allen Geschöpfen | Samstag

Für Paulus wird nicht nur der Mensch in Christus »neue Schöpfung«. »Die gesamte Schöpfung« soll aufatmen können, ihr Seufzen ablegen dürfen und Befreiung erfahren (vgl. Römer 8,19–22). Auf einem Granitfelsen am »Weg der Schweiz« um den Urnersee variiert eine verwitterte Inschrift den Römerbrief: »Alle Geschöpfe sehnen sich danach, dass wir endlich Menschen werden.« Der glaubende oder der Gott suchende Mensch wird als neue Schöpfung zur Hoffnung aller Kreaturen. Franz von Assisi spornt uns nicht nur an, mit jedem Geschöpf achtsam umzugehen, sondern selber in ihren geschwisterlichen Gesang einzustimmen. In seinem Schöpfungslied (Sonnengesang) preist er »mit allen Geschöpfen« den Einen. Jedes Geschöpf offenbart uns etwas vom Schöpfer: Die Sonne zeugt von seinem Lichtglanz und seiner Kraft, die Leben weckt, Mond und Sterne sprechen von seiner stillen Gegenwart im Dunkel, die Luft von seinem Atem in allem Leben, das Wasser von Jesu erfrischendem Weg nach unten, das Feuer von der Kraft des Geistes und der Liebe, die Erde ist mit all ihren Gewächsen das schönste Bild von Gottes Fantasie. Der Mensch ist das Geschöpf, das liebend auf Gottes Liebe antworten kann. – Als Franziskus dieses Lied im Frühjahr 1225 dichtet, ist er krank und blind. Singend tritt er aus Wochen voller Schmerzen und Zweifeln in neues Licht: in das Licht eines Gottesfreundes, dem die irdische Welt durchsichtig wird auf die ewige und neue Schöpfung hin.

Erwecke meine von vielfacher Sünde

und ungeordneten Taten furchtbar gelähmte Seele

durch dein göttliches Gebot, o Herr,

so wie du einst den Gelähmten erweckt hast,

damit ich, freigemacht, rufe:

Ehre, barmherziger Christus, sei deiner Macht!

(Kondakion des Gelähmten)

Spender alles Guten

Impulse in Frühlingstage

Sie leiden weder Hunger noch Durst,
Hitze und Sonnenglut schaden ihnen nicht.
Denn er leitet sie voll Erbarmen
und führt sie zu sprudelnden Quellen.
JESAJA 49,10

Genießen dürfen | Sonntag

Wenn Sie heute Zeit für diese Zeilen finden, haben Sie wohl schon gefrühstückt. Ob Sie es mit der Familie taten, mit Ihrer Frau oder Ihrem Partner, zu Hause oder unterwegs, früh am Morgen oder bei einem Brunch: Der Sonntag lässt gewöhnlich viel Zeit zum Essen – und es gibt eine reiche Auswahl an Speisen. Das Jesajawort gilt hierzulande jedoch auch im Alltag: »Sie leiden weder Hunger noch Durst«! Unsere Bundesverfassung oder das Grundgesetz will zudem nicht zulassen, dass auch nur ein Mensch im Land elementare Not leiden muss.

Ich wünsche Ihnen, dass Sie genießen können, was Ihnen dieser Sonntag auf den Tisch und in Ihr Leben bringt. Lasst uns danken für den hohen Lebensstandard, die Fülle und die Sicherheit, die unser Land einer breiten Bevölkerung bietet: unser Land – und letztlich der »Spender alles Guten«, für den Jesaja spricht.

Essen und trinken? | Montag

Die Bergpredigt knüpft an das Jesajamotiv an und bezieht es auf Jesu Freundeskreis und das Volk: »Macht euch keine Sorgen! Fragt nicht: Was sollen wir essen? Was sollen wir trinken? Was sollen wir anziehen? Damit plagen sich Menschen, die Gott nicht kennen. Euer Vater im Himmel weiß, dass ihr all das braucht« (Matthäus 6,31–32). Das Wort des Deuterojesaja spricht nach

550 v. Chr. ins Babylonische Exil. Der Prophet sucht sein leidendes Volk für Gottes neue Zuwendung zu öffnen, die 539 v. Chr. dann mit der Rückkehr ins Gelobte Land auch erfahren wird. In Jesus wird diese Zuwendung Gottes in nie gekannter Art spürbar. Jesaja spricht vom »Erbarmer«, Jesus intimer von »eurem Vater im Himmel«.

Nicht das Kreisen um meine Bedürfnisse erfüllt mein Leben, sagt die Bergpredigt, und nicht die Sorge um mein Erscheinungsbild macht innerlich reich. Sondern? Eine neue Zeit ist angebrochen: Der Himmel sucht die Erde, der Vater aller wendet sich jedem und jeder zu – und verbindet in einer neuen Realität. »Reich Gottes« nennt es der Rabbi: die neue Welt eines Abba, der in allen Menschen seine Töchter und Söhne sucht. Unser Vater weiß, was wir und was sie brauchen, all unsere Schwestern und Brüder.

Umsorgt und umworben | Dienstag

Bereits der Prophet des Deuterojesaja (Jesaja 40–55) kennt intime Züge in seiner Gotteserfahrung. Nach unserem Bibelvers heißt es weiter: »Gott liebt sein Volk wie eine Mutter ... Jahwe sagt: ›Bringt eine Mutter es fertig, ihren Säugling zu vergessen? Hat sie nicht Mitleid mit dem Kind, das sie in ihrem Leib getragen hat? Und selbst wenn sie es vergessen könnte, ich vergesse euch nicht!‹« (Jesaja 49,15). Gott, der sorgsamer als eine Mutter an uns handelt! Ein Folgemotiv erinnert an einen Liebenden, der den Namen der Geliebten in seiner Handfläche trägt: »Jerusalem, ich habe dich unauslöschlich in meine Hände eingezeichnet« (Jesaja 49,16).

Ich staune, wie tief die Hoffungsbilder und wie innig die Gotteserfahrung in diesem Prophetenbuch werden: Vom liebevoll gestillten Säugling bis zur umworbenen Geliebten reichen die Bilder, um Israels Lage vor Gott mehr als fünf Jahrhunderte vor Christi Geburt zu beschreiben. Der Prophet Hosea kennt beide Bilder für Gottes Liebe bereits zwei Jahrhunderte früher: Er inszeniert Gottes Werben und spricht von seiner Mutterschaft um 740 v. Chr. Gott wirbt um Israel, sein ersterwähltes Volk. Er wirbt um sein Volk des Neuen Bundes – in allen Kirchen. Er wirbt um die Menschheit. Ja, »alles im Himmel, auf Erden und unter der Erde« wird Christus einmal feiern (Philipper 2,10).

Erfahren Sie sich umworben? Haben Sie sich gewinnen lassen? Es gibt auch das Werben in einer langen Beziehungs- geschichte – mit Menschen und mit Gott ...

Gerufen und gesammelt | Mittwoch

Propheten sind keine Schönfärber. Unser Bibelvers spricht in eine heillose Situation: »Zu den Gefangenen wirst du sagen: ›Ihr seid frei!‹ und zu denen, die im Dunkeln leben: ›Kommt ans Licht!‹ Es wird ihnen unterwegs an nichts fehlen« (Jesaja 49,9). Das Volk ist zersplittert und über den ganzen Nahen Osten verstreut, es lebt unfrei in finsterer Zeit. Die Politik der Großmächte verhindert seine Wiedervereinigung. Doch unüberwindbare Grenzzäune und Sperranlagen können Gottes Willen (auch heute) nicht lähmen: »Alle Berge, die ihnen im Wege sind, ebne ich ein; feste Straßen schütte ich für sie auf. Seht doch, mein Volk kommt von weit her: aus dem Norden, aus dem Westen und aus dem südlichsten Ägyp- ten!« (Jesaja 49,11). Israel hat solche Prophetenworte auf sich bezogen. Bereits der Prophet Jesaja und sein Zeitgenosse Micha aus Moreschet weiteten jedoch die Optik im achten vorchristlichen Jahrhundert. Gott wird sein Volk und Scharen aus den Völkern sammeln und in Jerusalem freudig vereinen (vgl. Jesaja 2, Micha 4). Die junge Kirche erkennt, dass alle Menschen bis an die Enden der Erde gerufen sind. Wer, glauben Sie, wird nicht dazugehören, wenn Gott sein Volk vereint? Von wem möchten Sie, dass er oder sie draußen bleibt? In Nord, Ost, West oder Süd?

Tiere an Quellen | Donnerstag

Das Jesajabuch braucht Bilder aus der Kultur der Nomaden und Bauern, so auch unser Bibelvers: »Sie leiden weder Hunger noch Durst, Hitze und Sonnenglut schaden ihnen nicht. Denn er leitet sie voll Erbarmen und führt sie zu sprudelnden Quellen« (Jesaja 49,10).

Meine Zeilen entstehen in einem der urigsten Täler des Südtessins, wo ich eine Klausurwoche im Grünen verbringe. Heute hat ein Bauer Pferde auf die saftigen Wiesen bei unserem rustikalen Granithaus geführt. Sie weiden unter Bäumen und trinken aus dem frischen Bergfluss. In der Nähe ziehen Schafherden durch die Kastanienwälder. Die Nachmittagshitze brauchen sie am rauschenden Wasser und im Schatten der Bäume nicht zu fürchten. Wer das Bild mit Jesaja nicht auf Menschen übertragen will, kann sich hierzulande für die Tiere freuen. Im Alpenraum ist ihnen die naturnahe Tierhaltung weiterhin vergönnt – und in Großbetrieben der Europäischen Union ist sie neu zu suchen.

Hirten und Pastoren | Freitag

In den Tagen der Papstwahl wurden die Bilder von Hirt und Herde öfter bemüht: Wird der neue Hirte ein guter Führer werden? Folgt ihm seine Herde? Ich mag solche Vergleiche nicht: Sie reiben sich mit dem modernen Menschenbild des selbstverantwortlichen Individuums und ebenso mit der Theologie des letzten Konzils, die vom »Volk Gottes« und geschwisterlicher Glaubensgemeinschaft spricht. »Wir brauchen keine Hirtenbriefe mehr!«, hat einer meiner Brüder einem Schweizer Bischof gesagt, der mit der ganzen Bischofskonferenz in einem Kapuzinerkloster zu Tische saß: »Wir sind ja nicht eure Schafe.« Als der Angesprochene sich mit dem Gleichnis vom Guten Hirten rechtfertigte, gab der Bruder eins drauf: »Christus nehme ich das ab, euch nicht.« Tatsächlich meinen Hirtengleichnisse den Meister – und der Auftrag des Auferstandenen an Kephas spricht von Gottes Herde und nicht von Petri Schafen! Die frühen Gemeinden nennen ihre Leitung Älteste und Vorsteher. Die monastische Kultur spricht von Meistern und Vätern. Franz und Klara von Assisi kennen nur Brüder, Schwestern – und Mütter im Dienst der Gemeinschaft. Von wem lassen Sie sich leiten, und wie nehmen Sie Verantwortung für andere wahr?

Drei Formen der Liebe |

Gerade weil es den meisten von uns kaum am Lebensnotwendigen fehlt, weder an Speise noch an Kraftquellen, sollten wir uns von Paulus erinnern lassen: dass »das Reich Gottes nicht Essen und Trinken ist, sondern Gerechtigkeit, Friede und Freude im Heiligen Geist« (Römer 14,17). Solange Menschen im eigenen Land in Sorge leben und Menschen auf der Welt um ihr Leben bangen müssen, kann der mütterliche Gott des Deuterojesaja ebenso wenig ruhen wie unser aller »Vater im Himmel«, der weiß und sieht, was ein jeder und eine jede braucht. Wenn Gott aber die Schöpfung mit Gütern im Überfluss ausstattet und sich hungernder, bedürftiger und aller Menschen in prekärer Lage wegen sorgt, gibt es da für Gutsituierte wahres Glück an der Not anderer vorbei? Und kann echte Gottverbundenheit dann unberührt bleiben von Menschen, deren Leib hungert, deren Seele noch dürstet und denen meine Quellen verschlossen sind? Selbst-, Gottes- und Nächstenliebe sind tatsächlich im Tiefsten untrennbar verbunden.

Gottes Schöpferkraft

Impulse zum Sonnengesang

Ach, mein Herr und Gott! Du hast Himmel und Erde erschaffen
durch deine große Kraft und deinen hoch erhobenen Arm.
Nichts ist dir unmöglich.

JEREMIA 32,17

Sinn für das Ganze | Sonntag

»Himmel und Erde«! Der Prophet Jeremia verbindet, was wir oft
trennen. Moderne Lebensentwürfe sagen meist einfach »Erde«!
Erde statt Himmel! Erde und dann vielleicht Himmel! *Vielleicht!*
Beim griechischen Philosophen Plato klang es noch umgekehrt:
Himmel statt Erde! Leben und Heil finden sich im Aufstieg der
Seele in die ewige Ideenwelt und nicht im trügerischen Schattenda-
sein leibhafter Existenz hier auf Erden. Die christliche Geschichte
ist Platos Dualismus über Jahrhunderte gefolgt: Wer in den Him-
mel finden wolle, müsse sich über die Erde erheben, das Irdische
gering schätzen und den Leib der Seele unterwerfen. Jeremia sieht
»Himmel und Erde« als Werk des einen Gottes. Jesus betet um das
Wirken seines Abba »wie im Himmel so auf Erden«. Franziskus
besang mit seinem »Sonnenlied« in drei Geschöpfen den Himmel
und in vier Urelementen die irdische Welt: Sonne, Mond, Sterne,
Wind, Wasser, Feuer, Erde – insgesamt sieben große Geschwister.
Sieben steht für eine heilige Ganzheit: Gottes gute Schöpfung. Ich
wünsche Ihnen heute Zeit und Sinn für das Ganze.

Licht im Dunkel | Montag

Die Schöpfung verbindet alle Wesen in einer großen Ganzheit: Erde
und Himmel, Dunkel und Licht, Leib und Seele sind miteinander
eng verbunden (vgl. Genesis 1–2). Unser Leben wie auch das Leben
von Pflanzen und Tieren gedeiht durch Tage und Nächte. Freuen

Sie sich, wenn Ihr Weg gegenwärtig sonnig ist, hell und voller Farben. Erschrecken Sie nicht, wenn es in Ihrem Heute »Abend wird« (Lukas 24,29) und Ihre Schritte sich auch mal unsicher vorwärts tasten. Franziskus besingt nach der wundervollen Sonnenstrophe die Schwestern der Nacht – Mond und Sterne: »Am Himmel hast du sie gebildet, leuchtend, kostbar und schön.« Als Töchter und Söhne des einen Schöpfers sind wir auch mit ihnen verwandt. »Du bist eine Sonne« sagen wir einem Menschen, der uns lichtvoll begegnet, und einer Person, die Leben und Liebe ausstrahlt. Franziskus sieht aber auch in »Schwester Mond« (sorella luna) ein kostbares Geschöpf: Ihre Bahn um die Erde gibt nicht nur den Rhythmus der Monate und von Ebbe und Flut vor. Ihr Licht, das sie indirekt spiegelt, lässt dunkle Nächte so hell werden, dass im Mondschein sogar Wanderungen ohne eigene Lichtquellen möglich sind. Licht spiegeln in der Nacht, das Licht der verborgenen Sonne, ist eine schöne Einladung, die Schwester Mond uns zuflüstert: Glücklich, wer das Licht des Lebens auch nachts spiegelt, und selig, wer Gottes Licht leise wie »sorella luna« im eigenen Menschsein aufstrahlen lässt.

Luft und inneres Wetter | Dienstag

In seinem Schöpfungslied dichtet Bruder Franz von Assisi weiter: »Sei gepriesen für Bruder Wind, für wolkiges und heiteres und jedes Wetter, durch das du deinen Geschöpfen Gedeihen gibst«. Das Wanderdasein ließ Franziskus so ganzheitlich in der Schöpfung leben, dass er voller Liebe und zugleich nüchtern von ihr spricht: Jegliches Wetter, strahlender Himmel, Wolken und Regen, sie alle schenken Pflanzen und Tieren Entfaltung. Die Klimaveränderung infolge des Treibhauseffekts lässt uns ahnen, wie kunstvoll Wetter und Jahreszeiten in unseren Breitengraden zusammenspielen und was auf dem Spiel steht, wenn das Gleichgewicht der Naturabläufe verloren geht: ansteigende Meere und Wirbelstürme, Dürresommer und Extremwinter, Abschmelzen des Permafrosts, Gletscherschwund und zerstörerische Unwetter in den Alpen.

Wechselndes Wetter, das »heiter und wolkig« dem Leben dient, ist ein Bild für unseren Alltag, der »innere Wetterlagen« kennt: Unsere Beziehungen zu Partnerin oder Partner, Kindern, Freunden, unser religiöses Leben, unsere menschliche Entwicklung – sie alle »gedeihen durch heitere und wolkige Zeiten«, durch den Wechsel von trüben und lichtvollen, bewegten und ruhigen Tagen. Lassen Sie »Bruder Wind« wissen, was Sie gegenwärtig brauchen, innerlich, familiär, gemeinschaftlich: frische Luft, Wärme und Licht, belebenden Regen auf trockenes Land? Lassen Sie es Gottes Hauch wissen, der Himmel und Erde verbindet.

Fließend | Mittwoch

Auch das Wasser verbindet Himmel und Erde. Israel erhoffte sich Gottes Eingreifen auf Erden wie »Tau vom Himmel« und bat die Wolken »Gerechtigkeit zu regnen« (Jesaja 45,8). Für Franziskus spiegelte kein Geschöpf so bewegend wie das Wasser, welchen Weg die Liebe Gottes für uns in Jesus wählte. Abstieg, den Weg nach unten, ganz hinab, unter die letzten. Eine moderne Umsetzung der Wasserstrophe lädt ein, uns selber von Schwester Wasser ermutigen zu lassen:

> *Wasser will ich sein,*
> *klar und rein,*
> *in die Tiefe will ich streben,*
> *nach unten fließen,*
> *erfrischen und mich vergießen*
> *wie alles, was lebendig ist*
> *und liebt!*

Feurig | Donnerstag

Das nächste Geschwisterpaar des Schöpfungsliedes verbindet die Urelemente Feuer und Erde. Das Feuer kann wüten oder verbinden, versengen oder wärmen, heimatlos machen oder auch Geborgenheit schenken. Propheten erfahren Gottes Kraft im Feuer, und das Hohelied preist die Liebe, die durch Gottesflammen stärker wird als der Tod (vgl. Hoheslied 8,6). An Pfingsten kommt der Geist wie in Feuerzungen vom Himmel auf Jesu Freundinnen und Jünger. –

Welchen Raum bieten Sie dem Feuer in Ihrer Seele? Nähren seine Flammen Wut, Zorn, Eifersucht? Oder leuchtet Ihr Feuer mit der Fackel der Hoffnung ins Dunkel, wächst es aus der Glut der Liebe, erhellt es wie den Emmausjüngern Ihren Glauben? »Ich bin gekommen, auf der Erde ein Feuer zu entzünden. Wie froh wäre ich, es würde schon brennen« (Lukas 12,49). Wählen Sie, wohin Sie sich Seine Flammen heute wünschen.

Erdig | Freitag

In seinem Lied auf die ganze Schöpfung besingt Franziskus schließlich »unsere Schwester Mutter Erde«. Sie lässt Gottes »große Kraft«, seine Fantasie und seine Sorge für uns eindrücklich sichtbar werden – auch spürbar und kost-bar, im vollen Sinn von ess-bar, köstlich und wertvoll. Als Menschen aus Erde geschaffen und vom Himmel belebt, dürfen wir uns ganz »irdisch« dem Leben öffnen:

> Erde darf ich sein,
> bereit für guten Samen,
> reich an Blumen und Kräutern,
> voll Leben.
> Aber auch brachliegen
> darf ich und ruhen,
> bis es Zeit wird
> für neues Leben.

Das gilt auch für den letzten Freitag unserer Biografie, wenn wir ins Grab gelegt werden. Paulus fasst den österlichen Glauben ins Bild des Samenkorns. Es gleicht dem irdischen Leib, und die Ähre, die daraus entsteht, ist Gleichnis für unsere unvergleichlich schönere Gestalt in Gottes neuer Welt (vgl. 1 Korinther 15,35 ff.).

Liebend | Samstag

»Nichts ist dir unmöglich.« Jeremias' Vertrauen in die Kraft Gottes teilt Franziskus in der Strophe auf »Schwester Tod«, die uns eine wegkundige Gefährtin aus dieser Welt in Gottes neue Schöpfung ist. Aber auch mitten in unserem Alltag kann Gottes Liebe Wunder wirken. Die Zusatzstrophe auf den Menschen singt über jene, die Mühen und Bedrängnisse des Lebens »per lo tuo amore« ertragen: Von Gottes Kraft erfüllt, von seinem Licht geleitet, von seiner Liebe getragen können selbst Krankheit, Schwäche, Konflikte und Schuld zu Chancen werden. Krank, fast blind und von vielen Brüdern missverstanden, findet Franziskus zu jener tiefen Gotteserfahrung, aus der sein Schöpfungslied entsteht, eine lichtvolle Poesie nach tiefer Dunkelheit: »Sei gepriesen, mein Gott, durch Menschen, die deine Liebe spiegeln – in ihrem Verzeihen, in ihrer Hoffnung, in ihren Schwächen.«

Unter vielen Stimmen

Impulse in sieben Tage Alltag

Heute, wenn ihr seine Stimme hört,
verhärtet euer Herz nicht ...
HEBRÄER 3,15

Freiraum für Worte | Sonntag

Der Fahrgast, der mir im Schnellzug seit einer Stunde gegenüber-
sitzt, verzieht das Gesicht. Dann mustert er mich und nimmt den
Kopfhörer ab: »Sorry, haben Sie zufällig ein iPhone mit Netzteil?
Ich habe mein Kabel nicht dabei.« Als ich ihm nicht helfen kann,
stopft er sich die Hörer wieder in die Ohren. Selbst wenn seine
Musik nun weniger laut durchs Abteil hämmert, bleibt mein Vis-à-
vis hörend unerreichbar. Auch die Durchsage geht im Sound unter,
worauf der nächste Halt einen Megastress verursacht. Eine amü-
sante Episode, über die sich schmunzeln lässt. Sie stimmt erst
dann nachdenklich, wenn Selbstisolation den Lebensalltag prägt.
Wie oft leiden Arbeits- und Wohnverhältnisse ohnehin an Bezie-
hungsarmut? –

Der Sonntag lädt zur Begegnung ein: am Familientisch, im
Freundeskreis, in der Glaubensgemeinschaft, auf Besuch oder
beim Spaziergang, auf gemeinsamem Kulturtrip oder beim Sport.
Nutzen Sie Gelegenheiten für gute Worte, Gesten und Gespräche.
An Zeit fehlt es freien Tagen nicht. Sie möchten dem Partner schon
länger etwas sagen? Sie haben seit Wochen von einer Freundin
nichts gehört? Sie wollen kurz anrufen? Sie haben ein Vis-à-vis?
Heute haben Sie freie Ohren dafür!

Übertönen? | Montag

Dringlicher Einkauf in einem Einkaufszentrum. Der Mix zahlloser
Stimmen, Schritte und Handbewegungen, Hintergrundmusik und

Kassengeräusche wird unvermittelt aus den Lautsprechern übertönt. Unüberhörbar und verlockend wird ein einmaliges Sonderan-
gebot angepriesen: Die Chance für Kurzentschlossene! Einige Kun-
den reagieren denn auch schnell und steuern ihre Wägelchen in die
empfohlene Abteilung. Wenn doch auch der Himmel so spräche?
Mit einer Stimme, die alles übertönt, sich gegen sämtliche Geräusche durchsetzt und schmeichelhaft in unsere Ohren dringt?
Könnte nicht auch Gott von den »Kindern der Welt lernen« und
etwas Public Relations oder Werbestrategie studieren? Seine Botschaft »attraktiv« an Mann und Frau bringen? – Doch Er drängt
sich weder in der Schöpfung noch auf Israels Wegen auf, und im
Rabbi Jeschua weder damals noch in Christus heute. Sein Sprechen
aus Schöpfung und Geschichte, in der Stille und im Armen
schwingt nicht über, sondern unter unseren Geräuschen – »damit
ich unter den vielen Stimmen die Seine erkenne« (Jörg Zink).

Das leise Geschenk der Zeit | Dienstag

Der gemeinsame Tag beginnt in meinem Kloster um 6 Uhr in der
Frühe – schweigend. Bevor wir viele Worte machen, soll die Stille
zu uns sprechen. Im schweigenden Verweilen wird mir schon am
Morgen bewusst, dass jede Stunde und der neue Tag ein Geschenk
sind. Geschenke tragen leise Botschaften mit sich. Der uns alles
Gute gibt, wünscht mir, dass ich die Zeit nutze, genieße und erfülle.
Eine halbe Stunde später werden wir Brüder das ewige Du in der
Morgenfeier preisen: den Gott des Lebens, der uns im Schlaf erneu-
ert hat, mit neuer Kraft belebt und aufrecht in den Alltag ziehen
lässt.

Nicht nur neue Lebens-Zeit, alle guten Überraschungen des
neuen Tages können Sein Geschenk sein. Das Lied sagt es noch
radikaler: »Wechselnde Pfade, Schatten und Licht: alles ist Gnade,
fürchte dich nicht«. Alles Gnade, was mir heute begegnet? Alles
– Helles und Dunkles – der Ort Seiner Nähe? In allem seine aus-
gestreckte Hand? Jedes Ereignis eine Chance, seine Zuwendung
zu erfahren? »Vediamo«, sagen Italiener und öffnen sich für das
Kommende: »Lasst uns sehen!«

Wortlose Rufe | Mittwoch

Fünf Stunden nach der Morgenfeier sitzen wir Brüder zum zweiten Mal im Gebets- und Meditationsraum. Kurz vor zwölf dringt das Geräusch des nahen Mittagsverkehrs leise durch die alten Mauern. Draußen eilen und fahren Schülerinnen, Arbeiter und Beamte hungrig nach Hause. Uralte Mittagspsalmen verbinden uns auch im stillen Kreis mit Menschen, die nah und fern durchs Leben hasten: Getriebene, Flüchtige, Drangsalierte ... In den Psalmen schreien sie zum Himmel und fordern dessen Eingreifen. In Leidenden und Bedürftigen schreit auch Gott zu uns Menschen – im Kleid der Kleinen, Geringen und Fremden, Hungriger, Kranker und Suchender.

Es gibt sie auch heute: laute Rufe, die es in die Medien schaffen, leise Not, die da oder dort hilf- und stimmlos am Weg steht, und Stimmen, die ich – da sie oft wortlos sind – durch meinen Tag eilend überhöre. Jesus sagt, dass es seine Stimme in den Augen und auf den Lippen seiner liebsten Geschwister ist (Matthäus 25,31 ff.).

Beim Essen teilen | Donnerstag

»Sch^ema, Israel ...« – »Höre, Israel, Jahwe, dein Gott, ist einzig!« Jeden Tag erinnern gläubige Jüdinnen und Juden sich mit diesem uralten Gebet an Jahwes große Taten und an seine Treue zum geliebten Volk. Die staunende Aussage »Du bist einzig« ist dem poetischen Wortschatz Liebender entnommen. Das Hebräische kennt die Vergangenheitsform nicht. Es erzählt Gottes frühere Taten in der Gegenwart.

Jesus hat mit seinen Jüngern und Gefährtinnen ein letztes Abendmahl gefeiert. Es erinnerte im Rahmen der vorgezogenen Paschafeier an Gottes Weg mit seinem Volk – befreiende Zeichen und wortlose Erweise einer Liebe, die für ein Leben in Fülle kämpft: auf bewegter Wüstenwanderung ebenso wie im Alltag des gelobten Landes. Unser klösterliches Abendessen findet in alltäglich-schlichtem Rahmen statt. Brüder erzählen in der gemeinsamen Zeit bei Tisch von Erlebnissen unterwegs, an Spitalbetten, an der Universität, an der Klosterpforte und im Dorf. Wo lässt sich erfülltes Leben feiern, wo bedrängtes sich vor den Abba tragen? Die folgende Abendfeier im Gebetsraum schafft für beides Raum: für Lobpreis und Bitten, für Dankbarkeit und compassio.

Schweigend mitgehen | Freitag

Mit der Communauté von Taizé folge ich jede Woche innerlich den Spuren Jesu, die durch engagierte Lebensabschnitte und eine erschütternde Passion in die Osterfreude mündeten. Eine kurze Meditationszeit täglich lädt ein, »mit dem Herzen zu sehen« und zu hören, was in der Mitte der Geschichte geschah. Montag steht für das Leben in Nazaret, Dienstag bis Donnerstag für die drei Jahre öffentliches Wirken, Freitag bis Sonntag für die drei Tage von Getsemani über Golgota bis zur Auferstehung im »Garten«. –

Zum Schweigen gebracht, spricht Gottes Sohn heute geschunden am Kreuz: von einer Liebe, die bis in den Tod an uns Menschen glaubt. Die keltischen Kreuze Irlands sind mir weit lieber als unsere Barockkreuze. Die irischen Mönche haben auf der Westseite ihrer großen Steinkreuze den sterbenden Christus dargestellt. Umgeben von leidvollen Szenen der ganzen Heilsgeschichte schaut er zum Sonnenuntergang und in die kommende Nacht. Auf der Ostseite wird die aufgehende Sonne den kommenden Christus ins Licht tauchen, das lebendige Licht der Welt. Wie weise, beide Seiten darzustellen und zu sehen! Doch bisweilen ist Leidvolles ganz einfach untröstlich auszuhalten. Und dazu ermutigen uns die schmerzvollen Kreuze hierzulande.

Es gibt Menschen, die zurzeit kein Licht am Ende ihres Kreuzweges sehen und deren Schmerz wir schweigend mit aushalten müssen. Auch wortloses Mitgehen spricht: durch ein solidarisches Du und von einem Du, das den Leidenden nicht fallen lässt.

Hören, bis das Herz brennt | Samstag

So eindrücklich das Leben Jesu zu seinen Gefährten und zu uns spricht: Nach der Katastrophe von Golgota hat Gott für die Jünger zunächst geschwiegen. Erlittenes Unrecht und Gewalt, zerstörtes Glück, zerbrochene Beziehungen und Scherben im Leben können auch heute selbst glaubensstarke Menschen an Gott zweifeln oder verzweifeln lassen. Glücklich, wer beim Wegziehen aus »Jerusalem« – Bild für erfüllende Gemeinschaft und Kirche! – wie Kleopas zwei Gefährten erlebt: einen ersten, ganz menschlichen, der Trauer und Schmerz mit ihm teilt, der schwere Schritte mitgeht und mit weinenden Augen auch nicht weiter sieht – und den zweiten, der leise dazustößt, mitwandert und das Erlebte tiefsinnig deutet. Glücklich, wer nicht sieht, doch hört, bis ihm oder ihr das Herz brennt und bis in Emmaus die Augen neu aufgehen (vgl. Lukas 24).

Geistvoll leben
Impulse in die Pfingstzeit

Der Geist des Herrn lässt sich nieder auf ihm:
der Geist der Weisheit und der Einsicht,
der Geist des Rates und der Stärke,
der Geist der Erkenntnis und der Gottesfurcht.
JESAJA 11,2

Begeistert? | Pfingstsonntag

Wofür können Sie sich begeistern? Für Fußball oder einen anderen Sport? Für schöne Kunst, Literatur, Musik oder reizvolle Naturerlebnisse? Begeistert Sie ein Hobby, das Sie mit Leidenschaft betreiben? Begeistern Sie bestimmte Menschen?

In allem Wahren, Guten und Schönen wirkt Gottes Geist, lehren Franziskaner seit dem Mittelalter. Die Griechen brachten Eros mit ins Spiel: In der Freude am Schönen und allen Arten von Schönheit sehen auch sie eine göttliche Kraft. Die Pfingsterzählung der Apostelgeschichte erzählt von einer mitreißenden Geisterfahrung: Gottes Geist wirkt wie Feuer und wie ein Sturm. – Jesaja kann all jene ermutigen, die heute nicht »Feuer und Flamme« für das Reich Gottes oder kleinere Dinge sind. Der Prophet beschreibt die Geistesgaben als leise, unscheinbare und zutiefst innerliche Erfahrungen. Zu den sechs genannten zähle ich mit meinen mittelalterlichen Brüdern eine siebte hinzu: die Freude am Schönen, Wahren und Guten. Wo immer Sie heute solches erleben, machen Sie bereits eine geistgewirkte Erfahrung.

Begabt | Pfingstmontag

Sie ist »eine begnadete Rednerin« und er »ein begnadeter Koch«! Auch profanes Urteilen nimmt mit solchen Aussagen einen zentralen Begriff der Theologie in den Mund, wenn es um speziell begabte Menschen geht. »Gnade« bedeutet im biblischen Sinn »geschenkte Zuwendung Gottes«, die sich erfahrbar in Charismen, Begabungen und Talenten zeigt. Sowohl die katholische Tradition (Katechismus der Katholischen Kirche 1831) wie Martin Luther (EG 126) sprechen von sieben besonderen »Gnadengaben« oder Gaben des Heiligen Geistes. Sie haben die sechs Gaben, die Jesaja aufzählt, auf die heilige Zahl erweitert. Auf die Gotteszahl Sieben kamen sie mit Hilfe der griechischen Bibelübersetzung, der Septuaginta, welche die im folgenden Jesajavers (3,12) erneut erwähnte Gottesfurcht mit »Hingabe« übersetzt. Begabungen, die mit Hingabe gelebt und verwirklicht werden, sind eine weitere Spur, das leise Wirken Gottes im Alltag zu erkennen: im eigenen Leben und in Menschen, mit denen ich unterwegs bin, arbeite und lebe.

Befreit | Dienstag der Pfingstwoche

Ein drittes Zeichen für Gottes Zuwendung sind nach Paulus befreite und innerlich freie Menschen: »Wo der Geist des Herrn wirkt, da ist Freiheit«, schreibt der Apostel der Gemeinde von Korinth in seinem zweiten Brief (2 Korinther 3,17). Der Blick auf die Praxis Jesu unterstreicht und illustriert den Befund des Völkerapostels: Der Rabbi befreit Kranke und Belastete aller Art aus physischer und seelischer Lähmung, führt Ausgeschlossene und Abgeschriebene aus sozialer Isolation zurück, richtet Gebeugte und Entmutigte auf, erschließt Gescheiterten und Gestrauchelten eine neue Zukunft, überwindet Vorurteile und öffnet Menschen die Augen. Was immer aufrichtet, Leben ermutigt und Menschen neu offen macht, was tiefer verbindet und innerlich befreit, darf sich auf den Geist Jesu berufen. Was das Gegenteil bewirkt, was beugt, bedrückt, lähmt und eng oder verschlossen macht, darf es nicht.

Wie erfahren Sie sich an diesem Tag? Aufrecht, offen und handlungsfähig? Was belastet, bedrückt oder lähmt Sie? Wer und was wirkt befreiend auf Sie? Auch darin wirkt Gottes Geist und seine Liebe zum Leben.

Bestärkt | Mittwoch der Pfingstwoche

So wertvoll Gespür und Erkenntnis sind, es reicht oft nicht, das
Wahre zu erkennen, das Gute zu sehen und das Schöne zu lieben.
»Es gibt nichts Gutes, außer man tut es!« – die populäre Redensart
weist eindringlich auf die Bedeutung der Praxis hin. Vieles in unserer Welt ruft nach tätiger Sorge und Veränderung. Naturliebe
allein löst keine Umweltprobleme: Es braucht dazu das ökologisch
sensible Verhalten vieler im eigenen Alltag und entschlossene
Umweltpolitik von Kommunen, Nationen und der Staatengemein-
schaft. Dasselbe gilt für soziale und politische Probleme. Es reicht
nicht, offen für Fremdes zu sein: Fremde in unserem Land wollen
und müssen aktiv integriert werden. Es reicht nicht, zwischen-
menschliche Spannungen und internationale Konflikte wahrzunehmen: Beide lösen sich nur durch konkrete Schritte. Jesaja
spricht von einem Geist Gottes, der bestärkt und der seine Kraft in
handelnden Menschen zeigt. Jesus lässt sich von diesem Geist
bewegen und setzt ebenso entschlossen wie vertrauensvoll um,
was er in der Synagoge von Nazaret gelesen hat: »Der Geist Gottes
ruht auf mir ..., damit ich den Armen eine gute Nachricht bringe,
Gefangene befreie, Blinden die Augen öffne und Niedergeschlagene
aufrichte« (Lukas 4,18). Zum entschlossenen Tun des Guten
bestärkt der Geist alle »Gesalbten«, alle Getauften und Gefirmten
oder Konfirmierten.

Beraten | Donnerstag der Pfingstwoche

Selig, die Zupackenden und Tatkräftigen: Sie werden die Welt verändern! Voreiliges Handeln allerdings kann auch bessere Chancen
verpassen oder mangels Umsicht mehr schaden als hilfreich sein.
Jesaja spricht daher von mehreren Geistesgaben, die dem Tun vorausgehen und das Handeln leiten sollen: *Weisheit und Einsicht, Rat
und Erkenntnis.* In der Weisheit verdichtet sich Lebenserfahrung
und in der Einsicht die Früchte existenzieller Lernprozesse.
Erkenntnis erwächst vordergründig aus der Analyse realer Gege-
benheiten und möglicher Handlungswege, im tieferen Sinn aus

wachsender Selbst- und Menschenkenntnis. Eine vierte Gabe ist das Geschenk des Rates: Wo erleben Sie diesen heute? Beratungen bringen Menschen dazu, Möglichkeiten gemeinsam auszuloten. Der Rat eines Freundes oder der Partnerin, die mich, meine Stärken und Schwächen, meine Hoffnungen und Handlungsräume kennt, kann meine Entschlossenheit leiten. Und auch Gottes Geist in mir, die Stimme meines Innersten, ist eine leise Ratgeberin!

Beliebt | Freitag der Pfingstwoche

Als letzte Gabe nennt Jesaja die *Gottesfurcht*. Gregor der Große übersetzt Gottesfurcht aktiv mit »Furcht des Menschen, von Gott getrennt zu sein«. Wen Gott liebt, den oder die beschenkt er! In der Glaubenserfahrung der Kirche zeigt die Zuwendung Gottes sich in sieben Tugenden oder Kräften, die der empfänglichen Seele »eingegossen« werden: Glaube, Hoffnung, Liebe, Klugheit, Gerechtigkeit, Tapferkeit und Mäßigung. Gaben, die, als Haltungen gelebt, Menschen im besten Sinne beliebt machen können.

Beruhigt | Samstag der Pfingstwoche

Die bisherigen Impulse waren handlungsorientiert – wie Jahwe in seinem Schöpfungswerk und Jesus in seinem befreienden Tun. Beide haben auch geruht! Der Schöpfer selbst tat es am Sabbat, dem siebten Tag, intensiv. Jesus nahm sich Freiräume, größere in der Wüste und kleinere allein auf Höhen und Bergen, oder gemeinsame mit seinen Freunden an stillen Ufern. Selbst der Geist ruht – über der Welt und auf Menschen: eine beruhigende Zusage und eine Einladung, mir auch ruhig Freiräume zu gönnen.

Von der Dämmerung ins Licht

Impulse aus Sommertagen

Lebt als Kinder des Lichts!
Das Licht bringt lauter Güte,
Gerechtigkeit und Wahrheit hervor.

EPHESER 5,8–9

Farbenreichtum | Sonntag

Fünfzig junge Studentinnen wollen den Sonnenaufgang auf dem
Berg von Assisi erleben. In der Abenddämmerung ziehen wir mit
Rucksack los. Der Aufstieg durch Wälder und über kahle Höhen
wird zum dichten Erlebnis: Schritte durch eine dunkle Welt! Grüne
Bäume und weißer Kalkstein, Graswege und bunte Alpwiesen zeigen sich in lauter Grau- und Schwarztönen. Einzig die Sterne
schimmern klar am Himmel, als wir um Mitternacht die Schlafsäcke auf dem Monte Subasio ausrollen und nur den Kopf im frischen Wind lassen. Dem Wunder der Nacht folgt das Wunder des
Morgens: Eine Stunde vor Sonnenaufgang beginnt der Himmel sich
im Osten zu röten. Ein leuchtendes Farbenspiel kündet den neuen
Tag an. Mit den ersten Sonnenstrahlen erwacht dann auch die
dunkle Apenninenwelt zu bunter Schönheit. Was eben noch grau
und schwarz erschien, leuchtet in einem Farbenreichtum, den das
reichste Aquarell nicht bieten kann. Wir sind nicht Kinder einer
anderen Welt, wohl aber Kinder des Lichts. Echter Glaube sieht die
Welt weder schwarz-weiß noch grau-in-grau. In Gottes Licht zeigen
sich alle Farben des Lebens.

Schwarz-weiß sehen | Montag

Schwarz-weiß-Seher geraten in Verlegenheit, wenn sie dem Rabbi
aus Nazaret gegenübertreten. Gerade die Religiösen unter ihnen
sehen ihr frommes Menschenbild immer wieder erschüttert. Da

betet ein Pharisäer, fastet treulich und spendet Almosen, um vor dem verschämten Zöllner zu verblassen, der hinten im Tempel mit schlechtem Gewissen das Licht göttlicher Liebe gewinnt (vgl. Lukas 18,9–14). Gesetzeseiferer, die eine Ehebrecherin ans Licht ihrer Gerechtigkeit zerren, stehlen sich mit finsterem Gesicht davon, während der Gestrauchelten eine neue Sonne aufgeht (vgl. Johannes 8,1–11). Der römische Hauptmann erweist eine Glaubenskraft, die alle vom Gottesvolk in den Schatten stellt (vgl. Matthäus 8,5–13), ebenso die syrophönizische Frau, deren Glauben Jesus betroffen macht (vgl. Markus 7,24–30). Nicht den Eifrigen, den Trauernden ist Freude verheißen und den Armen das Reich Gottes (vgl. Matthäus 5,3–12). Der abgeurteilte Kriminelle am Kreuz tritt als Erster mit Christus ins Paradies (vgl. Lukas 23,43). – Jesus sieht die Welt in einem Licht, das Menschen aus der Dämmerung irdischer Maßstäbe und liebloser Urteile befreit.

Gottes Liebesgeschichte | Dienstag

Israel lässt sich immer wieder an seine Geschichte erinnern. Nicht Leuchtreklamen, die das Neueste vom Neuen anpreisen, sondern alte Erfahrung erhellt die inneren Augen: Jahwe erspart dem Volk weder die Fleischtöpfe der Knechtschaft noch den Hunger beim Exodus, um es zu befreien. Glückliche Zeiten in Kanaan wechseln mit Kriegen und neuer Unterdrückung, meist Folge eigener Schuld. Und doch leuchten auf dem langen Weg des Volkes Erfahrungen auf, die den Propheten Hosea von einer Liebesgeschichte sprechen lassen: Ein liebender Gott wirbt um sein Volk, begleitet es über Höhen und durch Tiefen, beschenkt es reich, leidet an seiner Untreue, überlässt es seinem Eigenwillen, lässt es durch Dunkel und Leere tappen – um es neu zu umwerben und ins volle Glück zu führen. Selig, wer die persönliche Lebensgeschichte und die Geschichte von Kirchen und Welt im prophetischen Licht Hoseas zu lesen sucht. Vielleicht finden Sie Zeit, das Buch Hosea als Ganzes zu lesen und mit der Dichterin Silja Walter hoffnungsvoll zu sagen: »Auch ich bin Gomer!«

Schätze im Schmutz | Mittwoch

»Ich kann nicht glauben, dass die schönsten Schätze der Welt in Schmutz vergraben liegen«, lässt Liliana Cavani in ihrem zweiten Franziskusfilm Vater Pietro sprechen. Sein Notar berichtete, wie der Sohn unter den Armen, den Bettlerinnen und Aussätzigen vor der Stadt Kostbares gefunden habe, wertvoller als aller Reichtum, den das Handelshaus der eigenen Familie ihm bot.

Ist es nicht seltsam, dass Freunde und Gefährtinnen der Ärmsten, der Menschen in Not oder am Rand der Gesellschaft so strahlende Gesichter haben: eine Klara von Assisi, eine Elisabeth von Thüringen, eine Mutter Teresa oder ein Abbé Pierre? Sie alle haben von der Sonnenseite der Gesellschaft in deren Schatten und dunkle Niederungen gewechselt. Da machen sie überraschend lichtvolle Erfahrungen: mit Menschen und einem nahen Gott. Ich erinnere mich, wie ein Obdachloser an einem kalten Wintertag in einem Bahnhof um einen Euro bat: Er friere! Ich lud ihn zu einem heißen Kaffee in eine warme Cafeteria ein. Er erzählte eine halbe Stunde strahlend von seinem Leben. Er wisse, dass sein Gestank und Aussehen die meisten Menschen abstoße. Mir begegnete in verschmutzten Klamotten ein goldiger, weiser Mann. Wie gut, dass unsere Augen wach sehen können – und wir auch mitten im Alltagstreiben zudem das Auge des Herzens haben.

Essend erkennen | Donnerstag

Jesus liebte Mähler – wie jeder, der Tage und Wochen unterwegs ist. Gemeinsame Essen wurden zu glücklichen Erfahrungen für Gefährten, für mutige Frauen und Verachtete aller Art. Beim Mahl mit dem Rabbi verspricht ein überglücklicher Zachäus, die Hälfte seines Besitzes an Bedürftige zu geben (vgl. Lukas 19,1–10). Bei Mählern erzählt Jesus die schönsten Gleichnisse vom Fest Gottes. Bei einem Mahl wird eine befreite Frau vom Rabbi noch ganz aufgerichtet (vgl. Lukas 7) und erweist sich als Salbende als Prophetin (vgl. Matthäus 26). Das letzte Abendmahl wird den Jüngern nach Ostern die Augen öffnen: in Emmaus, im Obergemach (vgl. Lukas

24) und am See von Tiberias (vgl. Johannes 21). Auch die frühen Gemeinden erfahren gemeinsame Mähler als lichtvolle Erfahrungen einer neuen Realität: Menschen aller Schichten, Sklaven und Herrinnen, Frauen und Männer erfahren sich als Geschwister und deuten ihr Leben im Licht des Auferstandenen in ihrer Mitte. Tertullian beschreibt auch kleinere Agapefeiern, gemeinsame Abendessen im Haus von Wohlhabenden, die mit Vorliebe bedürftige Glaubensgenossen einluden. Nicht nur Zeichen echter Liebe, Erfahrung der Geschwisterlichkeit, Ehrung für Arme und Hilfe ohne demütigenden Geschmack, werden solche Essen für alle auch zu einer religiösen Erfahrung: »Ich bin bei euch alle Tage«, sagte Jesus allen zu, die sich in seinem Namen und Geist versammeln (Matthäus 28,20).

Ob kirchlich, mit Gästen oder familiär: Gemeinsame Essen öffnen auch unsere Augen (vgl. Lukas 24,31).

Schwester Tod | Freitag

Im Licht des Glaubens verliert sogar der Tod sein dunkles Gesicht. Der Rabbi spricht in der Nacht vor seinem Sterben von einem Essen, Wein und Gemeinschaft, zu dem sein Leiden hinüberführt. Franziskus nennt den Tod in dieser Hoffnung sogar seine Schwester: Von den Schwestern und Brüdern in San Damiano durch einen Monat innerster Finsternis begleitet, ruft er aus dem Dunkel befreit alle Geschöpfe zum Lobpreis auf. Ins geschwisterliche Schöpfungslied soll auch *sorella morte* einstimmen, da sie als letztes Geschöpf den Menschen aus dieser schönen Welt in eine unvergleichlich lichtvollere führt.

Mein Tod, ob natürlicherweise fern oder schon näher: Sehe ich ihn als Verhängnis oder als Geschöpf Gottes, als Sensenmann oder als Schwester? Franziskus spricht sie im Leben als Gesandte Gottes an und kann sich ihr sterbend liebevoll anvertrauen.

Ein einziges Fest im Licht | Samstag

Nicht nur Blicke in die Geschichte, auch Ausblicke in die Zukunft stellen die Gegenwart in ein helleres Licht. Origenes schöpft aus dem Wort, dass Jahwe kein Gott von Toten, sondern von Lebenden ist, eine unerhörte Hoffnung:

> *Alle, die diese Erde verlassen haben und in Gottes Welt angekommen sind, genießen das Fest der verlorenen Söhne und Töchter im Haus des Vaters. Volle Freude verkosten sie ihr Glück aber erst, wie sie nicht mehr ausschauen müssen – mit Schmerz, wenn sie uns abirren sehen, und freudig, wenn wir voranschreiten. Siehe, wie Abraham noch auf die Fülle der Vollendung wartet. So warten auch Isaak und Jakob, und alle Propheten warten auf uns, auf dass alle zusammen die volle Glückseligkeit erhalten ... Wenn du nach einem guten Leben von hier wegziehst, wirst du in die Freude gelangen. Vollendete Freude aber wird erst sein, wenn kein einziger Platz mehr leer ist.*

Wer wie Origenes hofft, kann damit rechnen, morgen auch seine Feinde von heute in Gottes Fest anzutreffen, vielleicht sogar am gleichen Tisch.

Mit wem wünsche ich hier auf Erden noch versöhnliche Schritte tun zu können, auf dass wir einander in der Vollendung nicht »aus dem Weg gehen« müssen?

Freiräume

Impulse aus Pilgertagen in Frankreich

Wehe denen, die ein Haus zum andern bringen
und einen Acker an den andern rücken,
bis kein Raum mehr da ist
und sie allein das Land besitzen!
JESAJA 5,8

Terminlos frei | Sonntag

Stundenlang durch Eichenwälder unterwegs und tagelang durch einsame Landschaften pilgernd, drängt sich mir der Bibelvers aus Jesaja mit aller Kraft auf. Er spricht auf dem französischen Jakobsweg in meine Schritte und in mein Leben. Zwei Wochen sind mir gegeben, um zu Fuß von Le Puy-en-Velay Richtung Conques und Moissac zu ziehen. Zu zweit lassen meine Schwester Marlen und ich uns in aller Freiheit auf den Weg und seine Erfahrungen ein: morgens nicht wissend, wo der Mittag uns lagern und der Abend uns nächtigen lässt. Die alte Pilgerroute durchs französische Zentralmassiv wirkt schnell befreiend: Pilgernde müssen nichts tun und nirgends sein. Sie vertrauen sich pflicht- und terminlos einem Weg an.

Etwas von dieser »Pilgerfreiheit« gönnt uns auch der christliche Alltag – jeden Sonntag neu, und den sonntags Arbeitenden am nächsten freien Tag. Genießen Sie jedes pflicht- und terminlose Freisein!

Weite Wiesen und Wälder | Montag

Nachdem uns die »Savannen« des Aubrac fasziniert haben, beeindrucken die endlosen Eichenwälder des Quercy. Die wenigen Dörfer liegen wie Inseln im Baummeer. Weideten auf der grasreichen Hochebene noch honigbraune Kühe in steinumhegten Wiesen, ziehen nun Schafherden durch offene Lichtungen. Wenig genutzt, lassen die Wälder Pflanzen wachsen und die Wiesen Schmetterlinge flattern, die wir in der Heimat kaum mehr sehen. Als wir spätabends die Schlafsäcke im Freien ausrollen, zieht eine Eule tiefe Kreise über unserem Lager. Der Sternenhimmel leuchtet ohne Lichtsmog in seiner ganzen Schönheit. Lebensspuren, die in der Schweiz vielerorts selten werden! Gewiss lassen uns ausgedörrte Landschaften und verlassene »cazelles« (steinerne Rundspeicher) dankbar sehen, dass wir aus der ländlichen Schweiz einen großen gepflegten Garten gemacht haben. Und unsere wachsenden Städte leben sprühend im Kontrast zu den halb ausgestorbenen Dörfern Aquitaniens. Dennoch verlieren wir auch, wenn wir siedlungspolitisch »Haus an Haus und Acker an Acker rücken«!

Freiraum in Natur und Seele | Dienstag

Jesaja mag uns heute ermutigen, den Lebensräumen und Biotopen Sorge zu tragen, die zwischen unseren gut oder übermäßig genutzten Kulturlandschaften liegen: Freiräume für Lebewesen, über die wir nicht bestimmen und verfügen, Freiräume für die Fantasie der Schöpfung, die reicher als unsere Wirtschaftswelt ist. Doch lässt sich die Mahnung des Propheten vielleicht ja auch innerlich verstehen ...

Welche Lebensräume ersticken, wenn ich die Agenda mit allzu vielen Terminen fülle? Wo leiden Beziehungen, wenn Arbeit mich übermäßig besetzt? Wofür möchten Sie in Ihrem Alltag vermehrt Raum schaffen – Freiraum für Menschen, für andere Erfahrungen – und für IHN, »der mehr als alles ist«?

Frei für ... | Mittwoch

Freiraum wahren für andere Erfahrungen, Menschen und Göttliches: Das Pilgern zeigt uns eindrücklich, welche Verheißung darin liegt! Die Gemeinde des kleinen Aubrac-Dorfes Aumont ist ohne Pfarrer. Sie hat das Pfarrhaus den Pilgernden geöffnet. Als wir nach einer kühlen Nacht im Freien zur gotischen Pfarrkirche kommen, laden uns eine Hausfrau und ein junger Dominikaner aus Paris, der seine Studienferien dafür einsetzt, zum Verweilen ein. Meine Schwester kann duschen, während ich einkaufe. Zu unserem Müsli-Frühstück bieten die beiden uns heißen Kaffee an. Das Gespräch am Tisch geht uns noch lange nach. Tage später vor Cahors: Eine geschiedene Mutter erwachsener Söhne will eben losfahren, als sie uns in der Nachmittagshitze verschwitzt vorbeiziehen sieht. Sie bietet uns Wasser, dann Mandelsirup an – und sitzt eine volle Stunde mit uns am Küchentisch. Als wir weitergehen, ahnen wir »in der Fremde«, wie verwandt wir Menschen einander alle sind. Und der Himmel lächelte über diesen Szenen!

Frei von ... | Donnerstag

Glücklich, wessen Leben gut organisiert ist und ohne unnötige Sorgen verläuft. Glücklicher, wer über das von ihm Machbare hinaus auch vertrauen kann und sich überraschen lässt. Die menschenleere und karge Savannenlandschaft des Aubrac lässt uns umsichtig besorgen, was ihre Durchquerung erfordert: viel Wasser, genügend Essen und ein früher Aufbruch vor dem glühend heißen Sommertag. Darüber hinaus brechen wir frei von Sorgen und Besorgtheit auf – und offen für die Geschenke des Weges. Mittags lädt der zerfallene »Moulin de la folle« zu einem erfrischenden Bad im quellklaren Bach, der der Dürre trotzt. Das Bad wird möglich, weil uns weder Distanz noch Hitze das Marschtempo diktieren. Andere Pilger eilen an uns vorbei, auf Leistung bedacht, einer ehrgeizigen Marschtabelle verpflichtet. Wandernd »reihen sie Acker an Acker«, ruhelos durchqueren sie Feld um Feld und reihen Meile an Meile ... Auch ein Bild für das Leben und Alltagsgestaltung! Ob einige die Nachmittagshitze fürchten und deshalb so eilen? Der Himmel überrascht uns nach dem Mittag mit einem frischen Wind, der die Sonnenglut mildert.

Eigenes Planen und Offenheit für den Weg spielen an solchen Pilgertagen gleichnishaft zusammen. Vorsorge und Vertrauen reichen sich die Hand. Ich wünsche mir und Ihnen, dass uns das auch im Alltag zu Hause gelingt.

Befreiend | Freitag

Eine österreichische Pilgerin hat durch Frankreich unterwegs auf 200 Kilometern insgesamt vier Postpakete Material nach Hause geschickt: Sie schleppe zu viele Sachen mit, die sie nicht dringend brauche. Jede Reduktion lässt sie leichtfüßiger weiterziehen. Die Weg-Erfahrung lässt sie nachdenklich werden. Es gibt mehr Freiheit und Lebensqualität im weniger Haben und Tragen. Franziskus schreibt denn auch in seine Ordensregel, die Brüder sollen »arm an Dingen und reich an Leben sein«. Und die Kapuziner empfehlen den Brüdern in ihren Satzungen die Maxime, sich materiell »nicht am Maximum des Wünschenswerten, sondern am Minimum des Notwendigen« zu orientieren.

Ihr eigener Lebensraum sei beengend geworden, stellt die österreichische Pilgergefährtin mit Blick auf ihre Postpakete fest: vollgestopft, ausstaffiert und belastet mit tausend Dingen, die sie einschränken. Zurück in Graz werde sie ausräumen, Entbehrliches weggeben und Ungenutztes verschenken. Nicht nur ihr Weggepäck, sondern auch ihr Lebensraum müsse freier werden, sie möchte sich wieder bewegen – und andere sollen es in ihren Räumen auch können. Ich bestärke sie mit meiner eigenen Erfahrung, die ich seit der Ausräumaktion beim letzten Wohnortswechsel befreiend durchziehe: dass mehr alte Dinge aus meiner Klosterzelle hinaus müssen als täglich neue hereinkommen – angefangen bei Taschenbüchern, Erinnerungsstücken und lieb gewordenen alten Kleidern. Unfrei wird und macht, »wer Ding an Ding rückt«.

Offen für mehr | Samstag

Der amerikanische Philosoph John Dewey (1859–1952) war überzeugt, dass echte Kunst aus Loslassen schöpft: Wer lassen kann, wird frei für Neues. Nur wer Freiraum schafft, macht Inspiration möglich. Wer nicht zu viel bestimmt und festlegt, entfaltet sich reicher. Wer sich nicht am Gegebenen und »Machbaren« festhält, wächst über sich hinaus. Gilt das nicht auch und ganz wesentlich im Spirituellen? »Glaubst du wirklich an Gottes Geist, seine Kraft und Weisheit, dann lass ihr Raum!«, hat Bruder Remigi, mein Lehrmeister im ersten Klosterjahr, mir geraten! Ich hatte damals klare Vorstellungen, was ich tun und werden soll, in welchen Feldern ich wirken will und welche Ausbildungen dazu nötig sind. Wie viel spannender mein Leben doch geworden ist, weil ich damals fixe Vorstellungen und Pläne losließ und mich für ungeahnte Optionen öffnete! Hätte »ich allein« bestimmt, wäre »kein Raum« gewesen (Jesaja 5,8) für die jetzige Lebensfülle.

»Selig sind die Armen vor Gott, denn ihnen gehört das Himmelreich« (Matthäus 5,3), verheißt Jesus noch viel radikaler denen, die äußerlich und innerlich wenig Eigenes ansammeln können – oder eben horten und »aneinander rücken« wollen.

Ein Blick, der mich befreit
Impulse in Sommertage

*Der Menschensohn ist gekommen, um zu suchen
und zu retten, was verloren ist.*

LUKAS 19,10

Zeit für Kleines | Sonntag

Sonntag – oft ein Tag, der dem Sport gewidmet ist! Meisterschaften, Endspiele, Verbandswettkämpfe, Etappenorte großer Radrundfahrten: Lange Aufbauarbeit nähert sich in diesen Stunden dem Ziel. Die Erwartungen sind groß, die Nerven gespannt, es geht um »alles oder nichts«. Doch nicht nur Spitzensportler lassen sich vom Ziel bestimmen. In unserer Gesellschaft streben Ehrgeizige allseitig nach Großem. Hohe Erwartungen schwappen auch Jeschua ben-Josef Meilen vor Jerusalem entgegen. Ein letzter Aufstieg trennt den Wanderrabbi im Lukasvers noch vom Ziel. Die Menge jubelt ihm zu. Sie wartet darauf, dass der Messias seine Größe zeigt: die Macht ergreift, die Besatzer hinauswirft und Israel wieder groß macht. Gesteigerte Erwartungen vor dem Höhepunkt!

Doch als er vor den Toren Jerichos im Jubel die Rufe des blinden Bartimäus hört, bleibt der Rabbi stehen. Jerusalem muss warten, wenn ein Mensch am Wegrand im Dunkeln sitzt. Offensein, Stehenbleiben, Schauen, Zeit haben für Kleines und »Nebensächliches«: Gerade Sonntage laden außerhalb der Stadions dazu ein.

Wahrnehmen | Montag

Eine neue Arbeitswoche beginnt, sofern Sie nicht in einem allzu »aktiven Ruhestand« sind. Sie umlagert uns mit allerlei Aufgaben, Begegnungen und Herausforderungen. Jesus ist es in Jericho nicht anders ergangen. Ich stelle mir seinen Aufenthalt in der Oasenstadt bewegt und gedrängt vor (vgl. Lukas 18,35 – 19,10). Dennoch versteht er es, gut hinzuschauen: Er sieht den kleinen Bettler hinter der großen Menge. Er schaut ihm ins Gesicht – und in die Seele: Wahr-genommen, ernst-genommen, aufgerichtet, erwachen Bartimäus' Kräfte neu. Seine Augen öffnen sich und sein Leben tritt aus dem Dunkel ins Licht.

Wie heilsam kann es sein, wenn auch wir an menschlicher Sehnsucht nicht eilig vorbeigehen: uns Zeit nehmen, hinhören und gut wahrnehmen, was einen Menschen bewegt? Es braucht oft wenig, damit da oder dort Befreiung geschieht!

Gesichter und Gefühle | Dienstag

Denken Sie, wenn der Tag noch neu ist, doch kurz an die Begegnungen von gestern zurück! Wenn Sie diese Zeilen erst gegen Mittag oder am Abend lesen, können es auch Personen von heute sein, die ihren Weg gekreuzt haben. Rufen Sie sich ihre Gesichter in Erinnerung. Was drückt sich in ihren Zügen aus – an Freude, Sorge oder anderen Gefühlen? Jesu Aufenthalt in Jericho lehrt uns gut, in menschliche Gesichter zu schauen! Nicht nur jenes eines Hilfsbedürftigen am Rand, sondern auch erfolgreicher Zeitgenossen wie des Zöllners Zachäus. Kehren wir dann kurz zu Bartimäus zurück. Der Mann am Wegrand hat mit seiner Sehkraft viel verloren: Arbeit (er muss betteln), Beziehungen (er sitzt allein vor der Stadt) und Freiheit (er hockt hilflos am Boden).

Was haben oder hätten Sie heute zu verlieren? – an ganz Selbstverständlichem, an kleinen und großen Werten, wenn Sie wie Timäus' Sohn vom Schicksal getroffen würden? Schöner gefragt: Mit was beglückt und verwöhnt Sie das Leben heute – an scheinbar ganz alltäglichen Werten, Fähigkeiten, Erfahrungen?

Erfolgreich verloren | Mittwoch

Nach der Bartimäus-Begegnung vor den Toren trifft Jesus mitten in der Stadt Jericho einen anderen »Verlorenen« an: Zachäus (vgl.

Lukas 19,1–10). Seine Situation scheint sehr viel komfortabler zu sein. Der Oberzöllner hat es weit gebracht. Die Zusammenarbeit mit der römischen Besatzungsmacht zahlt sich aus. Zachäus ist reich geworden – auf Kosten seiner Mitbürger. Wen wundert es, dass ihn keiner mag? Lukas sagt, der Zolleinnehmer sei klein: klein auch, was Ansehen und Wertschätzung betrifft! Ein Mensch, der es weit bringt, Erfolge verbucht und aufsteigt, um zugleich Entscheidendes zu verlieren und tief zu sinken in der Sympathie der Menschen. Eine innere Unruhe treibt Zachäus um. Als er vom Rabbi hört, der in die Stadt kommt, rennt er der Menschenmenge voraus und klettert auf einen Baum. Er hat von Jeschuas befreienden Taten erzählen gehört, von seiner Freiheit mit leeren Händen, von bewegenden Gleichnissen.

Wie schon draußen vor dem Stadttor der Blinde wird auch hier mitten im lauten Treiben Jerichos ein Mensch, der *sehen* will, überraschend *angeschaut*. Der Rabbi erkennt ihn im Geäst des Baumes, ruft ihn zu sich und auf den Boden der Realität – und er holt ihn aus der Einsamkeit eines erfolgreich Verlorenen ...

Herausgeholt und befreit | Donnerstag

»Der Menschensohn ist gekommen, um zu suchen ..., was verloren ist« (Lukas 19,10). Wer ist verloren? In der Jerichogeschichte ist es nicht nur der blinde Bettler, hilflos und ausgeschlossen am Rand der Gesellschaft. Verlorene gibt es auch am anderen Ende der sozialen Skala: unter den Erfolgreichsten, den Arrivierten, den Vermögendsten. Jesus setzt für den kleinen Schwerreichen noch mehr Zeit ein als für den Blinden. Er geht erstaunlich sensibel um mit einem Menschen, der sich durch seinen wenig zimperlichen Umgang mit Jerichos Bürgern isoliert hat. Der Rest des Tages gehört ihm – ausgerechnet dem Bonzen, dem Abzocker, dem Egoisten, dem rücksichtslosen Kerl. »Zachäus, komm schnell herunter! Denn ich muss heute in deinem Haus zu Gast sein. Da stieg er schnell herunter und nahm Jesus freudig bei sich auf« (Lukas 19,5–6). Wer ist verloren? Wie gehen Menschen verloren? Was macht uns selber verloren? Wo erkenne ich Leute in meinem Umfeld, die sich isoliert haben, beruflich oder privat verstiegen und auf Äste hinausgewagt?

Wo bin vielleicht auch ich zurzeit ein wenig verloren – bis ein menschlicher Blick mich befreit? ein verstehendes Wort mich ermutigt? eine helfende Hand mich herausholt aus meiner Verlorenheit?

Die Hand ausstrecken | Freitag

Bartimäus, deine sehbehinderten Freunde müssen heute glücklicherweise nicht mehr hilflos am Wegrand sitzen und betteln. Die meisten leben integriert, können sich beruflich entfalten und bringen es äußerlich blind und innerlich sehend gar bis zum Pfarrer in einer städtischen Gemeinde. Zachäus, du Bruder unserer Zeit: Keiner muss sich heute mehr schämen, der sich mit ökonomischer Ellbogengewalt durchsetzt und auf Kosten anderer Reichtum anhäuft. Doch die Erfahrung, an den Wegrand zu geraten oder sich auf Äste zu versteigen, kennen auch heutige Menschen: innere oder äußere Dunkelheit, Einsamkeit allzu individualistischer Glücksuche in Beruf, Freizeit, Sport oder Spiel. Der Rabbi aus Nazaret hat einen achtsamen Blick für Menschen am Rand, im Dunkel oder in mühsamen Lebenslagen. Wie auch immer unsere aktuelle Lebenslage aussieht: Lasst uns selber, von Jesu Begegnungen in Jericho ermutigt, die Hand ausstrecken, auf IHN zu – oder eben wie ER.

Klarsicht und Zuwendung | Samstag

Suchen, wer sich irgendwo verloren hat, und ihn herausholen, befreien, »retten«. Jesus tut es nicht als Revolutionär und ohne große Programme. Es ist gut, dass die Kirchen soziale Werke geschaffen haben, die vielfältigen Nöten begegnen. Es ist gut, dass Sozialreformer, Propheten und Revolutionäre aller Zeiten ungerechte gesellschaftliche Ordnungen und menschenverachtende Wirtschaftssysteme anprangern (wenn ihre Programme nicht neue Gewalt säen und andere Formen von Unterdrückung schaffen). Der

Rabbi aus Nazaret lehrt jedoch das Grundlegende, auf dem Humanität und mitmenschliche Solidarität aufbaut: menschliche Wachheit, schlichte Offenheit für den Nächsten und Zuwendung mitten im Alltagsgeschehen. Ein sensibles Ohr, ein waches Auge und eine Hand, die aufrichtet, herunterhilft oder über die Haare streicht. Was wünschen Sie sich: Wen soll er heute beim Namen nennen? aus einer Situation herausholen? aufrichten? ins Licht zurückführen? von einer Verstiegenheit hinunterrufen? mit seiner Umgebung versöhnen? zum neuen Handeln befreien? Und wo können Sie an seiner Stelle Schritte tun, ans Gute im Menschen glauben und heilsame Kräfte wecken – alltäglich und schlicht?

Wo Gott wohnt
Impulse für eine Spurensuche

Sie gingen heim fröhlich und guten Mutes über all das Gute,
das der HERR an David, seinem Knecht,
und an seinem Volk Israel getan hatte.
1 KÖNIGE 8,66

Gestimmt und geprägt | Sonntag

Woher kommen Sie gerade? vom Essen? aus einer fröhlichen
Runde oder von einer Begegnung? von der Arbeit oder aus dem
Garten? von der Straße oder aus der Ruhe? vom Gottesdienst oder
von einem Spaziergang? Woher auch immer wir kommen: Eindrü-
cke und Erfahrungen aus dem eben Erlebten begleiten uns weiter.
Sie kommen mit auf die nächsten Schritte, an neue Orte, in neue
Begegnungen. Ob wir wollen oder nicht: Helles und Dunkles, Schönes und Schwieriges, Verbindendes und Trennendes prägen uns im
Weitergehen, manchmal ein paar Stunden lang, bisweilen auch
über Wochen, Monate und Jahre. Israel geht im Bibelvers »fröhlich
und guten Mutes« weiter. Es hat ein Fest gefeiert, und es hat zuvor
kräftig an seinem Glück gebaut.
　　Ich wünsche Ihnen heute einen Ort, der Sie fröhlich stimmt,
Menschen, mit denen Sie Gutes teilen, und Erfahrungen, die Sie
gern mit sich nehmen!

Daheim | Montag

Die Israelitinnen sind guten Mutes »heimgegangen«. Nach drei
Wochen als Lehrbeauftragter unterwegs von Westfalen bis Venedig
freue auch ich mich aufs Heimkommen. Mein »Wanderleben« lässt
mich intensiv erfahren, wie wertvoll und schön das eigene Zuhause
ist: ein Stück selbstgestaltete Welt, in der mir alles vertraut ist.
Bergende Räume, in die ich mich zurückziehen kann und wo ich

Kraft schöpfe. Ein Ort, an dem mich Menschen anders erleben als unterwegs, ganz »bei mir« eben und zugleich auch »empfänglich« wie nirgendwo sonst. Es überrascht daher nicht, dass Staatschefs nur selten hohe Gäste in ihr privates Zuhause einladen und dies als Zeichen besonderer Freundschaft verstehen. Auch wir schützen unsere Privatsphäre vor unerwünschten Einblicken. Denn mein Zuhause offenbart viel Persönliches von mir selbst.

Schauen Sie sich doch wieder einmal bewusst in Ihrer eigenen Welt um. Was sagt mir mein eigenes Daheim über mich selbst? Was spiegelt sein Zustand von meiner aktuellen Innenwelt? Wir blicken im intimen Wohnbereich bisweilen in einen Spiegel unserer Seele!

Mitten unter uns | Dienstag

Nicht nur unsensible Gäste und neugierige Blicke, sondern auch fremde Menschen halten wir von unserem persönlichen Zuhause und der eigenen Privatsphäre fern. Israel wünscht sich allerdings, dass EINER in seine Mitte kommt und in seiner Mitte bleibt, der ihm nah und doch unendlich fern ist, bekannt und doch fremd. König Salomo hat ihm im Herzen des Volkes eine feste Wohnung gebaut. Bisher ist ein Zeltheiligtum Symbol für Gottes pilgernde Gegenwart gewesen: Zeichen für »Ich-bin-da«, der menschliche Wege mitgeht, Wüstenstrecken und Hoffnungszeiten mit seinem Volk teilt, in schönen und schweren Tage erfahren wird. Künftig soll ein prächtiger Tempel den Ort markieren, »an dem der Gott des Himmels auf Erden wohnt« (vgl. 1 Könige 6–8). Ein gewagter Schritt und ein zwiespältiger zugleich: Zeichen großer Verehrung und zugleich Versuchung, den Ewigen auf Erden festzumachen.

Wo erkennen Sie Spuren von Gottes Gegenwart? Wo sehen Sie ihn in unserer großen Welt und in Ihrem eigenen Umfeld »wohnen«? Und darf er Gast sein bei Ihnen, in Ihrer Lebenswelt, Gott »Ich-bin-da«?

Tempel aus Stein | Mittwoch

Mit 22.000 geschlachteten Rindern und 120.000 geopferten Schafen zeigt Israel seine Freude und Dankbarkeit für Gottes Dasein in seiner Mitte (vgl. 1 Könige 8,63). Das achttägige Fest wird zur Krönung des Bundes, den Gott am Sinai mit Heimatlosen schloss. Jede Religion, die sich Tempel schafft und Gottes Gegenwart in einem Zentralheiligtum »ortet«, geht allerdings Risiken ein: Sie neigt dazu, die Gottverbundenheit von Menschen an ihrer Beziehung zum Heiligtum zu messen. Auch der »Tempelstaat« des Vatikans ist davor nicht gefeit.

Religiöser Kult, vielfältige Opfergaben oder Opferdienst und heilige Herrschaft vergessen öfter, dass Gott selber sich nicht vereinnahmen lässt – weder durch fromme Rituale noch durch großzügige Leistungen, und schon gar nicht durch eine entschieden »gläubige« Politik. Jesus steht kritisch zur Tempelherrschaft, fordert die Priesterschaft heraus und wendet sich zornig gegen die Vermarktung des Sakralen. Paulus wendet sich gänzlich vom Jerusalemer Tempel ab. Er erkennt den neuen »Tempel Gottes« in jeder und jedem Gläubigen (vgl. 1 Korinther 3,16).

Tempel der Seele | Donnerstag

Den die Himmel nicht fassen, ER lässt sich auf Erden nieder. Israel staunt am Fest der Tempelweihe über dieses Wunder (vgl. 1 Könige 8,27). Klara von Assisi staunt ergriffen über das christliche Wunder, wenn sie Salomos und Jesajas Worte in ihre schlichte Lebenswelt überträgt. »Liebe ihn, dessen Schönheit Sonne und Mond bewundern, den Sohn des Höchsten, den Maria uns geboren hat: einen Sohn, den die Himmel nicht fassen können und den ein Mädchen in seinem Schoße trug.« Klara schreibt aus intimer Eigenerfahrung, wenn sie im Brief an ihre Prager Freundin fortfährt: »Die gläubige Seele ist seine Wohnung ... Du kannst ihn spirituell in deinem Leibe tragen und ihn in dir halten, von dem du und alles gehalten wird.«

Kirchen – Synagogen – Moscheen | Freitag

Die Schweizer Heilpädagogin Elsbeth Schneider kleidet Klaras
Erfahrung in eine erfrischend moderne Sprache. Zunächst allerdings setzt sie sich kontrastvoll vom Buch der Könige und von
der Geschichte ab, aus der der Bibelvers stammt:

> *Was bauen sie Dir Kirchen*
> *Synagogen Tempel und Moscheen*
> *da Du doch gehst*
> *und wehst wo Du willst*
>
> *Das ist als wollte man*
> *dem Wind ein Haus bauen*
> *und ihn darin wohnen heißen*
> *als wollte man*
> *das Meer umdämmen*
> *um es zu fassen*
> *als wollte man*
> *den Himmel überkuppeln*
> *um ihn zu halten*
>
> *Du bedarfst keiner Kirchen*
> *Du bist so frei so stark und so ewig*
> *wie irgendgott*[7]

Gott »weltet sich ein« | Samstag

Etwas weiter als Klara von Assisi geht Franziskus, der »allen
Menschen auf der Erde« zutraut, Christus Mutter zu werden:
»Seine Mütter werden wir, wenn wir ihn durch die Liebe in unserem Herzen und unserem Leibe tragen, und wir gebären ihn, wenn
wir ihn durch unser Leben auf die Welt bringen.« Elsbeth Schneider sagt es in ihren »Gesprächen« noch kraftvoller:

Doch Du brauchst uns
brauchst mich
mich mit meinem Leib
meinem Fleisch meinem Blut

Du musst Dich einverleiben
einsinnen eindenken
einwelten können

Wie sonst solltest Du schöpfen
und lieben im Hier
Wie sonst könntest Du
Deine Arbeit tun[8]

Den Reichtum teilen

Impulse zu Klara von Assisi und Martin Luther

Wem viel gegeben wurde,
von dem wird viel zurückgefordert werden,
und wem man viel anvertraut hat,
von dem wird man umso mehr verlangen.
LUKAS 12,48

Selig die Reichen ... | Sonntag

Klara von Assisi (1193–1253) wurde bereits zwei Jahre nach ihrem Tod im Jahr 1255 heiliggesprochen. Der Gedenktag der heiligen Klara ist der 11. August.

Geboren als Adelstochter in der umbrischen Kleinstadt Assisi, lebte sie zunächst im goldenen Käfig eines städtischen *palazzus* – bevor sie den Rat Jesu an den reichen Mann auch auf sich bezog und allen Besitz den Armen gab, um mit Gefährtinnen das »Leben der Apostel« vor den Toren der Stadt zu wagen. In einer der zwanzig Adelsfamilien Assisis, als reich begabte Tochter, intelligent, gebildet, wohl erzogen und von Rittern umworben, teilt Klara inneren und äußeren Reichtum: Sie teilt spirituelle Erfahrungen mit Mutter, Schwestern und Freundinnen in ihrer adeligen Lebenswelt. Sie teilt aber auch Brot und Speisen vom eigenen Teller mit Menschen, die am Rand leben. Der Kirchgang bietet dem Mädchen die einzige Möglichkeit, den Wohnturm zu verlassen und mit der sozialen Realität der Stadt in direkte Berührung zu kommen.

Reichtum kann eine Chance sein, kann Brücken schlagen und verbinden. Klara nimmt die gesellschaftliche Schichtung Assisis sensibel wahr – und überwindet trennende Mauern. Als junge Frau noch eingeschlossen im aristokratischen Palast, entwickelt sie kreative Formen der Solidarität. »Selig, wem viel gegeben ist ...«

Selig die Menschen, die auf der Sonnenseite geboren sind, eine glückliche Kindheit erleben und reiche Gaben mit ins Leben bekommen: Sie werden viel zu teilen haben!

Solidarität | Montag

Klara geht es zunächst wie vielen in unserer Gesellschaft: Privilegiert und gut situiert, kann sie nicht einfach so aussteigen aus ihrer Welt, ihrer Schicht und ihrem Wohlstand. Doch sie öffnet die Augen, nimmt die Gesellschaft ihrer Stadt mit wachem Blick wahr und handelt nach ihren Möglichkeiten: Anteilnahme, Einfühlung in die Lage anderer, da eine offene Hand, dort ein gutes Wort. Offene Augen und offene Hände zeigen sich sowohl privat wie auch staatlich: wenn die Politik gegen Verletzungen der Menschenrechte einsteht, Hilfswerke Tag für Tag Projekte betreuen oder wenn in Krisen und Katastrophen überwältigende Solidarität sichtbar wird. Klara ermutigt zu alltäglicher Solidarität auf denkbar schlichte Art: nachbarschaftlich und im eigenen Dorf.

Selig, die vom Leben verwöhnt über ihren Kreis hinausschauen und von Menschen ergriffen werden, die mit leerem Blick im Schatten stehen: Sie werden schon mit kleinen Zeichen Brücken bauen.

Wege mitgehen | Dienstag

Als Klara schließlich mit siebzehn Freundinnen aus ihrer Adelswelt ausbricht und sich mit den Gefährtinnen beim Landkirchlein San Damiano niederlässt, um am sozialen Rand zu leben und »arm den armen Christus zu umarmen«, lernt sie zu staunen über einen Gott, der in seiner Liebe Mensch wird und auf Erden alles teilt, was er aus seinem himmlischen Reichtum teilen kann. Wenn Gott sich Zeit nimmt für Menschen, wenn er sich mit uns auf den Weg macht, wenn er unsere Alltagsfreuden und -sorgen teilt, wenn er sein Wissen und Können einsetzt, damit wir »das Leben in Fülle haben«, wenn er Feste feiert und Tränen trocknet, Menschen aufrichtet und aus Zwängen befreit, wie sollen wir, seine Geschwister, nicht leidenschaftlich einsetzen, was wir an Zeit, Leben und Charismen bekommen haben? Klara kann es damals nicht nach dem Beispiel von Franziskus und seiner Brüder wandernd tun. Ihr Modell ist das Leben Martas und Marias in Betanien.

Selig, die Gottes Spuren ganz unten suchen – auf unserer Erde, unter den Menschen, an stillen Orten und mitten in unseren Sorgen: Sie werden mit Klara ein DU finden, das uns liebend umwirbt.

Selig, die an sich arbeiten ... | Mittwoch

Wechseln wir von Assisi nach Thüringen, von Klara zu Martin Luther. Ich begleitete vor einiger Zeit eine spirituelle Reise auf den Spuren des Reformators. Eisenach erinnert an zwei Aufenthalte: die Jahre des jugendlichen Martin an der Lateinschule und die Monate des jungen Professors im Verborgenen auf der Wartburg. Die im Kupfererzabbau tätige Familie Luther investiert in ihren begabten Sohn: Er soll an der Universität studieren und Jurist werden. Martin packt die Chance. Intellektuell, musisch und sprachlich talentiert, arbeitet er sich zur Universitätsreife hinauf. Was er als Lateinschüler in Eisenach und dann als Student in Erfurt lernt, es kommt ihm als Junker auf der Wartburg zugute und fließt in die bahnbrechende Bibelübersetzung ein, welche die deutsche Sprache und Theologie bis heute bestimmt.

Selig, wer begabt ist, an sich selber arbeitet und in seinen Begabungen gefördert wird: Er und sie, Menschen und Himmel werden sich über die Früchte freuen!

Selig, die durch Probleme wachsen | Donnerstag

Wir wechseln auf Luthers Spuren von Eisenach nach Erfurt. Mit achtzehn schreibt er sich an der bedeutendsten Universität Deutschlands ein. Nach vier Jahren philosophischen Grundstudiums, den *Artes*, bricht ein traumatisches Gewittererlebnis ins eben begonnene erste Jura-Jahr: Der 22-Jährige wird gegen den Widerstand seiner Familie Augustiner-Eremit. Auch der Bettelorden fördert seinen begabten Novizen. Johann von Staupitz begleitet den jungen Ordensbruder väterlich. Dieser macht eine steile theologische Karriere, vertieft sein spirituelles Leben und übernimmt ordensintern Verantwortung. Auch Negativerfahrungen tragen zum Werdegang des Reformators bei: die strenge Hand seines Vaters, ein beängstigendes Gottesbild aus der Kindheit, die Trennung des Jungen von Mutter und Geschwistern, Konflikte in seinem Studentenleben und zunehmend die Missstände in der Kirche. Seine einzige Romreise sieht den gelehrten Augustiner in der Ewigen Stadt noch fromm von Hauptkirche zu Hauptkirche pilgern. Bald aber wird die Finanzbeschaffung für die Baustelle der neuen Peterskirche, die mit der Jenseitsangst der Gläubigen Geld macht, zum Stein des Anstoßes.

> *Selig, die an Verletzungen, Belastungen und Stolpersteinen wachsen: Sie werden für sich und andere befreiende Wege finden.*

Beziehungsreichtum | Freitag

Nach zehn Jahren in Erfurt wechselt Martin Luther definitiv nach Wittenberg. Drei Jahrzehnte in der Elbestadt verwandeln den lokal bekannten Bibelprofessor zum europaweit gefeierten Reformator und den Bettelbruder zum Familienvater. Persönliche Gaben, schulische Aufbauarbeit, gemeinschaftliche Förderung und berufliche Reifung zeitigen reiche Früchte. Luther setzt sich zunehmend dramatischen Konflikten aus, entwirft eine reformatorische Theologie, überzeugt maßgebende Fürsten, koordiniert die protestantische Bewegung und prägt den Aufbau einer neuen Kirche. Er schreibt Traktate, komponiert Gemeindelieder, hält mitreißende Predigten – und lässt sich von seiner Käthe noch einmal ganz neu prägen. Die ehemalige Zisterzienserin entfaltet ganz neue Seiten in ihrem Martin, macht den vernachlässigten »Bettelmönch« zu einem kräftigen Mannsbild, bringt sechs Kinder zur Welt, verwandelt das Schwarze Kloster in ein landwirtschaftliches Großunternehmen, das Studenten beherbergt, Gäste aus ganz Europa aufnimmt, für Arme in Wittenberg sorgt – und Luthers Schreiben, Lehren und Kämpfen beflügelt.

Selig, die aus dem Reichtum tiefer menschlicher Beziehungen schöpfen können: Sie werden weitergeben, was andere in ihnen entfalten!

Selig, wer suchend bleibt ... | Samstag

Die letzte Station unserer Reise wird Marburg sein: Im prachtvollen Schloss hoch über dem Lahnstädtchen haben sich der Wittenberger Martin Luther und der Zürcher Ulrich Zwingli überworfen. Ein grundlegender Punkt ist ihnen zum Stolperstein geworden: die Frage, wie Jesus im Abendmahl heute gegenwärtig ist und mit uns teilt. Das Teilen im Abendmahl weitet sich zu einer grundsätzlicheren Frage, die uns den Wochenspruch mutig auf Gott selber anwenden lässt: Wenn dem Ewigen doch alles gehört und wenn er über den Sohn doch bis zum Letzten mit uns teilt, was suche ich bei ihm, was wünschen und erhoffen Sie? Wo möchten Sie, dass ER Ihnen aus seiner Fülle zuwendet? »Wem man viel anvertraut hat, von dem wird man umso mehr verlangen« – und finden. Menschen haben das bei Rabbi Jesus in Galiläa erfahren. Wir dürfen heute weltweit vom auferstandenen Christus viel erwarten, wenn er heute »mit uns ist alle Tage«, wo immer »zwei oder drei in meinem Namen versammelt sind« (Matthäus 18,20).

Selig, wer sucht: Er wird finden! Selig, mit wem Christus teilt – mehr als alles!

Von Tag zu Tag
Impulse zum Wochenkalender

Es wurde Abend und es wurde Morgen: erster Tag.
GENESIS 1,5

Sonnige Stunden | Sonntag

»Das Wetter für heute Sonntag: sonnig und warm.« Wer hört solche Prognosen des Wetterdienstes nicht gern? Die freie Zeit draußen genießen, einen Ausflug machen, Sport treiben, baden gehen oder wandern, im Garten lesen, grillen und essen, gemeinsame Schritte tun; die Sonne lädt dazu ein! Sie lockt uns hinaus ins bunte Leben.

Im Römerreich war der erste Tag der Woche nach dem Sonnengott benannt. Der *dies solis* ist zum deutschen Sonntag und zum englischen Sunday geworden. Christliche Gemeinden übernahmen den Namen hierzulande sorglos: Sie weihten den Tag, der die Auferstehung feiert, ja der »wahren Sonne, ... die nicht untergeht«, Christus. – Jeder Sonntag möchte uns die Freiheit geben, uns aufzurichten und umzuschauen, über den Alltag hinauszusteigen und die Sonne zu sehen – und ebenso alles Sonnige in unserem Leben und unserer Welt. Ob das Wetter heute sonnig ist oder nicht: Der Tag sei reich an Lichterfahrungen! »Von Dir, der höchsten Sonne, leuchtet uns Licht auf im hellen Tag«, dichtet Franziskus in seinem Sonnengesang.

Licht im Dunkel | Montag

Manchem trübt heute Morgen der Wechsel vom entspannten Sonntag in eine mühevolle Arbeitswoche die Laune. Ob es den Alten schon so erging? Römer wie Germanen haben diesen Tag jedenfalls im Kontrast zu gestern »Mondtag« genannt. Mit »lundi«, »lunedí«, »lunes« und »Monday« folgen ihnen die großen Kulturen Westeuropas. Auch Franz von Assisi setzt seinen Lobpreis auf die Schöpfung zu Gottes Ehre mit einer Mondstrophe fort. So leuchtend und schön die Welt und unser Leben sein können, beide kennen Dunkelheit. Franziskus hat auch darin Spuren Gottes und Zeichen seiner Nähe erfahren. Glücklich, wer in seinen Nächten Mond und Sterne erfährt – über uns, in sich und unter uns in Menschen, die auch auf dunklen Wegen für lichtvolle Zeichen sorgen.

Raum für Konflikte | Dienstag

Der Tag des Monds übergab das Zepter in der Antike dem Gott des Krieges: Mars. Französinnen und Italiener werden bis heute am »mardi« und »martedí« daran erinnert. Das alemannische »Ziischtig« für Dienstag ersetzt Mars durch den germanischen Kriegsgott Ziu.

Der Blick in die Welt zeigt, dass der Wochenkalender bis heute nicht lügt. Mochte all das Licht im Leben uns am Sonntag glücklich stimmen und auch Lichter auf dunklen Wegstrecken uns montags Mut machen, so sät »Mars« bis heute Gewalt. Wir erfahren sie nah und fern, im Großen unter Völkern und im Kleinen unserer alltäglichen Konflikte. Hass, Gewalt und Tod in dieser Welt lassen Menschen an Gottes Größe zweifeln. – Franziskus' Schöpfungslied fährt nach dem Lobpreis auf Sonne und Mond mit der Strophe zu Wind und Wetter fort. Durch Heiteres und Wolkiges gedeiht Gottes Schöpfung, durch Friede und Sturm wird auch sein Reich wachsen. Warum Er diesen Weg gewählt hat? Warum Gott Stürme in Natur und Leben zulässt? Es bleibt Sein Geheimnis.

In der tiefen Hoffnung, dass die Welt am Ende weder Nacht, Gewalt noch Tränen sieht, können wir uns schon heute verbünden mit einem »Gott, der den Kriegen ein Ende setzt« (Psalm 46,10): auf dass Konflikte sich lösen und der Friede stärker wird, im Großen wie im Kleinen. Da sich aber nur gestalten und verändern lässt, was ich annehme, rät Dienstag nicht zum Verdrängen von Konflikten, sondern schafft ihrer Realität Raum: wahrnehmbaren und gestaltbaren.

In meiner Mitte | Mittwoch

Auch mit dem heutigen Tag folgen die romanischen Kulturen antiker Erfahrung. Auf Mars folgt Merkur, der Herr des Handels und der Geschäfte. »Mercoledì«, »miércoles« oder »mercredi« nennen unsere Nachbarn in West- und Südeuropa den Tag in der Wochenmitte. Das Bekenntnis zum göttlichen »Merkur« oder dem biblischen Mammon trifft nicht nur für geschäftige Kaufleute wie den jungen Franz von Assisi zu. Für viele von uns steht Wirtschaftlichkeit und Erwerbsarbeit stundenlang in der Mitte des Denkens und Handelns. Der Mittwoch fragt da leise, was denn wirklich in die Mitte meines Lebens gehört. Was bewegt mich im Innersten, und wer ist zentral für mich, wenn es um tiefe Erfüllung geht?

Je mehr der junge Kaufmann Franziskus mitten in Assisi erkannte, wie viele Menschen durch Merkurs Herrschaft in materielle Bedrängnis und auch sozial an den Rand gerieten, desto entschlossener suchte er einen anderen Herrn – und fand den Gott, dessen »größte Ehre der lebendige Mensch ist« (Irenäus von Lyon). Er fand Gottes Sohn nicht in der Mitte seiner Stadt, sondern draußen von den Mauern und Toren, auf der Kreuzikone von San Damiano und in einem armen Landkirchlein, wo Randständige lebten. Da dichtete er auch die Feuerstrophe seines Schöpfungsliedes: kurze Verse auf Flammen und Glut – auch jene, die wir »kraftvoll, fröhlich und stark« im Innersten tragen.

Gewaltig oder erfrischend | Donnerstag

Merkur macht im römischen Kalender Jupiter Platz: dem höchsten Gott des Olymp. Während die lateinischen Kulturen mit ihrem »jeudi«, »jueves und »giovedì« weiter an ihn erinnern, tauschten germanische Völker Jupiter gegen Donar aus: ihren eigenen höchsten Himmelsgott. Beide schleudern Blitze über den Himmel und zeigen ihre Macht mit donnernder Gewalt.
Jesus hat am letzten Donnerstag seines Lebens ein anderes Zeichen gesetzt. In der Fußwaschung erfahren die Jünger eine Liebe, die unscheinbar, sanft und schweigend von unten kommt (vgl. Johan-

nes 13,1–11). Nicht mit Donner und Blitz, sondern mit erfrischendem Wasser zeigt Gottes Sohn seine Größe – und die des Vaters, dessen Zuwendung zur Welt er leidenschaftlich spürbar macht. Ist es Zufall, das Franziskus' Schöpfungslied mit der Wasserstrophe fortfährt? IHN, der sich neigte und die Kleinen suchte, preist »sor'aqua«, die fantasievoll erfrischt und die untersten Orte sucht.

Die Liebe feiern | Freitag

»Vendredi« und »venerdì«: Der Venus ist der sechste Tag seit Jahrtausenden geweiht. Nordgermanen widmeten ihn folgerichtig Freya, der Göttin der Liebe und Ehe, und Südgermanen Odins Gattin Frigg. Die germanischen Liebesgöttinnen leben im Freitag und im englischen »Friday« weiter.

Glücklich die Menschen, die das Heilige in der Liebe erfahren. Sei es verzaubert und glücklich in der Liebe, die einmal Venus verdankt wurde und von der das biblische Hohelied singt: »Kein Wasser kann sie löschen, denn ihre Flammen sind Gottesflammen« (vgl. Hoheslied 8,6). Sei es radikaler in der Liebe, die geprüft wird durch Schwäche und Versagen, und die auch in Enttäuschungen verzeihen kann. In der Menschenstrophe des Schöpfungslieds sieht Franziskus Gottes Zuwendung da am eindrucksvollsten erfahrbar, wo Menschen eine Liebe zeigen, die unsere eigenen Kräfte übersteigt.

Ernte- und Brachzeiten | Samstag

Der letzte Wochentag ist vom alten Rom bis ins heutige Amerika dem Saturn geweiht: Der lateinische *dies Saturni* oder englische »Saturday« preist den Herrn der Aussaat und der Ernte. Franziskus besingt im Schöpfungslied »unsere Schwester, Mutter Erde«, die alles Leben nährt und neues Leben hervorbringt: Gottes Geschöpf ist sie und ein Lobpreis auf seine Fantasie. Damit unser eigenes Leben fruchtbar bleibt und die Erde ihr Lebenslied weiter singt, brauchen sie und wir Ruhezeiten. Samstag und »sabato« erinnern daran: an den Tag, der Gott heilig ist und der dankbar zurückschauen lässt auf alles, was diese sechs Tage an Gutem hervorgebracht haben. Ein Tag, der uns Menschen von Lasten befreit und zum Innehalten einlädt. Samstage erinnern an heilsame Brachzeiten: Solche sind Lebensquelle für die Erde und Kraftquelle für uns. Wie die Erde darf ich sein, fruchtbar und voller Leben, und ruhen will ich immer wieder, bis es Zeit wird für neues Leben.

Wochenrückblick | Wochenende

Was der Wochenkalender an Lebensfarben in den einzelnen Tagen erkennt, lässt sich auch mit Blick auf die ganze Woche betrachten: Wo haben sich die vergangenen Tage besonders lichtvoll gezeigt? Wo habe ich mich durch Dunkel getastet und leise Lichter in der Nacht gefunden? Wo haben Konflikte Raum bekommen und wo habe ich solche vielleicht auch verdrängt? Wie glücklich sehe ich mich wirtschaftlich unterwegs, in der Welt der Arbeit und im Einsetzen meiner Talente? In welchen Situationen erschrak ich über Donnerndes und wo habe ich mich selber über andere Menschen gestellt? Hat die Liebe den Raum bekommen, den sie verdient? Und mit welcher Ernte aus der Woche kann ich weitergehen – die Spreu hinter mir lassend und das Nährende mit mir tragend?

Gnade? Glaube? Seligkeit?

Impulse in den Sommer

Aus Gnade seid ihr selig geworden durch Glauben,
und das nicht aus euch: Gottes Gabe ist es.

EPHESER 2,8

Wie Gold im Kies | Sonntag

Es gibt Worte, die spontan ansprechen, im Ohr bleiben und zu Herzen gehen. Andere lassen mich unberührt. Das kann selbst beim Wort Gottes geschehen. Dieser Bibelspruch fließt zunächst an mir ab. Zu fremd sind seine Kernbegriffe – Stolpersteine für meine Generation. Was heißt »Gnade«? Was bedeutet »selig werden«? »Glaube« scheint noch passabel: Unsere Zeit ist gläubiger denn je! Spiritualität füllt Regale in Buchhandlungen, Engel haben Hochkonjunktur, neue Rituale und Kraftorte verbinden mit der höheren Welt. Viele Neureligiöse lesen jedoch nicht weiter, wenn sie auf das Wort »Gott« stoßen. Hieß der Slogan vor einer Generation noch »Christus ja – Kirche nein«, fassen Religionssoziologen das Motto heutiger Zeitgenossen neu: »Religion ja, Gott nein«. Religiöse Gefühle sind gefragt, nicht aber die Beziehung zu einem göttlichen DU. Was soll ich da mit dem Epheservers? Klingt er nicht allzu fremd aus einer vergangenen Welt?

Es gibt Worte, deren Kraft wie ein Goldkorn im Geschiebe eines Flussbettes liegt. Wer den Kies länger im Sieb bewegt, kann auf Nuggets stoßen. Glänzt Ihnen im Epheservers schon auf den ersten Blick etwas Gold entgegen?

Freie Zuwendung | Montag

»Gnade« lässt sich im biblischen Verständnis mit »Gottes freie Zuwendung« umschreiben. Das Geheimnis dieser Welt wird spürbar. Der Künstler hinter und über dieser Welt wendet sich uns zu.

Die Liebe in allem spricht Sensible an. Sie berührt uns in der Natur, spricht aus Weisheitstexten, lässt sich in der Stille erfahren, wird in Sakraltänzen verbindende Mitte, zeigt sich in der Lebensgeschichte anderer Menschen und singt leise in meiner eigenen Biografie. »Zuwendung Gottes« ist dabei wie jede echte Liebe immer frei. Wir können sie nicht »verdienen«. Wir können und müssen sie auch nicht erwirken – weder durch Werke noch durch Bekenntnisse. Weil Er uns sucht, wird seine Nähe erfahrbar und Gott zum Du in meinem Leben. Der Epheserbrief nennt es Gabe. Glücklich, wer offen ist und wer sensibel wird für die größte Liebe, die uns sucht. Glücklich, wer sich berühren lässt – und dessen Herz erwacht ...

Glaube im kleinen Kreis | Dienstag

Der Paulusschüler, der den Ephesern schreibt, spricht zu einer kleinen Gemeinde. Das »Ihr« seiner Anrede meint einen Kreis von Gläubigen, die sich als verschwindende Minderheit in einer Weltstadt erfahren. Nicht der Gott Jesu wird hier verehrt, sondern viele Gottheiten in ungezählten Tempeln. Pilgerscharen, die zu Tausenden herreisen, beten vor allem zur großen Artemis: der Schützerin der Tiere, Herrin der freien Natur und Göttin der Fruchtbarkeit. Ihr Tempel steht mächtig als eines der sieben Weltwunder vor der Hauptstadt Kleinasiens. Die christliche Gemeinde erfährt sich dagegen schwach und belächelt in dieser multireligiösen Welt. Dem Kreis, der sich unscheinbar in Privathäusern versammelt, ist »Gnade« geschenkt: Zuwendung Gottes. Wie anderswo sind es vor allem kleine Leute, Sklavinnen, Arbeiter und Analphabeten, die den Schatz des neuen Glaubens entdecken.

Was habe ich im christlichen Glauben gefunden? Was macht ihn mir wertvoll, wertvoller als alle alten und neuen Religionen? Und wo erfahre ich Glaubensgemeinschaft in der multireligiösen Welt heute tragend?

Wer hoffen darf | Mittwoch

Der Epheserbrief sieht Gottes Zuwendung in der Gemeinde wirken. Wendet seine Liebe sich nur jenen zu, »die zum Glauben an Jesus Christus gekommen sind« (Epheser 1,1)? Allen anderen nicht? Suchen Menschen anderer Religionen und Kulte nicht aus ähnlicher Sehnsucht? Nicht weniger hoffnungsvoll und heilsbedürftig? Schaut Gott lieber auf Priska, die ihn in Ephesus beim »christlichen« Namen nennt, als auf eine unfruchtbare Ehefrau, die in ihrer Not der vielbrüstigen »Großen Mutter« Artemis Opfer darbringt? Grenzt Gott sich so klar von anderen Religionen ab, wie es das Judentum und frühe Gemeinden taten? Wer kann und darf Gottes Wirken »exklusiv« beurteilen – »ausschließend« im doppelten Sinn: im Wahrheitsanspruch der Erwählten und in der Abwertung Andersgläubiger? Will Gottes Zuwendung sich nicht vielmehr in menschlicher Zuwendung weiterschenken, statt abgrenzende Abwertung hervorzurufen? Fragen ohne Antwort? Der Brief gibt der Gemeinde von Ephesus jedenfalls einen Hymnus weiter, der universal hofft: »Er hat beschlossen, die Fülle der Zeiten heraufzuführen, in Christus alles zu vereinen, alles, was im Himmel und auf Erden ist« (Epheser 1,10): Alles! Wie er dies schafft, sei der Freiheit seiner Zuwendung überlassen – und auch unserer Menschenliebe anvertraut!

Auf dem Weg bleiben | Donnerstag

Der Paulusschüler erlebt und nennt die Gläubigen in Ephesus »selig«. Was verstehen *Sie* unter Seligkeit? Der Duden setzt den Begriff gleich mit Freude, Lust und Glück, – und wenn Seligkeit ewig dauert, stehe sie für »Himmel«. Jesus hat in seinen »Seligpreisungen« ganz irdisch gesprochen. Seine Rufe ermutigen Menschen, die alles andere als in Glücksgefühlen schwimmen: Arme, Trauernde, trotz Ausbeutung Gewaltlose, Menschen, die nach Gerechtigkeit hungern, in Konflikte eingreifen und Frieden stiften, verspottete Gläubige und Verfolgte.

Selig, die arm sind vor Gott;
denn ihnen gehört das Himmelreich!
Selig die Trauernden; denn sie werden getröstet werden!
Selig, die keine Gewalt anwenden; denn sie werden das
Land erben!
Selig, die hungern und dürsten nach der Gerechtigkeit;
sie werden satt werden!
Selig die Barmherzigen; denn sie werden Erbarmen finden!
Selig, die ein reines Herz haben; denn sie werden Gott
schauen!
Selig, die Frieden stiften,
denn sie werden Söhne und Töchter Gottes genannt werden!
Selig, die um der Gerechtigkeit willen verfolgt werden;
denn ihnen gehört das Himmelreich! (Matthäus 5,3–10).

»Selig seid ihr« – schon hier in den Nöten unserer Welt und auf dem Weg in eine neue Schöpfung, die ganz erfüllen wird: mit vollendetem Leben, glücklicher Gottesnähe, sorgloser Gemeinschaft – Schalom. Der oft mühsame Weg dahin ist noch nicht das ersehnte Ziel, auch wenn dieses da und dort in Glücksmomenten bereits aufleuchtet.

Hundertfaches | Freitag

»Stell dir vor, du lebst ein Leben lang im Kloster, verzichtest auf so Vieles und stellst nach deinem Tode fest, dass es Gott gar nicht gibt! Würdest du deine Lebenswahl nicht bereuen?« Schon mehrfach gestellt, hat die Frage mich noch nie zögern lassen. Zum einen darf die Vernunft zweifeln und an allem rütteln, doch existenziell erfahrene Zuwendung gewinnt im Tiefsten eine eigene Gewissheit: »Herzensgründe, welche die Vernunft nicht kennt« (Blaise Pascal). Zum andern erfüllt sich mir tatsächlich Jesu Verheißung an seine Jüngerinnen und Jünger, dass Verzichte hundertfach vergolten werden »jetzt in diesem Leben« (Markus 10,30). Nicht Zweifel sind dann mein Problem, sondern die Frage, wie ich denn mit 100 Schwestern, Brüdern, Müttern, Kindern, Häusern und Äckern zurechtkomme. Ich erlebe sie – wie alle Glaubenden – in einer weltweiten Glaubensfamilie und auf speziell schöne Weise in einem reichen franziskanischen Netzwerk. In beiden vervielfältigt sich das Hundertfache: überreiche Gaben neben der »Gabe der Seligkeit«, und sicher auch Teil von ihr.

Weg der Seligkeit | Samstag

Der Weg zur Seligkeit lässt Armut, Trauer, inneren Hunger, Konflikte, Unrecht und Unverständnis durchstehen und aktiv überwinden. Seinen Freundinnen und Freunden mutet der Rabbi vielfältige Verzichte zu, um ihnen gleichzeitig »Leben in Fülle« schon jetzt »in dieser Welt« zu verheißen (vgl. Markus 10). Das ist keine Botschaft für moderne Hedonisten, noch vertröstendes »Opium fürs Volk«.

Glücklich, wen *Sie* selig nennen: Seien es Engagierte, die auf gute Art für eine menschlichere Welt einstehen; seien es Menschen, die bereits jetzt »Lebensfülle« erfahren; seien es Vorausgegangene, die Sie in der Vollendung wissen!

Dem Morgen entgegen
Impulse aus einem Inseltag

Mache dich auf, werde licht;
denn dein Licht kommt
und die Herrlichkeit des HERRN geht auf über dir!
JESAJA 60,1

Aufsteigende Sonne | Sonntag

Ein Sommervormittag auf der kleinen Insel Ufenau im Zürichsee.
Eine größere Gruppe der nahen Volkshochschule spürt der Vergangenheit der verträumten Insel nach. Wir betreten den alten Friedhof bei der romanischen Kirche. Im hohen Mittelalter einst Pfarrkirche der umliegenden Seedörfer, liegt sie nicht zufällig im Osten des »Gottesackers«. Symbolreich steht sie da, wo die Sonne über den Gräbern aufgeht. Ihr Lichtglanz auf dem verwitterten Friedhof ist eine stille und doch kraftvolle Erinnerung, dass die Verstorbenen in ihrem Glauben einen neuen und ewigen Morgen gekannt haben, dem wir entgegengehen.

Szenenwechsel: An den Ufern der Insel tummeln sich voller Lebensfreude Badende, und auf dem umliegenden See paddeln, segeln und ankern Boote.

Und Sie, die Sie diesen Sonntag in ihrer Lebenswelt unter der aufsteigenden Sonne erleben: Worauf freuen Sie sich heute besonders? Wo sehen Sie schöne Erfahrungen und Begegnungen auf Sie warten? Was bringt lebendige Farben in Ihren Tag und in Ihre Seele – wie die Sonne es jeden Morgen in unsere Welt tut? Und wo nehmen Sie Schattenseiten in Kauf? Auf dass Ihr Sonntag innerlich sonnig werde!

Jenseitsbilder | Montag

Eine ältere Frau fragt mich auf dem Insel-Friedhof, ob ich das
denn auch glaube: dass Verstorbene oder zumindest ihre Gebeine
auf den Jüngsten Tag und (mit Glück) auf einen ewigen Morgen
warten? Tatsächlich bin ich froh, die mittelalterliche Hoffnung
und ihre dunklen Ängste nicht teilen zu müssen. Nur Heilige
fänden demnach gleich ins Licht, während wir »Normalsterb-
lichen« einer Reinigungszeit in der Unterwelt entgegengehen –
oder ganz »in Finsternis und Zähneknischen« enden. Alte
Fresken in der nahen Inselkirche malen die Jenseitsszenerie
von Fegefeuer und Hölle schauderhaft aus. Mir spricht da die
Geschichte des verlorenen Sohnes eher aus dem Herzen. Wer
stirbt, sieht sich je nach Lebensweg der eigentlichen Heimat näher
oder ferner. Wer sich schon im Leben aufgemacht hat zurück zum
Haus des Vaters, wird ihn auf sich zukommen sehen. Mütterlich
nimmt er Sohn oder Tochter in die Arme und begleitet den verbleibenden Heimweg liebevoll. Andere werden sich in der Fremde
finden und noch einen langen Weg vor sich haben. »Mache dich
auf ...«, so oder so!

Gut orientiert | Dienstag

Die uralte Kirche, die seit über tausend Jahren nach Osten, zum
Sonnenaufgang und auf den kommenden Tag blickt, erinnert an
eine Urweisheit: Ich kann mein Gesicht auf Helles oder auf Dunkles ausrichten. Ich kann meine Seele ins Licht stellen oder im
Schatten lassen. In meinen Augen kann sich – je nach Einstellung –
die Sonne spiegeln oder eben nicht. Auf welche Werte hin lebe und
strebe ich? Was bestimmt mein Leben, zieht meinen Blick auf sich,
gibt mir Orientierung?
    Echte Orientierung sucht den *Oriens*, das aufsteigende Licht,
den Tag nach der Nacht, der dem Leben alle Farben verleiht.
Bereits in der frühen Kirche haben Gläubige morgens nach Osten
hin gebetet. Origenes und Tertullian berichten, sie hätten dabei
dahin geschaut, »von wo das wahre Licht kommt«. Ihre Augen und

ihr Herz wurden schon im ersten Morgendämmern »licht«, während andere noch im Dunkel lagen.

Lichtorte | Mittwoch

»Mache dich auf und werde licht!« Jesaja spricht von Schritten und einem Hellwerden, das dem Aufstrahlen von Gottes Licht vorausgeht. Wer sitzen bleibt oder sich fallen lässt, kann lange im Dunklen bleiben. Ein nächtlicher Aufstieg von Schwyz durch den Bergwald auf einen Mythen-Gipfel wirkt bildhaft nach. Als ich oben zwischen den beiden markanten Bergspitzen vor Mitternacht den Schlafsack ausrollte, freute ich mich schweißnass bereits auf den Aufgang der Sonne: In den Bergen strahlt sie früher auf als unten im Talkessel. Ein Bild für das Leben!

Wir haben es in der Hand, Orte aufzusuchen, die uns Licht bringen: Sei es schon auf dem Weg dahin aus uns selber, sei es dann am Ziel mit viel Licht um uns und über uns. Es sind mehr als Kraftorte: die Lichtorte meines Lebens! Orte der Stille, Orte wertvoller Begegnungen, Orte glücklicher Gemeinschaft oder tiefer Erfahrungen – seien sie fern wie ein Berggipfel, selten besucht wie ein ferner Pilgerort oder auch nahe wie der alltägliche Familientisch.

Dein Licht | Donnerstag

»Dein Licht kommt«! Nicht einfach »ein Licht«, und auch nicht »das Licht«, für alle Glücklichen oder Hoffenden gleich. *Dein Licht*: eines, das sich ganz persönlich zuwendet, das sich mir in unverwechselbar eigener Weise zeigt. Martin Buber übersetzt den Gottesnamen schlicht mit DU oder ER. Der Bibelvers lautet auf dieser Spur dann: »Dein Licht kommt und Sein Lichtglanz geht über dir auf«!

Vielleicht spüren Sie heute den Erfahrungen nach, die eine Lichtspur in Ihr Leben legen: Erfahrungen mit Gott, der sich Ihnen lichtvoll gezeigt hat, oder mit Menschen, in denen ER spürbar nahe war. Besonderen Lichtstunden, die Sie wie Franz von Assisi leise oder tanzend fragen lassen: »Wer bist Du, mein Gott – und wer bin ich?« Du – ich, mein Gott und dein Mensch!

Verdunkeltes Leben | Freitag

Die ökumenische Brüdergemeinschaft in Taizé denkt jeden Freitag an den dunklen Tag von Golgota. Am helllichten Tag hätte sich die Sonne verfinstert. Dunkelheit hätte sich über die Erde gelegt.

Auch heute erfahren Menschen in aller Welt Not und Leid, die ihren Tag verfinstern und ihre Seele in Dunkel tauchen. Verhungernde Kinder, einsame Betagte, sich selbst überlassene Kranke, verratene Liebe: nichts von Herrlichkeit, die aufstrahlt, vielmehr Elend und Schmerz, die Lebenskraft und Hoffnung, Mut und den Glauben ans Gute auslöschen. Gott hat viel von seinem Licht in unsere Hände, Sinne und Seele gelegt. Schon kleine Zeichen vermögen Wunder zu wirken. »Mache dich auf« kann da auch ganz schlicht »Öffne dich!« heißen.

Licht sehen und sein | Samstag

Auf der Rückfahrt von der Insel Ufenau bittet mich ein junger Mann, ihm die Türe der S-Bahn zu öffnen. Er sieht fit aus, ist ohne Gepäck und überrascht mich mit seinem Abwarten. Ich erfülle seine Bitte verschmitzt und wir steigen gemeinsam ein. Im Zugabteil erklärt er mir, er sei jüdischen Glaubens und wolle heute jede vermeidbare Handlung unterlassen. Der Sabbat lehre Jüdinnen und Juden deshalb möglichst wenig zu tun, damit sie umso mehr schauen könnten – zurückschauen und in die Welt blicken wie der Ewige selbst, der am siebten Tag ruhte und alles betrachtete, was geworden war.

Gönnen doch auch wir uns an diesem Wochenende die Zeit, die letzten Tage zu überblicken. Leuchtet nicht da oder dort gelungenes Leben und die leise Hand dessen, der Licht ist über dieser Welt und »Licht vom Licht« mitten unter uns? Ihm gelten die

Verse, die an den Sonnengesang anknüpfen, solche für lichtvolle Tage und solche für hoffnungsvolle Nächte:

> Gott,
> Deiner Sonne
> strecke ich mich entgegen.
> Lass sie mich wärmen,
> erleuchten und umhüllen,
> dass auch ich Sonne werde
> und Licht!
>
> Gott,
> wie der Mond bin ich,
> heute so
> und morgen anders –
> launisch,
> nehme ab
> und nehme zu,
> bin leer
> bin voll.
> Lass auch mich Licht spiegeln
> und leuchten in der Nacht,
> heute so
> und morgen anders.[9]

Geleit auf unseren Wegen

Impulse zu Jeremia

*Ich weiß, Herr, dass der Mensch seinen Weg
nicht zu bestimmen vermag,
dass keiner beim Gehen seinen Schritt lenken kann.*

JEREMIA 10,23

Bestimmt | Sonntag

Ein neuer Sonntag hat Sie heute erwachen lassen. Haben Sie dazu
den Wecker gestellt, gern oder ungern? Sind Sie zur Stunde Ihrer
Wahl aufgestanden oder wurde die Zeit durch Personen, Umstände
oder Pflichten bestimmt? Individuelle Freiheit ist uns modernen
Menschen kostbar, und ich wünsche Ihnen viel davon, gerade an
diesem Sonntag. Zugleich leben wir eingebunden in ein Bezie-
hungsnetz und in eine Welt, die unsere Schritte und Rhythmen
kräftig mitbestimmen. Autonomie oder *Selbstbestimmung* ist ein
hoher Wert, während jede Art von *Fremdbestimmung* Verdacht
weckt. Doch geht es meist nicht um ein *gemeinsames Bestimmen*?
Jede Familie, jedes Team und jede Art gemeinsamer Wege kennt
die Mühe und das Glück, für alle tragbare und möglichst stimmige
Entscheidungen zu fällen. Auch dazu wünsche ich Ihnen viel Freiheit!

Gute Rhythmen | Montag

Einer meiner klösterlichen Brüder, der viele Jahre als Einsiedler in
den Walliser Bergen verbrachte, hatte seinem stillen Leben feste
Tagesrhythmen gesetzt und diese strikt eingehalten. Als ihn bei
einem Treffen mit jungen Leuten eine Jugendliche erstaunt fragte,
weshalb er sich ganz allein unter dem Himmel solche Disziplin
auferlege, antwortete er: »Der Mensch wird nur in einem klar
geordneten Leben wirklich frei für das Wesentliche.« Vielleicht

denken Sie in einer freien Stunde darüber nach, wo Ihnen klare Rhythmen, feste Zeiten und fixe Termine Lebensgewinn ermöglichen? Auch Pflichten, die uns »rufen«, und Menschen, für die wir da sind, tragen zu unserer alltäglichen Lebensfülle bei. Wachstum in Tiefe und Weite, freie Entfaltung und bestimmende Rhythmen schließen einander nicht aus. Das gilt nicht nur für Mütter von Kleinkindern, deren Hunger nach Milch und Nähe die gemeinsamen Tages- und Nachtrhythmen bestimmt. Und es gilt nicht nur für Betagte, deren Leben in wohlgeordneten Bahnen von Tag zu Tag verlässlich verläuft.

Wasser und Krug | Dienstag

Auch die Liebe kennt Ordnungen und Gebote. Sie möchte die Nähe im Alltag eingelöst sehen, die sie im Spiel genießt und verspricht. Eine französische Redewendung sagt »l'amour est l'enfant de la liberté«. Auch als fantasievolle »Tochter der Freiheit« ersehnt die Liebe sich Verbindlichkeit. Ein Text Bert Hellingers lässt sich in folgende Verse fassen:

> Selig, wer die Liebe
> mit Ordnung verbindet,
> denn die Liebe füllt,
> was die Ordnung umfasst,
> die Liebe ist das Wasser
> und die Ordnung der Krug,
> die Liebe fließt
> und die Ordnung sammelt.[10]

Jeremia | Mittwoch

Bestimmt Gott unseren Weg? Legt seine »Vorsehung« unser Schicksal und unsere Zukunft fest? Jeremias Biografie könnte den Bibelvers so auslegen. Jahwe beruft den jungen Mann aus dem Dorf Anatot gegen Widerstände zum Propheten (vgl. Jeremia 1).

Er lässt ihn dann über die 40 schwierigsten Jahre, die Juda bis zur Eroberung 586 erlebt, wirken. In Gottes Auftrag bleibt der Prophet provokativ ehe- und kinderlos, um dem Volk dessen selbst verschuldetes »no future« vor Augen zu führen (vgl. Jeremia 16).

Die Treue zu seinem Auftrag setzt Jeremia vielfältigen Leiden aus: Seine eigenen Mitbürger und Verwandten bedrohen ihn (vgl. Jeremia 11–12), der Tempelaufseher foltert ihn (vgl. Jeremia 20), die Priesterschaft klagt ihn an, der Pöbel lyncht ihn beinahe (vgl. Jeremia 26) und selbst der König will den Gottesboten beseitigen lassen (vgl. Jeremia 36–38).

So sehr Jahwe das Leben Jeremias mit bestimmt, tritt die Persönlichkeit bei kaum einem biblischen Propheten so stark in Erscheinung: Jeremias Buch ist das reichste an biografischen Erzählungen und autobiografischen Bekenntnissen. Sie zeugen von einer großen Nähe zu Gott. Jahwe lässt den Propheten leidenschaftlich leben und zutiefst Mensch bleiben. Jeremia entfaltet eine große innere Freiheit aus seiner engen Bindung an Gott – den Gott des Bundes, der Israel aus der Knechtschaft befreit hat und der ihm ein erfülltes Leben in Freiheit verheißt.

Lebenspläne | Donnerstag

Meine ersten Klosterjahre sind mir eindrücklich in Erinnerung. Unsere Grundausbildung war betont sozial ausgerichtet. Jeder junge Bruder lebte ein paar Monate mit einer Randgruppe unserer Gesellschaft – sei es im Knast, auf der Straße mit Obdachlosen und Prostituierten, mit Schwerstbehinderten oder mit »sozial kreativen« Jugendlichen. Ich wollte aufgrund solcher Erfahrungen Sozialarbeiter werden. Es kam nicht dazu. Meine Gemeinschaft hat mich für dringlichere Ausbildungen gewonnen. Mein Leben ist deswegen sehr viel spannender, herausfordernder und vielfältiger geworden, als ich es je hätte planen können – und zudem auch ganz anders, als es meine Gemeinschaft geplant hat.

So viel uns Brüdern die persönliche »inspiratio divina« (göttliche Inspiration) jedes Einzelnen gilt und so offen wir unsere Wege gemeinsam bestimmen: Wie in Jeremias Leben zeigt sich auch bei uns der ganz Andere, der uns je individuell und auch gemeinsam für seinen Bund beansprucht – einen Bund, der allen Menschen Freiheit und Lebensfülle wünscht.

Freiheit | Freitag

Jeremia hat in den vierzig Jahren seines Wirkens oft gelitten: Nicht, weil Gott dies so wollte, sondern weil Menschen sich taub, verstockt, eigensüchtig und aggressiv zeigten. Noch schlimmer ist es Jesus ergangen. Nicht dessen Abba bestimmte, ob »der Kelch an ihm vorbeigeht«, sondern die Mächtigen im Tempelstaat, der Hohe Rat und der römische Statthalter. Gottes machtvolles Eingreifen zeigt sich erst nach der Tragödie menschlicher Freiheit, die Gottes Sohn aus dem Weg schaffte. Ohne uns Menschen die Freiheit zu nehmen, erweckt er den Sohn aus dem Grab und bestätigt dessen Botschaft vom Reich Gottes: Der Vater lässt das Leben über den Tod und die Liebe über dem Hass triumphieren – und ruft uns in eine neue Gemeinschaft miteinander und mit ihm. Die entstehende Kirche (»ekklesia« heißt die »Herausgerufene«) verbindet in einer Freiheit, die von Anfang an über Standes-, Sprach- und Rassengrenzen hinaus auch die Fesseln religiöser Gesetze und Traditionen sprengt. »Wo der Geist Gottes wirkt, da ist Freiheit« (2 Korinther 3,17).

Gottes Eingreifen | Samstag

Jeremia sucht sein Volk über Jahrzehnte von einem politischen, sozialen und religiösen Weg abzubringen, der in den Abgrund führt. Sein leidenschaftlicher Einsatz war vergeblich! Der Abgrund kam und hieß Babylon. Jahwe versperrt weder Israel noch uns Wege, die wir uns selber herausnehmen. Menschliche Freiheit ist mit göttlicher Fremdbestimmung unvereinbar. Und will Gottes Liebesgeschichte mit uns Menschen gelingen, muss sie unsere »Liebe eine Tochter der Freiheit« sein lassen. Hätte Israel sein weiteres Geschick jedoch allein bestimmen müssen, es hätte nicht aus dem Exil zurückgefunden und sich gänzlich zerstreut. Erneut greift Jahwe durch Propheten ein, lässt Israel neue Hoffnung schöpfen, sammelt die Kräfte und macht einen Neuanfang möglich. Gott bleibt sich und uns treu: als Befreier und Bundespartner, der mit uns gemeinsam Geschichte gestalten will – im Kleinen und im Großen – und der dann befreiend eingreift, wenn wir uns verstricken und »no future« riskieren.

Blühendes Land

Impulse in Sommertage

Ihr Berge Israels ..., siehe,
ich will mich wieder zu euch kehren
und euch mein Angesicht zuwenden,
dass ihr angebaut und besät werdet!
EZECHIEL 36,8–9

Bergland | Sonntag

Auch dieses Jahr werden meine Ferien demnächst in den Engadiner Tälern beginnen. Ich freue mich auf die stillen Wege des Schweizer Nationalparks, auf uralte Saumpfade, auf gemeinsame Touren mit Brüdern, auf Gratwanderungen und Gipfelerlebnisse. Da wird Ezechiels Ruf aus eigenem Erleben und lokal angepasst menschlich so klingen: »Ihr Berge Graubündens, ich will mich erneut zu euch kehren und mich an euch satt sehen!« Ich sehne mich nach den lieblichen Dörfern, gepflegten Bergwiesen und Alpweiden des breiten Inntals, aber auch nach imposanten Bergen, an denen nichts angebaut und gesät wird: auf die Wildnis, die Pflanzenfülle und die scheuen Tiere unseres *parc naziunal*. Unser Land blüht – vielerorts kultiviert und andernorts ohne unser Dazutun. »Es gibt Kraut und Unkraut«, hat eine Gärtnerin gesagt: »Das eine wächst, wo *wir* wollen, das andere da, wo *es* will.« Das könnte ein Bild für die Fruchtbarkeit des eigenen Lebens sein. Freuen Sie sich heute, am Sonntag, oder an Ihrem nächsten freien Tag doch am Guten und Schönen, das ohne unser Tun ist und wird!

Klostergarten | Montag

Ich schaue aus einer Klosterzelle in den wundervollen Garten einer Schwesterngemeinschaft. Seit 500 Jahren tragen die Solothurner Kapuzinerinnen am Jurasüdfuß Sorge für ihr kleines Paradies. In ihren täglichen Gebetszeiten danken die Schwestern dem Schöpfer für seine Fantasie, Güte und Lebenskraft. Zugleich pflegen sie liebevoll mit ihren Talenten und aus reicher Erfahrung ihre überschaubare Welt. Mein Bruder Michel tut es als Förster im Appenzellerland für den großen Garten seiner Wälder.

Gott freut sich an einer blühenden Welt, trägt selber das Entscheidende bei und rechnet zugleich mit unserem Beitrag: Er lässt uns mittun, mitgestalten und unsere Ideen, unsere Sorge, unseren Gestaltungswillen einbringen ins gemeinsame Werk. Bereits die ersten Seiten der Bibel umschreiben diese Ursendung des Menschen: mit der Welt gut und selber kreativ umzugehen, den Pflanzen vertraut wie Gärtner, den Tieren sorgsam wie Hirten und den Menschen als Geschwister (vgl. Genesis 1–2).

Blühende Wüsten | Dienstag

Ganz anders als die Engadiner Bergwelt, Michels Wälder und der blühende Klostergarten der Solothurner Schwestern zeigt sich die Lage im alten Israel. Der Prophet sieht seine Heimat im 6. Jahrhundert verwüstet und verödet. Das Gelobte Land, das lange Zeit »Milch und Honig fließen« ließ, wartet ausgeplündert auf bessere Tage. Gottes Zuwendung macht neue Kultivierung möglich: »Ihr Berge Israels, ich will mich wieder zu euch kehren und euch mein Angesicht zuwenden, dass ihr angebaut und besät werdet.« Israel wird heimkehren aus dem Exil und das Land wieder bebauen. Gottes Liebe und menschliche Arbeit können bewirken, dass das Land von Neuem »Wein, Korn und Olivenöl hervorbringt« (5. Mose 7, Hosea 2, Joel 2). Vor Jahren staunte ich, wie menschliche Arbeit aus Israels Wüsten heute blühende Plantagen zaubert. Doch Arbeit allein genügt nicht. Wer das Zusammenspiel verweigert – mit Gott und mit Menschen, gerade »Fremden« und Unterdrückten, die Gott lieb sind – setzt sein Werk neuer Verwüstung aus. Der jahrelange Nahost-Konflikt mit militantem jüdischem Siedlungsbau, Trennmauern und radikalisierten Palästinensern zeigt dies leider gerade im Heiligen Land mehr als schmerzlich.

Ökologische Umkehr | Mittwoch

Die Bibel weiß: Karge oder überwucherte Berge und Täler blühen nicht einfach so. Gottes Zuwendung ist die Grundlage, und menschlicher Einsatz pflanzt, hegt und erntet. Dazu braucht es Rahmenbedingungen! Israel muss zurückkehren und seine Existenz neu aufbauen können. Verlassene Bergdörfer im Tessin und in Italien sprechen hierzulande von einer Gegenbewegung. Vielerorts entzieht die europäische Landwirtschaftspolitik Bauernfamilien die Existenzgrundlage. Die Folge sind in den Alpen und im Apennin bereits verödete Landstriche und verbuschte Weiden. In der Bibel sind das Zeichen für Gottes Abkehr! Ob wir gut daran tun, unsere Lebensbereiche den Gesetzen des Marktes zu unterwerfen? Mahnte da nicht einer, der uns »Leben in Fülle« wünscht, dass keiner dem Mammon und Gott zugleich dienen kann? Liebe zur geschaffenen Welt und das Diktat des Marktes geraten global in vielen ökologischen Desastern in Konflikt: Waren es früher die Abholzung ganzer Täler, verheerende Brandrodungen, Atommüllentsorgung im Meer oder Nukleartests in Ozeanen und Atmosphäre, kommen heute gigantischer Rohstoffabbau, Giftmüll- und Lebensmittelskandale, AKW-Katastrophen, Luft-, Licht- und Elektrosmog sowie qualvolle Tierhaltung hinzu. – Israel musste in verwüstetes Land zurückkehren und seine Existenz neu aufbauen. Wir haben in vielem ökologisch umzukehren und die Wirtschaft auf eine Schöpfungsethik zu verpflichten, um nicht auf verwüsteter Erde zu enden.

Mehr und tiefer | Donnerstag

»Schneller und sparender« müssen heute fast alle Produktionszweige arbeiten. Es gilt in unguter Art auch für die Schule, für Ausbildungen, für die Verwaltung und selbst für das tägliche Essen: Marktforscher raten den Großverteilern, noch günstigere Fertigmenus anzubieten, um dem Trend zu entsprechen. »Leben in Fülle«, vom Mammon diktiert? »Haben oder Sein« war für Erich Fromm 1976 die Grundfrage »einer neuen Gesellschaft«. »Schneller und mehr« wird zur Devise der heutigen Zeit: mehr Leistung, mehr Kommunikation, mehr Mobilität und mehr *fun* in immer weniger Zeit.

Zurück zum farbenfrohen Klostergarten meiner Schwestern. Er überragt in seiner liebevoll gepflegten Schönheit die Stadtpärke Solothurns, die rationell, zeitsparend und kostengünstig unterhalten werden. Die Schwestern leben materiell äußerst einfach. Ihr Reichtum ist innerlich. »Auch Pflanzen haben eine Seele«, sagt die Gärtnerin. Wenn ich Schwester Marta im Garten arbeiten sehe, der um sie aufblüht, kommen mir Paradiesbilder vor Augen. Auch Ezechiel verbindet Liebe mit Saat, Gottes Zuwendung mit menschlicher Arbeit und aufblühendem Land. Liebevolle Pflege und staunendes Sehen dessen, was Gott tut, führt zu einem »mehr« anderer Art: mehr Kreativität, mehr Glück – und mehr Tiefe.

Gottes Saat | Freitag

Paulus wendet das landwirtschaftliche Bild von Saat, Anbau, Blüte und Frucht auf christliche Gemeinden an: »Wir sind Gottes Mitarbeiter, ihr Korintherinnen und Korinther aber seid Gottes Ackerland« (1 Korinther 3,9). Auch die Kirche lebt von Gottes Zuwendung, von menschlicher Arbeit und fruchtbarem Boden. Tatsächlich wächst in meinem eigenen Glauben, in meiner Gemeinschaft und in unserer Gemeinde vieles, was ich nicht selber gesät habe. Jesu Gleichnisse vom Sämann und von der selbst wachsenden Saat unterstreichen die Bedeutung unserer Empfänglichkeit, unserer inneren Fruchtbarkeit und unseres Vertrauens. Der eigentliche Sämann ist Gott. Paulus beugt einem passiven Missverständnis solcher Gleichnisse vor: Menschen sind berufen, Gottes Mitarbeiter und Mitarbeiterinnen zu werden. – Und das gilt in einer lebendigen oder einer verödenden Gemeinde nicht nur für Seelsorgende. Wir alle haben je eigene Talente erhalten, mit denen wir wirken sollen. Tun Sie es mit den Talenten, die Ihnen – und nur Ihnen in der individuell eigenen Kombination – anvertraut sind!

Neue Blüte | Samstag

Das Prophetenwort hat bei allem Ernst der Lage etwas sehr Tröstliches. Obwohl das Königreich Juda des 6. vorchristlichen Jahrhunderts eine verblendete Politik gemacht, eigene Werte verraten und Gott vergessen hatte, ist ihm Zukunft zugesagt. Obwohl Jahwe es die Konsequenzen tragen lässt – Exil, geplünderte Städte, verödete Felder, verwilderte Berge –, glaubt ER weiter an sein Volk und schafft ihm einen Neuanfang. Rückkehr und neuer Einsatz lassen mit Gottes Zuwendung das vertraute Land neu blühen.

Das sei auch Ihnen zugesagt, falls und wo immer Sie ihre Lebenswelt veröden sehen: Seien es ihr Garten oder Arbeitsfelder, seien es Beziehungen und Freundschaften, sei es Ihr Glaube oder eine Gemeindekultur.

Bilder für den Glauben
Impulse in Sommertage

Das Regenwasser verläuft sich nicht so schnell,
wie mein Volk meiner vergisst.
JEREMIA 18,14–15

Glaube ist wie ... | Sonntag

»Wie das Seil eines Bergsteigers« – »die Vorform von Wissen und
Sehen« – »eine Lebensversicherung für die Ewigkeit« – »ein sensib-
les Tasten nach dem, der mehr als alles ist«. So und anders lauten
Vergleiche und Bilder auf einem großen Plakat zum Stichwort
»Glaube ist ...«. Jeremia würde vielleicht leidenschaftlicher sagen:
Glaube ist Freundschaft, eine Liebesgeschichte, ein gemeinsamer
Weg! Er zeichnet das Bild eines Liebhabers, der vergessen wird,
und einer Geliebten, die mit anderen flirtet – mit »nichtigen
Göttern« (Jeremia 18,15b). Bilder über Bilder bereichern auch den
Schrifttext. Sie sind Künstlerinnen, Propheten und Liebenden
eigen, und sie greifen tiefer als bloße Begriffe.
Wie würden Sie Ihre Glaubenserfahrung ausdrücken? In Jesu Seil-
schaft unterwegs auf dem Bergweg des Lebens? Oder noch immer
ein leises Tasten? Spüren Sie doch Ihren eigenen Bildern nach
und in ihnen den eigenen Erfahrungen.

Regen auf trockenes Land | Montag

»Schneller als Regenwasser sich verläuft« – Ob die Lutherbibel
Palästina vor Augen hat, wo das versickernde Regenwasser Wüs-
tenlandschaften verzaubert? Ein Regenguss im Negev reicht, um
über Nacht Gras- und Blumenteppiche wachsen zu lassen. Regen
vom Himmel ist ein Geschenk. Wir selbst erleben es hierzulande
manchmal in einem trockenen Sommer: Wenn nach langem Warten Regenfälle die Luft reinigen, verdorrte Wiesen sich neu beleben

und versiegte Quellen wieder sprudeln. Unsere dürstende Erde saugt jeden Regentropfen auf.

Jeremia setzt da an: Israels Gottverbundenheit versickert wie der Regen, sein Denken an Gottes Zuwendung wird verschlungen, dankbare Erinnerung verdunstet ... Was ist es, das Israel den Blick verstellt, sein Herz blendet und ihm den Kopf verdreht? Was ist es, das uns moderne Menschen vereinnahmen kann? Was mich in mir selber kreisen lässt und von Gott, voneinander und von mir entfremdet?

Drachenschlucht | Dienstag

Diese Betrachtungen sind unterwegs durch Thüringen entstanden: Meine Reisegruppe ist tief unter der Wartburg durch die Drachenschlucht gewandert. Das Naturschauspiel in den Wäldern macht Eindruck: Stellenweise ragen moosige Felswände keinen Meter voneinander steil zum Himmel. Die Füße tasten sich über schmale Holzbrücken, unter denen ein Bach gurgelt und rauscht. Das Wasser hat mich da an Jeremia erinnert. Es ist Tage, Wochen, vielleicht Monate zuvor als Regen vom Himmel gekommen und im weichen Waldboden schnell versickert. Unsichtbar findet es auf verschlungenen Wegen wieder ans Licht. Überall tropft es da aus den Felsen, steigt aus der Tiefe und sprudelt aus Quellen. Ein Hoffnungsbild für versickerten Glauben?

Gottes Weisheit weiß, wo Verschüttetes wieder zutage tritt, wann verloren Geglaubtes neu auftaucht und wie ER selber wiedergefunden wird – von Menschen, die in ihrem Durst nach frischen Quellen auf die Suche gehen.

Elisabeth von Thüringen | Mittwoch

Stolz thront die Wartburg über der wundervollen Landschaft Thüringens. Hier hat mit der Landgräfin Elisabeth (1207–31) die »Mutter Teresa des Mittelalters« gelebt. Ihr Leben ist ein eindrückliches Kontrastbild zu Jeremias Klage. Weder der Pracht liebende Fürstenhof noch das machtvolle Gottesbild der Romanik hindern sie daran, sich an die Liebe dessen zu erinnern, der für uns Menschen vom Himmel gestiegen, arm geworden und barfuß über die Erde gegangen ist. Die Fürstin beginnt zu den Armen abzusteigen, baut abstoßend Kranken am Burgweg ein Hospiz, trägt arm gekleidet wie Maria von Nazaret den neugeborenen Sohn zur Taufe, weist alle ungerecht beschafften Speisen auf dem Tisch zurück und wird nach dem Kreuzzugstod ihres Mannes schließlich – dem Beispiel Jesu folgend – eine Schwester der Ärmsten, der Kranken, Verstoßenen und Fremden. Sie baut für die Letzten der Gesellschaft ein Hospital an der Lahn und stirbt da mit 24 Jahren. Der Stauferkaiser Friedrich II. wird – selber barfuß in rauem Kleid – nach Marburg an ihr Grab kommen und die Verstorbene ergriffen krönen.

Es gibt Menschen, die sich selber kraftvoll an Gottes Menschenliebe erinnern und die auch die Erinnerung anderer wecken. Wir alle vermögen es im eigenen Alltag, wenn nicht kraftvoll, so doch leise und in schlichten Zeichen.

Christliche Freiheit | Donnerstag

In der Wartburg hat sich Martin Luther als Junker Jörg auf die gefährlichste Zeit seines Lebens vorbereitet. Nicht nur die Heilige Schrift galt es von den Verkrustungen einer weltfremd gewordenen Sprache zu befreien. Die Kirche selbst muss sich dem Augustiner-Gelehrten hier oben mit ihrer Verkrustung in Reichtum und Macht gezeigt haben: Nachfolger der Apostel, die taub geworden sind für das Evangelium, blind für die Fußspuren Jesu und stumm für den spirituellen Durst der Menschen. »Reformstau« begegnet heute als Stichwort wieder in Analysen und an Synoden der katholischen, reformierten wie auch lutherischen Kirchen. Wo Institutionen sich verschließen und stehen bleiben, können Individuen dennoch offen sein und Schritte tun: sich persönlich an der Praxis Jesu orientieren, sich vom Evangelium inspirieren lassen, den einen Vater aller Menschen ehren, Christusfreundschaft leben und den Glauben in die Tat umsetzen. All das gehört mit zur »Freiheit eines Christenmenschen«.

Mut zu Reformen | Freitag

Die Reise auf den Spuren Elisabeths von Thüringen und Martin Luthers führt uns über Erfurt an die Elbe und nach Wittenberg: Nach langen Monaten in der Wartburg schritt Luther mit seinen Mitstreitern hier zu Reformen, die im ganzen Deutschen Reich der Reformation den Weg wiesen. Erinnerte Elisabeth mit sanfter Liebe und schwesterlich ans Evangelium, tat es Martin vom Schwarzen Kloster aus kämpferisch und mit messerscharfer Feder. Beides hat seine Zeit.

Der Reformation verdanken wir bis heute eine mutige Neuorientierung am Evangelium, verbunden mit einer kritischen Wertung kirchlicher Tradition: Evangelische Gemeinden können sich leichter in der Kultur ihres Landes entfalten und Kirche wird – in der Schweizer Reformation am radikalsten – lokal verortet, kollegial geleitet und synodal koordiniert. Das evangelische Modell fordert die katholische Kirche heraus, die bis heute stark hierarchisch strukturiert, monarchisch gestaltet und global lateinisch geprägt ist. Ihre Stärke ist über ihre Mitgliederzahl hinaus die weltweite Einheit, ihre Sorge zu den Erfahrungen aus 2000 Jahre Geschichte und ihre Präsenz in den Medien. Wie gut, dass konfessionelle Kriege und Diffamierungen der Ökumene gewichen sind.

Wo erleben Sie Ökumene vor Ort ermutigend? Wo erfahren Sie kirchliche Unterschiede und Abgrenzungen schmerzlich? Wo sehen Sie heute Reformbedarf in dieser oder jener Kirche? Und wie hat sich Ihr eigener Glaube in den letzten Jahren »erneuert«, von Lasten befreit und vertieft auf das DU eingelassen, das alle Menschen liebt, das in unserer Mitte bleibt und das jede Seele inspiriert?

Tiefste Lebensquelle | Samstag

Der Bibelvers ist im hebräischen Original schwer zu deuten. Jede Bibelversion bietet daher andere Deutungen an. In der Einheitsübersetzung zeigt das Jeremiawort seine positive Seite in einer tröstlichen Aussage: »Weicht denn das Felsgestein von der Landschaft, der Schnee vom Libanon, oder versiegen immer strömende Wasser, sprudelnde Quellen?« (Jeremia 18,15), heißt es dort. Menschliche Liebe mag wanken, zerrinnen oder versickern. Gottes Liebe dagegen bleibt unerschütterlich fest, hell leuchtend und belebend in unserer Welt.

Vielleicht nehmen Sie Jeremias Bilder mit, wenn diese Sommerwochen Sie auf eine Wanderung in die Berge führen? Sie können die poetisch kraftvollen Verse dabei auch als Zusage lesen und unterwegs meditieren. Gottes Zuwendung bleibt uns felsenfest zugesagt, tragender Grund und tiefste Lebensquelle.

Vom Schauen

Impulse für klarsichtige Tage

Deine Augen wachen
über alle Wege der Menschen.
JEREMIA 32,19

Bilderflut | Sonntag

Ein paar Tage ist es her: Nach der Nachrichtensendung blieb ich spätabends am Bildschirm hängen. Das Zappen quer durch die Programme hat meine Augen mit hundert Bildern gefüllt. Keines davon will heute in meiner Erinnerung wieder aufsteigen: eine Überfülle, von der offenbar nichts tiefergegangen ist. Am gleichen Tag betrachtete ich mit der Bahn unterwegs das Foto eines alten Freskos. Ein einziges Bild ließ mir die Reise von Schwyz nach Zürich kurz erscheinen; und es steht mir bis heute lebendig vor Augen. Selig, die im Sehen schauen!

In diesen Tagen, am 11. August, ist der Gedenktag der Klara von Assisi, einer großen Frau des Mittelalters. Sie hat sich dem Papst widersetzt, der ihr eine Klosterregel ohne Blickkontakt in die »Welt« auferlegen wollte. Die offene Sicht auf das Weltgeschehen nah und fern war den Schwestern Klaras heilig. Kein gieriger Blick allerdings, der sich unbeteiligt und herzlos aufs Geschick anderer Leute wirft, und schon gar keine »Blick«-Optik (die Schau der Schweizer Boulevardzeitung »Blick« auf das Tagesgeschehen), die mit platter Neugier satte Geschäfte macht. Klara lehrt ein Schauen aus der Stille, das mitempfindet, mitträgt und für Menschen einsteht bei DEM, der auf alle schaut, weil er alle liebt.

Der alles sieht | Montag

Die Barockzeit liebte es, den Blick Gottes darzustellen: Katholische Kirchen dieser Zeit zeigen in Altaraufbauten oder Deckengemälden öfter ein großes Auge, dessen Lichtstrahlen über das rahmende Dreieck hinaus gleichsam in jede Dunkelheit dringen. Die Vorstellung, dass Gott alles sieht, kann Menschen belasten: Nichts bleibt dem Weltenherrscher unbemerkt, nichts übersieht er. Wer Gott vor allem als Richter sieht oder von Erziehern in Familie, Schule oder Kirche als Oberaufseher geschildert bekommen hat, dem kann vor der großen Endabrechnung bangen.

Ich wünsche diesen unseren Geschwistern Befreiung aus dem Sklavenhaus eines Angst machenden Glaubens. Notfalls auch durch die Wüste eines »Atheismus«, der sämtliche Gottesbilder fortwirft und dadurch die Chance bekommt, Gott selber durch eigene Erfahrungen und erhellende Begegnungen neu oder erst eigentlich kennenzulernen. Jede wahre Religion bleibt eine suchende. Die Mystiker der Weltreligionen erfahren ein liebendes DU. Israels Propheten sprechen vom werbenden Gott, und Jesus zeigt den liebevollen Blick des unsichtbaren Vaters.

Ich-bin-da | Dienstag

Auch dieses Jahr verbringe ich viele Nächte im Freien. »Tausendstern-Luxus« nenne ich das Schlafen unter offenem Himmel. Eine Ferienwoche werde ich allein in den Bergen verbringen. Wer draußen schläft oder unterwegs tagelang keinen Menschen mehr sieht, erlebt Gottes Schauen ganz neu: Wo immer du bist und wann immer du aufschaust, lässt sich ein DU ansprechen, der sich Mose als »Ich-bin-da« vorgestellt hat (Exodus 3,13). Ein kunstvoller Gott, der die Schöpfung gestaltet und die Feinheiten ihrer Evolution kennt. Ein zärtlicher Gott, der im Zusammenspiel von Frau und Mann spürbar wird. Ein geheimnisvolles Du, das in Abrahams und Saras Geschichte über den Sternen spricht und pilgernd einkehrt. Ein leidenschaftlicher Gott, der Israel Freiheit wünscht, Sehnsucht weckt und es aus dem Sklavenhaus Ägypten herausführt. Ein mütterlicher Gott, der sich nicht von uns Menschen abwenden kann und an seine Liebesgeschichte mit uns glaubt (Hosea). Ein sorgender Gott, der sich in der Wüste über den lebensmüden Elija beugt und ihm leise die Nahrung hinstellt, die der resignierte Prophet für

seinen weiteren Weg braucht (vgl. 1 Könige 19). Ein schauender
Gott, der sieht, wo er sorgsam da sein muss. Was wünschen Sie
sich: Wen sollte ER heute besonders gut im Blick behalten? Oder
eben SIE, in der Hosea mütterliche Züge erkennt und deren Sorge
Elija in der Wüste wieder auf die Beine bringt?

Das Dunkel durchschauen | Mittwoch

»In schwarzer Nacht, auf schwarzem Stein ...« Kennen sie diesen
Spruch? Stellen Sie sich die Situation plastisch vor: »In schwarzer
Nacht, auf schwarzem Stein, eine schwarze Ameise; Gott sieht sie.«
Mich tröstet die Gewissheit, die hier zum Ausdruck kommt: Es gibt
kein Dunkel, vor dem Gott machtlos wäre. Es gibt keine innere
Finsternis, mit der Gott nicht klarkommen, keine zwischenmenschlichen Gewitterwolken, die er nicht durchschauen, und
keine soziale Schattenwelt, vor der er zurückscheuen würde. Der
eindrücklichste Beweis dafür ist Jesus selbst, der uns Bruder
wurde, »um unsere Schritte auf den Weg des Friedens zu lenken«.
Der Gesang des Zacharias denkt in dieser Zuversicht speziell an
jene, »die in Finsternis sitzen und im Schatten des Todes« – und
sieht ihnen mit Wort und Tat ein »Licht von oben aufstrahlen«
(Lukas 1,79). Welch ein Glaube, der so viel Hoffnung schenkt, und
welch ein Gott, der sich auch selber, ganz persönlich und menschlich in die Dunkelheiten der Welt hineinwagt!

Wege der Verbundenheit | Donnerstag

Verliebte können mit Wind, Sonne und Sternen sprechen, wenn sie
voneinander getrennt sind – oder sie konnten und taten es zumindest vor der modernen SMS- und Mobiltelefon-Kultur, die jederzeit
Direktkontakte erlaubt. Als ich als Jugendlicher von zu Hause weg-
zog, um in meinem Appenzeller »Mutterland« aufs Gymnasium der
Klosterschule zu gehen, habe ich oft den weißen Wolken, die nach
Westen segelten, Botschaften mitgegeben: 50 Kilometer weiter
zogen sie über meinen Liebsten vorbei und konnten ihnen sagen,

wie schön ich das Leben finde und welche Freuden oder Sorgen es mir gerade bereitete. Später sollte »Bruder Wind« (schneller als Briefe und oft inniger als Telefonate) für mich über Berge fliegen und 1000 Meilen weiter der Freundin zuflüstern, was sie mir bedeutet. »Schwester Sonne« oder »Bruder Mond« bieten sich heute noch an, wenn ich unterwegs bin oder an den Nachthimmel schaue und dabei an Menschen denke, die dieselben Gestirne sehen und denen ich Gutes wünsche: Es sind keine schnellen »short messages«, die ich ihnen auftrage und die ebenso schnell gelesen und vergessen werden, sondern Dankbarkeit aus der Stille, Wünsche aus einem tieferen Schauen und Hoffnungen, die keine Grenzen kennen. Und hinter Bruder Wind, Sonne und Mond lässt sich DER ansprechen, der Tag und Nacht zu uns schaut, dessen »Liebe weit wie der Himmel ist und dessen Treue mit den Wolken zieht« (Psalm 36,6).

Ein weinender Himmel | Freitag

An einem hellen Freitagmittag hat sich die Sonne über Palästina verfinstert, und die Finsternis dauerte drei Stunden, bis Gottes Sohn am Kreuz starb (vgl. Lukas 23). Die Aussage des Evangelisten wird von mittelalterlichen Künstlern tiefsinnig unterstrichen: Renaissancemeister malen die beiden Gestirne, die ihre Augen bedecken, und ergänzen die Szene am dunklen Himmel mit weinenden Engeln. Schockierte Gestirne und erschütterte Engel? Die Botschaft richtet sich an die Betrachtenden: Was Menschen hier auf Erden anrichten, ist oft und an diesem Freitag so furchtbar, dass selbst Gottes Welt und die Sonne kaum mehr hinschauen können vor lauter Schmerz und Leid. »Gottes Liebe ist wie die Sonne, sie ist immer und überall da«, singt ein geistlicher Song. Anders als die Sonne hat die göttliche Liebe sich auch über Golgota nicht verdunkelt, selbst wenn sie menschlich gesprochen wohl geweint hat über den grausamen Tod des Sohnes. Gottes Augen blieben offen: für den Sohn und für uns alle, seine Schwestern und Brüder.

Liebe zu Unliebsamen | Samstag

»Offene Augen über alle Wege der Menschen«: Gott schaut nicht nur zu jenen, die mir sympathisch sind und deren Wohl mir am Herzen liegt. Seine Sorge gilt auch Menschen, die mir Mühe bereiten. Er liebt Personen mit, die mir lieb sind, und liebt auch solche, die mir unliebsam begegnen. Er kennt ihre Geschichte besser als ich. Er ist mit ihren guten Schritten und ihren Verletzungen vertraut. Er weiß um ihre Hoffnungen und Enttäuschungen, ihre besten Seiten und ihre Grenzen. Er versteht auch, warum wir uns nicht finden, verloren haben oder meiden. Sein Auge kennt meine und ihre Wege – und sein Weitblick erkennt, wann wir uns wieder sehen werden, wo wir uns neu finden können und wie wir uns irgendwann als seine Töchter und Söhne die Hände reichen – und sei es erst am ewigen Sabbat der Erde, in seiner neuen Welt.

Weg und Ziel
Impulse für Bedürftige

Gepriesen sei Gott;
denn er hat mein Gebet nicht verworfen
und mir seine Huld nicht entzogen.
PSALM 66,20

Wunschlos glücklich? | Sonntag

Sie können drei Wünsche äußern, die Ihnen sogleich erfüllt würden! Was würden Sie erbitten? – Wer hätte sie nicht: Herzenswünsche, deren Verwirklichung ich mir ersehne? Die Volksseele hat das Motiv der drei Wünsche und ihrer Erfüllung in Märchen einfließen lassen. Sie beschreiben das Glück derer, die gut überlegen, worum sie bitten. Bedauernswert erscheint dagegen, wer es zu schnell, zu unbedacht und eigennützig tut! Die Weisheit der Märchen ermutigt dazu, eigenen Hoffnungen sensibel nachzuspüren. Es ist auch dann gut, wenn meine eigenen Kräfte allein innerste Wünsche nicht zu realisieren vermögen. Doch wer seine Hoffnungen wahrnimmt, gibt ihnen eine Chance – über eigene Grenzen hinaus.

Gaben als Zeichen | Montag

Der Volksglaube hat Wünsche seit Jahrhunderten mit »Gebet und Gaben« verbunden. Im Mittelalter sind lange und kurze Wallfahrten versprochen worden, wenn sich ein Herzensanliegen erfüllen sollte. »Ex-voto«-Gaben zieren die Wände von Pilgerkirchen: »gelobte«, innig versprochene Zeichen der Dankbarkeit für eine erbetene Heilung, eine erflehte Aussöhnung, eine glückliche Geburt oder eine überstandene Gefahr – seien es Pestepidemien, Viehseuchen, Kriege, Hungerzeiten oder Brandkatastrophen. Aber auch unzählige kleine Sorgen spiegeln auf diese Weise ihre Erleichterung in sichtbaren Gaben. Es muss nicht »Werkfrömmigkeit« sein, was auf diese Weise Herzensbitten und Dankbarkeit in greifbaren Zeichen unterstreicht. Erleichterte Stifter und Spenderinnen dürfen auch nicht ungefragt einer simplen »Do-ut-des«-Moral verdächtigt werden. Jede Liebesgeschichte kennt die Sprache, die eigene Gefühle in Zeichen ausdrückt und sich auch mit Zeichen bedankt.

Mit-teilen | Dienstag

Auch heute bringen Menschen oft eine Gabe in unsere Klöster, wenn sie ums Gebet bitten oder den Dank für eine Erhörung ausdrücken. Wer Anliegen zu uns Brüdern bringt und auf unser Mitbeten vertraut, teilt sehr Persönliches: Ängste, familiäre und berufliche Erfahrungen, Hoffnung für sich und für andere. Dass Personen mit ihren Anliegen aufbrechen, Schritte tun und Begegnung wagen, kann befreiend, klärend und ermutigend wirken: Menschen nehmen sich selber ernst, bleiben nicht auf ihren Sorgen sitzen und finden Worte für ihre Hoffnung. Indem sie Anliegen teilen, entsteht spürbare Solidarität – im Schmerzlichen wie auch im Vertrauen. Die Bewegung, die so von Mensch zu Mensch führt, wird Gott erreichen, noch bevor wir Bitten aussprechen!

Mehr als erwünscht | Mittwoch

Die Emmausgeschichte erzählt von zwei Gefährten, die ihre Erfahrungen miteinander bedenken (vgl. Lukas 24). Zerbrochene Hoffnungen und ein furchtbares Scheitern lässt sie desillusioniert aus Jerusalem weggehen. Sie haben den Mut, über die Scherben ihrer Träume zu sprechen – und erfahren gerade darin ihre Chance. Der Evangelist Lukas erzählt weiter, wie Christus sich unerkannt zu ihnen gesellt und sich ihrer Not annimmt: überaus menschlich! Der Auferstandene geht Schritte mit, hört zu, versteht – und lehrt die beiden allmählich tiefer verstehen, was in ihrem Leben und in der Geschichte geschehen ist. Was hätten die beiden Jünger wohl gesagt, hätte der unbekannte Dritte ihnen auf der Stelle drei Wünsche erfüllt? Dass Golgota rückgängig gemacht würde? Dass sie Arbeit finden im alten Beruf? Dass ihre Familien sie wieder aufnehmen? Gut, dass der Rabbi sie nicht nach ihren Zukunftswünschen fragte: Haben sie so nicht viel mehr erhalten, als sie sich hätten erbitten können?

Grundlegende Wünsche | Donnerstag

Gemeinsame Schritte lassen die Emmausgefährten nicht nur Solidarität in der Trauer erfahren und nach neuer Zukunft tasten: Sie erfahren unterwegs allmählich Einblicke in ihre Geschichte, die »ihre Herzen brennen« lassen. Staunendes Verstehen übersteigt dabei den Horizont menschlich-konkreter Wünsche: Die Erfahrung, dass Gott selbst in dieser Welt handelt, sich seinem Volk immer wieder zugewendet hat und uns Menschen neu sucht, lässt Bitten von der ›mir‹- zur ›du‹-Form wechseln. Nach dem Brotbrechen in Emmaus werden die schlichten Sätze des Herrengebetes den beiden Gefährten bei der nächtlichen Rückkehr nach Jerusalem wieder aus tiefstem Herzen gesprochen haben: »Lass alle Menschen erkennen, wer du bist«, »Lass deine Liebe allen erfahrbar werden«, »Dein Wille geschehe« – und an Christus gewandt: »Teile mit uns dein Brot« …

David von Augsburg, der erste bekannte Lehrmeister des jungen Franziskanerordens in Deutschland, sah im Vaterunser sieben Grundsituationen des Menschen angesprochen. Er deutete das Herrengebet im 13. Jahrhundert dabei rückwärts. Seine praktische Gebetslehre lautet, in moderne Worte gefasst:

> Erlöse uns – *Verfolgte*
>> von allem, was uns zusetzt,
>> was uns stresst und strapaziert,
>> was mich und andere trügt!

> Führe uns – *Gefährdete*
>> in allem, was uns verleitet,

was Leben mindert und unfrei macht,
und was mein Leben vergiftet!

Vergib uns – *Belasteten*
alles, was Menschen entzweit,
was mich mir selber entfremdet
und was mich von dir trennt.

Gib uns – *Bedürftigen,*
was wir brauchen:
leiblich, geistig und seelisch!

Dein Wille geschehe – mit uns *Söhnen und Töchtern:*
Was du willst, ist gut!
Lass uns mit dir zusammenwirken!
Dein und unser Werk gelinge!

Dein Reich komme durch uns *Freunde und Freundinnen:*
Dein Schalom ziehe Kreise!
Du befreist und belebst!
Du richtest auf und verbindest!

Dein Name leuchte in uns, *deinen Geliebten:*
Deine Liebe entzückt mich!
Du bist einzig!
Alle sollen dich finden!

Reich beschenkt | Freitag

Die Bibel erinnert nicht nur daran, dass Gott unsere Bitten hört,
bevor wir sie aussprechen. Sie erzählt auch vom »Geber alles
Guten«, der Menschen ungebeten beschenkt – aus purer Liebe. Der
Prophet Hosea zählt die Gaben auf, die der göttliche Freund seiner
menschlichen Geliebten geschenkt hat: ein fruchtbares Land, Brot,
Früchte, Milch und Wein in Fülle, dazu schöne Kleidung, Lebens-
und Entfaltungsraum für alle und ein sorgloses Leben. Doch Israel

vergisst, wer es alltäglich so reich beschenkt – und bedankt sich bei anderen dafür. Was würde Hosea uns wohl heute auf die »Gabenliste« setzen, mit denen Gott unser Leben alltäglich, selbstverständlich bereichert?

Was Liebe wünscht | Samstag

Ein zweites Bild des Propheten rüttelt Israel auf: Hosea spricht von Gott wie von einer Mutter, die von ihrem Sohn vergessen wird. Sie kann ihn dennoch nicht fallen lassen, denn Gott ist »Gott und kein Mann« (Hosea 11,9). – Weder ein guter Freund noch eine weise Mutter erfüllen dem geliebten Du Bitten unbedacht und aufs Wort. Das Maß echter und sensibler Liebe kann nicht das sein, was Sohn oder Freundin wollen, sondern was ihnen gut tut. Liebende Fantasie gibt, was das Du fördert, es stützt, durch Licht und Dunkel trägt, es vielseitig entfaltet und auf gute Art herausfordert. Echte Freundschaft wie auch Mutterliebe würden missverstanden und missbraucht, wenn sie vor allem einem selbst »etwas bringen« sollten. Es geht um tiefe Erfüllung und um weit mehr als um Gaben: Die gemeinsame Geschichte, gemeinsame Schritte und geteilte Zukunft sind es, was Liebe sich erhofft – und worum wir im Tiefsten bitten dürfen!

Lieblingsgeschwister Jesu
Impulse in Begegnungen

Christus spricht:
Was ihr für eines meiner geringsten Geschwister getan habt,
das habt ihr mir getan.
MATTHÄUS 25,40

Weil Gott Fantasie hat | Sonntag

»Ich lasse mich überall überraschen: von meiner Freundin, und auch vom Himmel!« Ob die religiösen Eltern ihren Sohn verstehen, der daher sonntags nicht mehr zur Kirche geht? Gott habe Fantasie: Er begegne manchmal beim Tagebuchschreiben, in zärtlichen Stunden mit der Geliebten, abends auch auf einem stillen Heimweg von der Arbeit, in guten Gesprächen oder bei Wanderungen in der Natur. Auch in Worten von Weisen der Weltreligionen werde oft spürbar, dass da mehr als menschlicher Geist spreche. Ich kann dem jungen Mann in all diesen Erfahrungen nachfühlen, seinen Eltern allerdings auch. Sie haben erfahren, dass eine lebendige Gottesbeziehung keine rein individuelle Größe ist. Gottesfreundschaft wächst in der Glaubensgemeinschaft und wird von ihr genährt. Glaube entfaltet sich und bewährt sich auf gemeinsamen Wegen. Und wie menschliche Beziehungen lebt auch Gottesfreundschaft von festen Orten und Zeiten, die ihren Platz im Alltag und im Sonntag haben. Gottes Fantasie gefällt es, uns persönlich vielerorts zu überraschen – und Er will es auch gemeinschaftlich tun: sei es in einem Bibelgespräch, im gemeinsamen Pilgern, in einem Sakraltanz oder eben in einer klassischen Liturgie.

Einkehr | Montag

Es gibt einen Ort, so erzählt eine alte Legende, an dem sich Himmel und Erde einzigartig berühren. Zwei Mönche machen sich auf, um diesen Ort zu finden. Sie durchwandern Wüsten, überqueren das Meer, ziehen durch Länder, bezwingen Berge und bestehen Gefahren, ohne sich aufhalten zu lassen. Endlich kommen sie zu einem Durchgang, hinter dem sie der geheimnisvolle Ort erwartet. Sie öffnen die Tür, treten mit Herzklopfen ein – und finden sich in ihrem Kloster wieder.

Die Geschichte will nicht das Klosterleben verherrlichen. Ihre Weisheit ist universaler und tiefer zugleich: Dein Lebensort ist es, dein Alltag mit seinen schönen und dunklen Farben, an dem »Himmel und Erde sich berühren« – und wo Gott dich sucht. Wenn Sie Ferien genossen und Neuland erkundet haben oder wenn Sie sonst viel unterwegs gewesen sind und auf eine erlebnisreiche Zeit zurückschauen, so treten Sie bereichert in Ihre Alltagswelt zurück: Tun Sie es mit leisem Herzklopfen, weil sich Himmel und Erde nirgends so berühren wie da! Der weitgereiste Zisterziensermystiker Bernhard von Clairvaux geht noch einen Schritt tiefer:

> Du musst nicht über die Meere reisen,
> musst keine Wolken durchstoßen
> und brauchst nicht die Alpen zu überqueren.
> Der Weg, der dir gezeigt wird, ist nicht weit.
> Du musst deinem Gott nur bis zu dir selbst entgegengehen:
> Denn das Wort ist dir nahe:
> es ist in deinem Mund und in deinem Herzen (Römer 10,8).

Wo Gott nahe ist | Dienstag

Zwischen Abendessen und Vespergebet klingelt es heute an der Klosterpforte. Wir wohnen am Jakobsweg. Immer wieder suchen Santiagopilgernde hier zwischen Einsiedeln und Stans ein Dach. Bruder Josef führt den jungen Pilger ins freie Zimmer und tischt ihm ein stärkendes Essen auf. Da er dem Gast Gesellschaft leistet, fehlt seine Stimme in unserem Kreis, der in der Urlaubszeit gegenwärtig stark reduziert ist. Gott dürfte Josef im Abendgebet allerdings nicht vermissen: »Ich war fremd,... ich war ohne Dach über dem Kopf, hungrig, durstig ... – und ihr habt mich aufgenommen.«

Selig, die offen sind, sie werden Gottes Nähe überall erfahren: Sei es an diesem Abend im Hören auf Sein Wort, im dankbaren Rückblick auf den Tag und im gemeinsamen Feiern, sei es im Zuhören und Teilen mit dem Pilger, in Begegnungen, die der Tag mit sich gebracht hat, geplanten oder überraschenden.

Angebettelt | Mittwoch

»Hätten Sie einen Euro für mich?«, deutschschweizerisch: »Häsch mer en Stutz?« Bettler sind hierzulande seltener geworden. Die Frage begegnet noch auf belebten Bahnhöfen, vor Kirchenportalen oder in Einkaufsstraßen. Aufmerksame Passanten erfahren meist auch, wofür die gesammelten Münzen reichen sollen: Tags für »food« und abends für die Notschlafstelle, oder auch mal für eine Fahrkarte zur kranken Mutter. Sind es nicht klassische Fälle, um in einer kleinen Geste menschlichen Nöten – und darin Christus – zu begegnen? Ich bekenne offen, dass ich seit meinem Wintereinsatz in der Drogenszene Zürichs keine Münzen mehr gebe. Süchte zu finanzieren scheint mir kein »Werk der Barmherzigkeit«. Was ich gern gebe, sooft ich es kann, ist jedoch Aufmerksamkeit und Zeit! Laden Sie einen bettelnden Junkie zu einem Kaffee in eine nahe Bar, oder kaufen Sie mit einer Roma-Mutter etwas Essbares ein, setzen Sie sich fünf Minuten zu einem Obdachlosen auf die Parkbank oder zu einer Bettlerin an ein Kirchenportal: Selbst wenn nicht Essen oder Trinken erwünscht ist und Hände geldleer bleiben, können gemeinsame Minuten überraschend gut tun – beiden!

Mehr als eine Spende | Donnerstag

Selten lässt sich eilenden Schrittes Gutes tun. Auch schnelle Spenden wirken meist nur gut, wenn sie an qualifizierte Helfer gehen, die sich stellvertretend für uns echt und tief auf vielfältige Nöte einlassen. Auch darin hat mich die Zürcher Einsatzzeit im Drogenmilieu mit Pfarrer Ernst Sieber überzeugt, und ich danke allen Freigebigen, die soziale Werke tatkräftig unterstützen. Jesu Praxis zeigt allerdings, dass es im Umgang mit Not etwas Wichtigeres gibt als Gutes zu tun: Menschen *gut zu tun!* Der Wanderprediger hatte kaum Gelegenheit für die klassischen Werke der Barmherzigkeit: Nackte zu kleiden, Kranke zu pflegen, Dürstenden Trank zu reichen, Obdachlose aufzunehmen. Doch wie vielen Menschen hat der Rabbi gut getan? Kindern, auf die er sich einließ! Frauen am Weg! dem verschämten Zachäus auf dem Baum! Verachteten und Gestrauchelten! In vielfältigen Situationen sagen die Evangelisten: »Jesus hörte, blieb stehen, sah ihn an ...« – »ging auf sie zu, richtete sie auf ...« Zuwendung, Gesten und Wohltaten, die mehr sind und Tieferes bewirken als eine Spende.

Lieblingsgeschwister | Freitag

Das Zusammenleben mit dreißig Junkies in Zürichs Drogenszene hatte seine harten Seiten. Dennoch möchte ich keine der erlebten Einsatztage oder -nächte missen. Das Elend hat süchtige Freundinnen – für viele Bürger nur noch »Menschenware« – tatsächlich zu »wahren Menschen« gemacht: Desillusioniert und existenziell erschüttert haben sie gesellschaftliche Zustände und politische Spiele durchschauen gelernt – und auch sich selbst ... Ob ich in diesen »Geringsten« Christus erfahren habe? Die ältere Frau, die mir diese Frage gestellt hat, mag an den Bettler des Martin von Tours gedacht haben. Er soll dem jungen Offizier nachts im Traum erschienen sein, in der Gestalt Christi und in die Hälfte des verschenkten Armeemantels gekleidet. Oder an Franz von Assisi, der einen Aussätzigen umarmt hat, der dann plötzlich verschwand. Meine Antwort an die alte Frau war ein »Nein!« Christus begegnet mir nicht *im* »Geringsten«? Er begegnete mir vielmehr *mit* unseren Freunden ganz unten, unter den Freundinnen am Rand der Gesellschaft, im Kreis verachteter Sexarbeiterinnen und Obdachloser. In der sozialen Schattenwelt begegnen erfahrbar Christi Lieblingsgeschwister.

Engel, die vorbeigehen |

»Israel, gedenke, dass du selbst fremd gewesen bist und wie es dir in Ägypten erging«: Wiederholt erinnert die Tora das Gottesvolk an eigene Erfahrungen, um seine Solidarität mit Fremden, Schutzlosen und den Schwächsten im Land zu nähren. Pilgerwege in Italien und Spanien mit all ihren schönen Seiten, aber auch mit der erfahrenen Schutzlosigkeit, Nächten vor verschlossenen Türen und der Kostbarkeit erbetenen Trinkwassers haben mir Mitteleuropäer neue Tiefen erschlossen. Pilgererfahrungen zeigen mir auf, wie großzügig Menschen Fremden, Hungernden und Obdachlosen begegnen können und dass offene Türen, offene Augen und offene Herzen immer beide beschenken: jene, die anklopfen, und jene, die öffnen. Ich liebe das Pilgern auch deswegen, weil Gott selbst da sein sorgendes Mitgehen zeigt. »Son ángeles que pasan«, sagen Spanierinnen über pilgernde Fremde: »Es sind Engel, die vorbeikommen«, und wer sie aufnimmt, erlebe den Himmel offen. Die Zusage gilt täglich und nicht nur an Pilgerwegen: wo immer wir den Geringsten, Jesu Lieblingsgeschwistern, begegnen.

Vom Samenkorn zur Ähre ...

Impulse in die Endlichkeit

Christus Jesus hat dem Tod
die Macht genommen
und uns das Licht des unvergänglichen Lebens gebracht
durch das Evangelium.
2 TIMOTHEUS 1,10

Zielgerichtet | Sonntag

Meinen Ordensbruder Liberat haben 96 Jahre zu großer innerer Freiheit geführt! Als Bauernknecht in einem Alpental hat er sich zunächst verliebt und dann das Klosterleben gewählt. Er wurde »Afrikamissionar«, baute jahrzehntelang an der jungen tansanischen Kirche, kehrte in alten Tagen zurück, trug unser Schweizer Meditationskloster mit und beeindruckte dann als Senior im Kloster Luzern die jungen Brüder Studenten. Sein Leben komme ihm wie ein langer Fußweg durch die Savanne vor: In der Morgendämmerung aufgebrochen, habe er viele Meilen zurückgelegt, manch Schönes gesehen, Hindernisse überwunden, er sei wilden Tieren umsichtig aus dem Weg gegangen, habe geschwitzt und gesungen, Dornen gefangen und auch Abwege genommen, um doch dem Ziel immer näher zu kommen. Nun stehe er beim Einbruch der Nacht unten am Fluss. Jenseits sehe er sein Heimatdorf zwischen Palmen im Abendlicht. Friedlich leuchte es ihm zu. Seine müden Füße müssten einzig noch durch den Fluss waten und drüben den letzten Anstieg nehmen. Liberats Bild für das Leben und den Tod als Durchgang und Ankunft im Zuhause ist getragen vom Osterglauben.

Schicksalsschläge | Montag

Schön ist es, wenn alte Menschen den Tod reif und gelassen erwarten. Doch Schicksalsschläge können Leben auch grausam vernichten. Ich stand letzte Woche mit einem Elsässer Bruder wortlos vor dem Grab seines Vaters: einem Bauern, der eines Abends mit dem Fahrrad einem Pferdetransporter gefolgt war. Dieser musste abrupt bremsen und das Velo fuhr nahe auf, als sich die Rampe aus der Verankerung löste und niedersauste. Wie schrecklich und unbarmherzig Zufälle des Lebens sein können ... Gott auch? »Gott hat meinen Vater nicht abberufen, er hat ihn aber erwartet und in die Arme geschlossen.« Österlicher Glaube eines jungen Bruders: Vom Schicksal erschüttert, glaubt er dennoch an den Schöpfer und Lenker der Welt – ohne ihn zu einem Regisseur zu machen, der solche Zufälle will. Warum es sie dennoch gibt? Oft gestellte Frage, die keine schnelle Antwort erträgt!

Fernziel | Dienstag

Warum? Todesanzeigen deuten die bedrängende Frage selten an, um sie doch leise zu beantworten. Alle Kreise wollen sich schließen – auch der Lebenskreis. Wie die Sonne früher oder später untergeht, so die Sonne des Lebens. Lichter erlöschen, wenn ihre Energie aufgebraucht ist. Oft klingt eine Teilantwort an, die ohne das Ziel zu kennen das Gefühl der Verlassenen ausdrückt: »Mein geliebter Gatte ist auf eine lange Reise gegangen«, »unsere Mutter hat uns verlassen«, »geht in eine Ferne«, »ist nicht mehr« – oder bleibt (einzig) »in unseren Herzen lebendig«. Parteien und Firmen nutzen Todesanzeigen bisweilen, um mit aufdringlichem Logo sinnleer und schamlos für sich selbst zu werben. Immer häufiger finden Trauernde Trost in Reinkarnationsvorstellungen: Die Reise wird Verstorbene auf die Erde zurückführen. Oder »die Seele kehrt zurück in ihren ureigensten Kern«. Welch vielfältige Heilshoffnungen sich hierzulande mischen!

Wie würden Sie sich Ihre eigene Todesanzeige einmal wünschen? Die Frage greift mitten ins Leben – und will durchaus beleben!

Umziehen | Mittwoch

Auf dem Weg ins Elsass habe ich meine liebste Freundin besucht. Mit ersten Praxiserfahrungen als Seelsorgerin zieht sie eben in eine neue Gemeinde. Seit Beginn ihres bewegten Studienlebens ist es ihr achter Umzug. Wir packen gemeinsam Bananenkartons voll. Sie nutzt die Gelegenheit, sich von diesem oder jenem zu trennen. Gemeinsam sitzen wir dann zwischen Kisten im demontierten Zuhause und schauen uns die Abschiedszeichen an: Kinderzeichnungen, Karten, Geschenke – alle bei der Meditationsecke aufgestellt; Zeichen von Menschen, die ihr lieb geworden sind, und die ihrerseits loslassen müssen. »Partir – c'est mourir un peu«, sagt ein französisches Sprichwort: Jedes Wegziehen bedeutet ein bisschen Sterben. Während Schwester Tod uns am Ende des Erdenlebens erwartet, begleitet das Sterben uns ein Leben lang. Jeder kleine Aufbruch lässt uns, sensibel gelebt, Erfahrungen in einer Kunst sammeln, die durch gutes Loslassen hindurch in neues Leben führt.

Wiedergeburt? | Donnerstag

An der Schwelle zu seinem frühzeitigen und doch absehbaren Tod hat Jesus mit Freunden und Gefährtinnen ein Mahl gefeiert. Er schaut dem, was ihn erwartet, klar ins Auge. Und er schaut darüber hinaus. Sein Sterben ist keine »Abreise« auf ein unbestimmtes Ziel zu, in irgendeine Ferne oder in ein Nirwana hinein. Es führt auch nicht einfach »ins Licht« – oder gar über das »ewige Wiederkehren« auf unsere schöne und arme Erde zurück. Die Wiedergeburt ist in asiatischen Religionen denn auch kein Vergnügen: Jede Seele leidet, wenn sie zurückkehren muss in die materielle Welt, um sich da weiter in mühevoller Übung der Vollkommenheit zu nähern.

Rabbi Jesus spricht mit dem Ende seines irdischen Lebens vor Augen von Rückkehr, vom Reich des Vaters und von einem Fest, das mit Wein und in Freude gefeiert wird. Es erwartet alle, mit denen er den Kelch teilt. Alle, für die er stirbt. Ja alle, die den Weg des verlorenen Sohnes bis nach Hause gehen, von einem mütterlichen Vater erwartet, umarmt und begleitet (vgl. Lukas 15). Am Ende sind »Gute und Böse« dazu eingeladen – wenn sie dem Ruf nur folgen, aufbrechen und sich auf das große Hochzeitsmahl vorbereiten (vgl. Matthäus 22,1–14). Ob »von Hecken und Zäunen« kommend oder wie der verlorene Sohn von Schweinepferchen – es wird dem Fest eine Reinigung vorausgehen.

Für Verstorbene beten | Freitag

Die meisten Menschen – auch solche, deren Glauben fest im Evangelium verwurzelt ist und die das Licht des Ewigen tief in sich tragen – fürchten sich zeitweise vor dem Sterben: Der Tod bleibt ein Weg über Abgründe hinüber in die neue Schöpfung, ein Weg durchs Dunkel in Gottes Licht, ein Weg allein in Seine große Gemeinschaft. Jesus selbst hat in seinem furchtbaren Sterben tiefste Verlassenheit erlebt, Worte eines verzweifelten Klagepsalms geschrien und Gottes Eingreifen nicht erfahren: »Eli, Eli, lama sabahtani? Warum hörst du nicht, wenn ich schreie? Warum bleibst du so fern? ... Reiß mich aus dem Rachen des Löwen!« (Psalm 22). Ein paar Frauen halten seine Schreie aus: ohnmächtig, verzweifelt und doch da. Sie werden als Erste erfahren, wie Jesu Abba diesen Psalm zu Ende bringt und erfüllt – durch den Tod hindurch, unerhört und befreiend.

Da unsere Rückkehr zum Vater innerlich gewiss länger dauert als »drei Tage«, ist es gut, für unsere Verstorbenen zu beten. Wenige Tage nach dem Tod meines Großvaters heiratete mein Bruder Michel. Der Pfarrer tröstete die Familie nach der Beerdigung damit, dass Opa am Samstag die Hochzeit »vom Himmel aus mitfeiern werde«. Meine Großmutter widersprach dem Seelsorger: So schnell gehe das nicht! Ihr Gatte habe da noch einige Schritte zu tun. Drei Monate trauerte sie und betete innig, dass ihr Mann den noch verbleibenden Weg gut gehe. Dann spürte sie, dass er im großen Fest angekommen war, und dass weiteres Trauern seine Freude nur trüben würde.

Wie ein Korn in der Erde | Samstag

Das Leben, das uns dann erwartet, lässt sich selbst von Paulus, einem Meister des Wortes, nur schwer beschreiben. Sein Korintherbrief stammelt sich da von Bild zu Bild, um schließlich das Gleichnis des Korns zu entfalten: Schau dir ein Samenkorn an – durch Frühling und Sommer gereift, und nach dem Herbst dann in die dunkle Erde gegeben. Dieses vergängliche kleine Nichts wird im Winter verwandelt und in Gottes Frühling ans Licht kommen – um da eine Ähre zu werden: ein schönes Geschöpf von der Wurzel über den schlanken Halm zum blühenden Fruchtstand. »Zu neuem Leben erweckt und von Gottes Geist beseelt«, werden wir dem Korn gleich eine viel schönere und reichere Gestalt annehmen – unbeschreiblich viel kostbarer und unvergleichlich mit dem, was vom Sämann nackt in die Erde gelegt wurde und dann so wundervoll aus dem begrabenen Korn erwächst (vgl. 1 Korinther 15).

Familiensinn

Impulse zur Josefsgeschichte

Geh doch hin und sieh,
wie es deinen Brüdern und dem Vieh geht,
und berichte mir!
GENESIS 37,14

Moderne Nomaden | Sonntag

Jakobs Auftrag an seinen Sohn Josef eröffnet eine dramatische
Familiengeschichte in Israels Vorzeit. Der Jüngste soll aufbrechen
und die Brüder besuchen. Diese sind mit den Herden weit nach
Norden gezogen. Zu Fuß sind es etwa hundert Kilometer, die Josef
von Hebron aus zurücklegen muss. Als er in Sichem ankommt,
findet er nur abgeweidete Felder. Nomaden bleiben unterwegs.
Josef fragt sich durch und findet seine Brüder weitere zwanzig
Kilometer nördlich bei Samaria. –
    Moderne Menschen sind oft auch Nomaden, selbst wenn wir
sesshaft wohnen. Arbeitswege, Freizeit und viele Termine lassen
uns unterwegs sein und trennen von Geschwistern, Eltern, Kindern
und Freunden. Begegnungen und Freiräume mit Menschen, die
uns viel bedeuten, ergeben sich oft nicht mehr aus dem Alltag.
Wir müssen sie suchen. »Geh doch hin und sieh!« Vielleicht sehen
Sie an Ihrem Horizont jemanden, für den Sie Zeit finden möchten.
Josefs herzhaftes Aufbrechen ermutigt da zu längeren oder kür-
zeren Schritten!

Versöhnlichkeit | Montag

Die zehn älteren Brüder bereiten Josef schon länger Probleme. Sie
beneiden den Jüngsten, der die besondere Sympathie des Vaters
genießt. Ja, sie »hassen ihn«, seit er freimütig von seinen persönlichen Träumen erzählt hat. Josef sucht sie dennoch. Er lässt nicht

locker, bis er sie nach mehrtägigem Fußmarsch findet. Der Sechzehnjährige beeindruckt mit seinem Zutrauen. Er geht Menschen nicht aus dem Weg, die ihn ablehnen und loswerden wollen. Bruder bleibt Bruder, egal was geschieht. »Freunde wählt man sich aus, Geschwister werden einem gegeben«, sagt der Volksmund. Josefs Treue übersteht auch die unglaubliche Erfahrung, die ihn in Samaria erwartet: von den Seinen verraten und verkauft zu werden! Eine Karawane bringt Josef nach Ägypten, um ihn da als Sklaven zu verkaufen. Er wird seine Brüder erst nach Jahrzehnten am Nil wiedersehen – und sie aus größter Not retten. Gott baut seine Geschichte mit Israel auf ur-menschliche Wege, Wege von Liebe und Hass, von Verrat und Vertrauen – und er gründet Israels Geschichte auf Josefs Versöhnlichkeit.

Archaisches | Dienstag

Jakobs Familie verdient einen dritten Blick. Wer die Bibel wörtlich verstehen und Gottes »Gesetz« einfältig aus menschlichen Zeilen ableiten will, kommt dabei arg in Bedrängnis. Denn Jakob teilt sein Bett abwechselnd mit vier Frauen: mit zwei leiblichen Schwestern, die er legal geheiratet hat, und ihren Sklavinnen, über die er mit verfügen darf. Die ersten Söhne sind von Lea, zwei weitere von der Magd Bilha, die beiden folgenden von der Magd Silpa, zwei wieder von Lea, die ihm auch die einzige Tochter Dina schenkt. Erst jetzt empfängt Rahel und bringt Josef zur Welt, dem nach vielen Jahren noch Benjamin folgt.

Nicht nur Vielehe und Sklaverei begegnen uns irritierend in Gottes Heilsgeschichte, die sogar die so symbolreichen zwölf Stämme Israels auf Polygamie aufbaut. Manch anderes spricht ebenso archaisch aus den heiligen Büchern und müsste jede fundamentalistische Bibelauslegung in Verlegenheit bringen. Dass auf Dinas Vergewaltigung hin die ganze Stadt ihres ungestümen Liebhabers im Namen Gottes ausgelöscht werden soll (vgl. Genesis 34), gefällt dem Gott Jesu wohl ebenso wenig wie das paulinische Gebot, dass Frauen in der Gemeinde Gottes zu schweigen hätten (vgl. 1 Korinther 14).

Geschwisterzahl | Mittwoch

Wie viele Brüder haben Sie? – Und wie viele Schwestern? Die Frage scheint leicht zu beantworten. Bei mir sind es drei jüngere Brüder und Marlen, unsere Jüngste. Als Kind habe ich staunend festgestellt, dass der Pfarrer offenbar sehr viel mehr Geschwister hat. Er zählte eine ganze Kirche voll »Schwestern und Brüder«. Mit der Zeit lernte ich begreifen, dass das Rätsel sich im »Unservater« löst: Wenn Menschen, selbst ohne sich zu kennen, den einen Gott gemeinsam Vater nennen, werden sie einander verwandt. Ich brauchte Jahre, um mich damit abzufinden. Und das gemeinsame »Vaterunser« im Sonntagsgottesdienst hinderte uns Buben nicht daran, am freien Mittwochnachmittag jener rivalisierenden Gruppe in den Wäldern wilde Schlachten zu liefern, die unsere Baumhütten plünderte. Söhne und Töchter des einen Vaters – und im Herzen bisweilen archaisch wild und rachsüchtig wie Josefs Geschwister!

Der eine Vater | Donnerstag

Als ich 20 Jahre alt war, hat mir Franz von Assisi ungewohnt neue Horizonte eröffnet. Der privilegierte Sohn einer führenden Kaufmannsfamilie entdeckt, dass sein Reichtum auf Ausbeutung beruht, die Macht seiner Zunft auf Besitz und die Freiheit der Stadt auf der Ausgrenzung des Bauernstandes. Der Unternehmer gerät innerlich in eine Krise, lernt das Schicksal seiner Arbeiter kennen, freundet sich mit Bettlern an und steigt schließlich radikal aus. Die »Fußspuren Jesu«, Leben und Praxis des Rabbi eröffnen ihm eine neue Sicht auf Menschen und Gesellschaft. Franz beginnt sich »Bruder« zu nennen und in jedem Menschen seinen Bruder oder seine Schwester zu sehen. Mystische Erfahrungen lehren ihn selbst für Ungläubige zu hoffen. Auch ins Heerlager der Muslime, die vom Papst zu Teufelssöhnen erklärt und von Kreuzrittern niedergemacht werden, wagt sich der kleine Bruder aus Assisi: unbewaffnet und mit dem Vertrauen auf den gemeinsamen Vater im Himmel.

Wer immer die Liebe des einen Gottes erfährt, wo und wie diese Menschen auch leben, glauben und hoffen, sie werden sich uns einmal als Brüder oder Schwestern erweisen – und sie sind es schon jetzt.

Geschwisterliche Welt | Freitag

Mit 22 bin ich auf dem Weg des Franziskus den »Fußspuren Jesu« gefolgt. Durch die Ausbildungsjahre in den Brüdergemeinschaften von Solothurn, Luzern, Fribourg, Zürich und Arth wurden meine Kreise immer weiter. In der eigentlichen Lehrzeit (dem »Noviziat«) lernten wir, sechs junge Männer aus der ganzen Deutschschweiz, einander Brüder zu werden: einander und 30 Brüdern derselben Klostergemeinschaft, 600 in der Schweizer Provinz, und jungen Schwestern in Noviziatswerkwochen und allen, die uns »Brüder« nannten.

Seither nennen mich immer unterschiedlichere Menschen »Bruder«, *frère* und *fratello*. Auch solche, die sich als »ungläubig« bezeichnen. Als ich mich mit 30 Jahren dann ganz für das Franziskanerleben entschied, feierten über 200 Personen mit, die mir besonders verbunden waren: Eltern, Geschwister und Verwandte, Brüder aus der Gemeinschaft und franziskanische Schwestern, Freunde und Gefährtinnen aus den vielen Studienjahren, meine süchtigen Geschwister aus der Züricher Drogenarbeit. Der Kreis verband Kinder und Großmütter und reichte vom Älpler aus den Bergen bis zum Unternehmer aus der Großstadt. Nicht ich bin es, der als »Bruder« eine einzigartige Festgemeinschaft verband. Es ist unser aller BRUDER. Studienjahre in Rom haben mir die weltweite Bruderschaft in ihrer ganzen Vielfalt unter einem Dach erfahrbar gemacht. Und als *hermano*, *brat* und *brother* haben mich Leute aller Länder in der Weltstadt angesprochen.

Nicht wir Menschen schaffen diese eine, große Familie. Es ist unser aller BRUDER, der jede und jeden von uns auf seine Art sendet – und der einmal alle in seinem Fest versammelt (vgl. Matthäus 22,9–10).

Globaler Familiensinn | Samstag

»Geh doch hin und sieh, ob es deinen Geschwistern gut geht ...«
Der Glaube, dass es keinen Menschen gibt, der aus Gottes Hoffnung
herausfällt, hat schöne und mühsame Folgen: Es gäbe dann niemand, der mir nicht Schwester oder Bruder werden kann – oder es
schon ist. Als Franziskaner komme ich weltweit »nach Hause« und
zu Verwandten. Am eindrücklichsten habe ich das bei meiner ersten Reise nach Amerika erlebt, wo mich Ureinwohner im Dschun-
gel des Amazonas freudig als »hermano« (Bruder) in ihren Pfahl-
häusern empfingen. Wo immer ich in meinem Leben schon war,
lasse ich Verwandte zurück – und schaue gut hin, wenn Nachrich-
tensendungen aus diesen Ländern oder Gegenden berichten.

Einer der ältesten Brüder in meinem Kloster scheint diese
Haltung tief verinnerlicht zu haben. Bei der Tagesschau seufzt er
jeweils so über einige Nachrichten und Bilder, als ob seine eigenen
Angehörigen betroffen wären. Gut, er sieht nicht alles: Er würde es
nicht verkraften. »Gott, schau hin«, sagt er bei erschütternden
Nachrichten, und »Gott sei Dank« bei erfreulichen. Etwas von seiner Sensibilität, die sich am Glück »Fremder« freuen und vom
Unglück anderer betreffen lassen kann, lerne ich gern. Und ich bin
froh, dass meine Gemeinschaft materiell einfach lebt, Wert auf *fair
trade* legt, jedem offensteht, für alle Menschen hofft und alles Ent-
behrliche an Armutsbetroffene weitergibt, die im In- oder Ausland
Geschwister brauchen.

Atmen
Impulse für Freiräume

Ich will meinen Atem in euch geben,
dass ihr wieder leben sollt ...
EZECHIEL 37,14

Atemfreiheit | Sonntag

»Gönne dir Atempausen!« Die moderne Gesellschaft spricht im
Sportjargon von »Time-out«, und Tourismusorte spiegeln reizvolle
Möglichkeiten vor, »die Seele baumeln zu lassen«. Vielleicht bietet
Ihnen der heutige Sonntag solchen Freiraum an: Zeit, die Sie Atem
holen lässt – aufatmen und frei durchatmen, um Kraft zu sammeln
für die beginnende neue Woche. Nicht nur beruflich Geforderte
brauchen Atempausen. Wir brauchen sie auch in einer oft dicht
gefüllten Freizeit, deren Stunden und Abende von Familie oder
Freundschaft, Kindern und Enkeln, Hobbys, Sport, Clubs, gesell-
schaftlichen Anlässen, kulturellen Events, Kontakten, Besuchen,
Sitzungen, Fernsehsendungen und Internet belegt werden. Timeouts, Atempausen tun da gut: eine Zeitlang nicht gefordert sein,
sich vielleicht sogar unerreichbar machen, um neu sensibel und
zugänglich zu werden. Da sind Zeiten segensreich, in denen ich
nichts tue, um dann mit neuer Kraft zupacken zu können. Zwischendurch auch nicht viel denken, weil gute Ideen bisweilen
gerade den entspannten Geist überraschen. Ob in Ruhe zu Hause
oder durch die Natur unterwegs, ob allein oder zusammen mit
Menschen: Die neue Woche beginne für Sie mit viel Atemfreiheit!

Atemmeditation | Montag

Ich lade Sie heute zu einem schlichten Alltagsritual ein. Sie brauchen dazu eine meditative Viertelstunde und einen Ort, an dem Sie
bequem sitzen oder liegen können. Schließen Sie die Augen und

spüren Sie zunächst einfach, wie Sie getragen werden. Die Füße genießen es, mal keine Schritte zu tun, und die Hände, nicht handeln zu müssen. Da sein, getragen und gehalten. Achten Sie dann auf Ihren Atem. Nehmen Sie wahr, wie die Luft in Sie strömt, Sie belebt und weiterfließt. Verweilen Sie in dieser Fließbewegung: Luft und Leben – beide sind geschenkt, unspektakulär und kostbar, ein Geschenk, das Sie empfangen und teilen. Lauschen Sie dann auf die leise Melodie, die Ihr Atem im Innersten anklingen lässt, wenn die Luft über die feinen Saiten der Seele strömt. Fühlen Sie sich ruhig oder bewegt, weit oder eng? Findet Ihr Atem Sie innerlich frei oder bedrängt? Fließt er tief oder flach? Der Atem sagt, wie es uns geht. Und er sagt es auch Gott, denn sein Atem (Ruaḥ, Geist) spricht in uns unhörbar, lange bevor wir Worte machen (vgl. Römer 8,26).

Außer Atem | Dienstag

Das Leben gleicht einer Wanderung. Wechselnde Pfade lassen uns ausschreiten, muten aber auch Anstiege zu. Sie kennen befreiende Weite wie auch Stellen, die uns den Atem anhalten lassen. Die schönsten Gipfel lassen sich meist nur nach Aufstiegen genießen, die den Schweiß aus den Poren treiben und schnelle Schritte außer Atem bringen. Dass unser Atem mal schnell und mal langsam wird, ja dass wir bisweilen um Atem ringen, gehört zu einem engagierten Leben. Gefährlich wird es, wenn wir dauernd »außer Atem« sind. Gott »legt seinen Atem in uns, auf dass wir leben«, sagt der Prophet. Ob sein Geist uns und unser Tun durchwirken kann, wenn ein Mensch »atemlos« durch seine Tage hetzt?

Atemnot | Mittwoch

Wie das Leben als Ganzes, so kennen auch Beziehungen Engpässe, die unserer Atemfreiheit zusetzen. Dass ich in einer Freundschaft, in meiner Familie oder einem Arbeitsteam zeitweise schwer atme, kann so natürlich sein wie auf einer Bergwanderung, die mich mit

Gepäck und Höhenmetern fordert. Selig, wer enge oder steile Wege durchhält: Er oder sie kann über Höhen schreiten und Gipfelerfahrungen machen. Wenn eine Lebenssituation oder eine Beziehung allerdings zu anhaltender Atemnot führt, stellen sich ernste Fragen: Stecke ich in einer Sackgasse? Muss ich entschlossene Schritte tun – vorwärts oder zurück oder seitwärts hinaus? Wo ich längere Zeit nicht mehr frei atmen kann, ist Veränderung angesagt. Was beengt mich? Oder wer bringt mich dauerhaft außer Atem? Wie und warum?

Langer Atem | Donnerstag

Eine junge Frau schildert mir ihre Erfahrungen im Neuland der Partnerschaft. Vor Monaten mit ihrem Freund zusammengezogen, erlebt sie eine zärtliche Nähe, die ihr immer wieder auf schönste Art »den Atem raubt«. So vital sie ihre junge Liebe belebt, so sehr verunsichert sie jedoch der Beziehungsalltag. Ihr Atem gehe da immer schneller und sie finde zu Hause keine Luft mehr für sich selbst. Im Miteinander mit ihrem Freund schwinde jede persönliche Freiheit. Das Ich und seine Interessen verschwänden hinter dem Wir. Sie lebe zunehmend für ihn, mit ihm, durch ihn. Nicht mehr richtig atmen können? Sehnsucht nach Nähe und Fluchtgedanken beginnen sich verwirrend zu mischen. Leise wachsende Atemnot drängt tatsächlich nach einer achtsameren Gestaltung der gemeinsamen und persönlichen Zeit. Das wachsende Unbehagen stellt nicht die Beziehung selbst in Frage, sondern die bisherige Art, den gewählten Weg zu gehen. Was beengt dich? Wir gehen Fragen nach, die die junge Frau zunächst sich selber stellt und dann auch mit ihrem Freund ansprechen will – soll ihre Beziehung wachsen und Zukunft haben. Ich wünsche der Freundin, dass sie da tief Luft holen kann – und einen langen Atem im Gestalten ihrer Partnerschaft.

Neue Luft | Freitag

Nicht nur das Klima einer Freundschaft, in einer Familie oder an einem Arbeitsplatz kann beengend oder stickig werden. Auch in größeren Gemeinwesen wie einer Gemeinde oder einer Kirche kann die Luft dick sein. In der katholischen Weltkirche erinnern sich viele gern an Johannes XXIII., der »die Fenster weit aufriss« und mit dem Zweiten Vatikanischen Konzil Durchzug in muffige Ortskirchen brachte. Die frische Luft führte zu einer Aufbruchstimmung, die in den Sechziger- und Siebzigerjahren nach den Fenstern auch Türen geöffnet und neue Wege beschritten hat. Unter dem polnischen und dem deutschen Papst sind einige Fenster und Türen wieder geschlossen worden. Ängstlich haben sie den Bedeutungsverlust der Kirche mit den Aufbrüchen der letzten Jahrzehnte verbunden und wieder auf Bewährtes und Tradition gesetzt. Paulus schreibt Korinth, der Gemeinde wie den einzelnen jedoch in ihre Verunsicherung: »Wo Gottes Atem/Geist wirkt, ist Freiheit« (2 Korinther 3,17). Gott atmet nicht in ängstlich abgeschotteten Kreisen. Pfingsten sendet den Jüngerkreis aus dem Obergemach hinaus in die Stadt und in die Welt (vgl. Apostelgeschichte 2). Mission geschieht im Dialog mit der Welt. Von Gottes Geist erfüllt, wagt die frühe Christusbewegung auch Konflikte und Auseinandersetzungen. Sie exponiert sich und wagt sich über ihren Binnenkreis hinaus. Der Pfingstgeist schenkt ihr Mut, Inspiration und Atem auch in rauem Gegenwind.

»Der mich atmen lässt« | Samstag

Anton Rotzetter hat ein modernes Gebetbuch geschrieben, das unter dem Titel »Gott, der mich atmen lässt« seit Jahren eine erstaunliche Nachfrage erlebt. Eine Seelsorgerin, die an Leukämie erkrankt von ihren Ärzten Ende der Achtzigerjahre aufgegeben worden ist, hat Texte daraus einfühlsam vertont. Die sensible Powerfrau lebt noch heute und leitet eine städtische Gemeinde, die durch ihr engagiertes Wirken neu aufblüht. Die folgenden Zeilen, die sich im gemeinsamen Feiern beliebig erweitern lassen, ergreifen mich jeweils zutiefst, wenn sie mit Beate Bendels inniger Melodie gesungen werden:

> *Der mich atmen lässt,*
> *bist du, lebendiger Gott!*
> *Der mich hoffen lässt ...*
> *Der mich warten lässt ...*
> *Der mich wirken lässt ...*
> *Der mich lieben lässt ...*
> *Der mich Mensch sein lässt ...*
> *bist du, lebendiger Gott!*[11]

Schon gefunden?
Impulse für Treue im Wandel

Ich ließ mich suchen von denen,
die nicht nach mir fragten,
ich ließ mich finden von denen,
die mich nicht suchten.

JESAJA 65,1

Seit der Taufe | Sonntag

Am Thunersee erwartet mich heute eine spezielle Tauffeier. Speziell ist sie, weil sie mich ausnahmsweise zum Taufpaten macht. Uns Klosterbrüdern war es bis vor Kurzem nicht möglich, eine Patenschaft anzunehmen. »Familiäre« Bindungen und das Leben eines Wanderbruders müssen sorgsam aufeinander abgestimmt werden, damit nicht Erwartungen enttäuscht werden. Gerade weil es eine Ausnahmepatenschaft ist, freue ich mich sehr darauf, den kleinen Benedict durch sein Leben zu begleiten.

In der Taufe eines Kindes feiern wir unseren Gott, der uns findet, längst bevor wir ihn suchen können. Und das gilt wohl nicht nur für Kleinkinder. Auch einem erwachsenen Suchen kommt sein Finden entgegen, auch Erwachsenen kommt Gottes Finden zuvor. Ich darf mich so finden lassen, wie ich bin. Gottes Ja war bei meiner Taufe bedingungslos und bleibt es durch mein ganzes Leben. Weil Gott mich annimmt, darf ich mich in meinem Sosein bejahen. Und nur was ich annehme, kann ich auch gestalten.

Verloren | Montag

Dass ich Pate von Benedikt werde, hat einen tragischen Hintergrund: Der für die Patenschaft vorgesehene Freund der Familie hat sich im Frühwinter das Leben genommen. Er war ein Studiengefährte von mir und vom Vater des Täuflings in unserer Gymnasialzeit. Der geistvolle, lebenslustige und charmante Mann war beliebt und ein guter Familienvater. Aber seine zu hohen Ansprüche an sich selbst und eine manisch-depressive Erkrankung setzten ihm immer mehr zu. Wiederholte Suizidversuche konnten mehrmals aufgefangen werden – bis einer unwiderruflich in den Abgrund führte. Im Schock danach hat mich das Gleichnis vom verlorenen Schaf getröstet: Du, Gott, gehst dem Verlorenen nach. Du, Abba, begleitest den »verlorenen Sohn« nach Hause (vgl. Lukas 15): Er hat sich im Land der Verzweiflung verirrt. Du, Gott des Lebens, kennst auch das Land der Angst, in dem dein eigener Sohn dich suchte: Er schwitze in Getsemani in seiner Todesangst, schrie deinen Namen am Kreuz – und fand dich erst im Tod wieder. Niemand ist für dich verloren. Auch der verlorene Sohn des Gleichnisses findet zu dir – und an deiner Hand zu sich selbst.

Der verborgene Gott | Dienstag

Benedikts Schwester Artemis ist ein lebensfrohes Mädchen. Es hat mich gleich bei meinem ersten Besuch in der neuen Familie meines Freundes als Wahlonkel adoptiert. Beim Streifzug durch den nahen Wald wollte Artemis ein Versteckspiel machen. Es ist viele Jahre her, seit ich letztmals an einem Baumstamm mit verschlossenen Augen langsam bis zwanzig zählte, um dann auf die Suche zu gehen. Suchen und Finden – das lebhafte Spiel mit Artemis war voller Lebenslust. Mit wachen Sinnen nach jemandem Ausschau halten, Spuren lesen, mit Neugier, Fantasie und Vergnügen der Gesuchten nachspüren, sie da vermuten und dort erahnen: Es könnte ein Bild für unsere Gottsuche werden. »Ich bin nicht fern von dir, bin in deiner Reichweite, vielleicht vor dir, hinter dir, dicht neben dir – und ich lasse mich gern finden«: Die Haltung der kleinen Artemis – ein kindliches Gleichnis für den großen Gott, der sich für uns klein und unscheinbar macht?

Von Elisabeth von Thüringen wird erzählt, dass sie sich als Kind beim Versteckspiel auch mal in die Burgkapelle schlich: Verborgene Spielgefährtinnen mögen sie an den verborgen-nahen Gott erinnert haben. Sie wird ihn finden und wird Christus als Landgräfin, Familienmutter und Schwester der Ärmsten leidenschaftlich folgen – und sich dabei selber finden: als Liebende, die ihre Wahlheimat liebt, ihren Ehemann, ihre Kinder, das einfache Volk und die Geringsten im Land, denen sie am Weg zur Wartburg und im Schatten Marburgs Hospitäler baut. Auch da, unter den Ärmsten, erfährt sie Gott verborgen.

Gestern und heute | Mittwoch

Ein Brief in meinen Händen weckt Fragen. Geschrieben hat ihn eine Freundin, die mir vor Jahren eine nahe Weggefährtin war. Jetzt wohnt sie in einem anderen Land und schreibt mir jeweils zu meinem Geburtstag einen ausführlichen Überblick über das vergangene Jahr. Ihre Zeilen spiegeln ein Bild von mir, wie ich war. Ein einziger Briefwechsel jährlich, und mag er noch so persönlich sein, reicht nicht für Vertrautheit im Heute. Geschieht das bisweilen nicht auch in näheren Beziehungen: dass zwei Menschen sich nicht mehr wirklich suchen und finden, wiewohl sie sich regelmäßig sehen? Dass auch Eheleute trotz geteilten Alltags einander schleichend fremd werden? Die Neugier eines Kindes für das Du, die Offenheit Liebender füreinander, sensibles Gespür für einen Menschen, der das Brot mit mir teilt: Wache Aufmerksamkeit für das Du kann im Alltagstrott verflachen, einschlafen und stumpf werden. Ist der Mensch, den ich kenne, noch der, der er war? Wo wächst er, reift und verändert er sich? Wie geht es der Partnerin wirklich, im Innersten? Leben und Personen wandeln sich, oft kaum merklich. Was gestern war, lasst es uns wertschätzen! Und was heute ist oder wird, lasst es uns entdecken und erspüren!

Gottesfreundschaft | Donnerstag

Was für menschliche Beziehungen gilt, lässt sich auch mit Blick auf den Glauben und unsere Gottesfreundschaft bedenken. Ist Gott in meinem Leben da, wo er gestern war? Muss das prophetische Wort »Ich ließ mich suchen – ich ließ mich finden« nicht auch in die

Gegenwart und in die Zukunft hineingehört und gedeutet werden? Gott, der Lebendige, zeigt sich mir immer wieder neu, offenbart neue Seiten und begegnet mit neuem Reichtum. Es ist schwer, heute einen Freund zu verstehen, den ich auf Bilder von gestern fixiere. Auch dem, dessen Name »Ich-bin-da« ist, begegne ich immer wieder neu. In meiner Kindheit habe ich mit Vorliebe zum »Abba« aufgeschaut. In meiner Jugend hat mich das Menschsein des »Rabbi« fasziniert, dessen Weg ich dann als junger Franziskaner zu folgen begann. Nach 30 rückte die Ruaḥ ins Zentrum, Gottes Liebe, Weisheit und Kraft im Innersten des Menschen, und damit Inspiration, Intuition und die Quelle der Kreativität. Seit midlife verbinden sich die drei Wege intensiver: der Blick hinauf zum Du über uns und allen, der Blick auf Christus, Gott mit uns, und das Hören auf das göttliche Du in uns.

Wo legt Gott Ihnen heute neue Spuren? Überrascht er Sie an neuen Orten? Wo spricht die Fantasie seiner Liebe mit neuen Zeichen?

Suchen und finden | Freitag

Die kleine Artemis hat sich aus kindlicher Spielfreude und Sympathie im Wald verborgen und von mir suchen, aufspüren und »einfangen lassen«. Auch der auferstandene Christus traut und mutet es seiner Freundin Maria von Magdala zu, dass sie ihn sucht – bis sie ihn findet (vgl. Johannes 20). Sie fände ihn nicht, würde sie nicht aufbrechen, Schritte tun und ihn suchen. Dasselbe gilt für die Jünger: »Sagt ihnen, sie sollen nach Galiläa gehen, dort werden sie ihn sehen!« (Markus 16,7). Schritte – eilende Schritte wie im Hohenlied der Liebe, Schritte auf Umwegen wie die des jungen Samuel nachts im Tempel (vgl. 1 Sam 3), leise Schritte wie die des Nikodemus (vgl. Johannes 3), weinende Schritte wie die Marias von Magdala, alltägliche mit dem Wasserkrug wie bei der Frau am Jakobsbrunnen (vgl. Johannes 4), neugierige wie beim Zöllner Zachäus (vgl. Lukas 19), gewagte Schritte wie die des Petrus auf dem Wasser (vgl. Matthäus 14), Hilfe suchende wie beim Hauptmann von Kafarnaum (vgl. Matthäus 8), immer wieder sind es

Schritte, die zu unerwarteten Gotteserfahrungen führen: Begegnungen mit »Ich-bin-da« – ganz nah, oft näher, als wir denken!

Ein waches Herz | Samstag

Finden geschieht auch in den Evangelien öfter ohne Suche. Bisweilen genügen offene Sinne und ein waches Herz. Simeon erkennt den Messias bereits im Säugling, der in den Tempel gebracht wird, während Nazaret blind ist für seinen besonderen Sohn. Bartimäus sitzt in Jericho blind am Wegrand, als er mitten im Rummel hörend auf den vorbeiziehenden Rabbi aufmerksam wird (vgl. Markus 10). Der Zöllner Levi wird in Kafarnaum an seiner Zollstätte angesprochen, mitten in seinem geschäftigen Alltag (vgl. Lukas 5). Die Jünger des Täufers werden von ihrem Meister auf einen größeren hingewiesen (vgl. Johannes 1, Lukas 7). Ein psychisch kranker Mann (vgl. Markus 1) und der Mann mit der verdorrten Hand (vgl. Matthäus 12) werden im Synagogengottesdienst in die Mitte gerufen und geheilt. Die Frau am Jakobsbrunnen wird beim Wasserholen angesprochen und in ein persönliches Gespräch verwickelt, das ihr Leben verändert (vgl. Johannes 4). Eine Ehebrecherin sieht ihre Ankläger bereits zur Steinigung schreiten, als der Rabbi ihren Weg kreuzt, die Selbstgerechten beschämt und der gestrauchelten Frau eine neue Zukunft eröffnet (vgl. Johannes 7). Eine Syrophönizierin wird in ihrer Sorge um das kranke Kind aufmerksam auf den fremden Rabbi und ringt dann um sein Augenmerk für ihr Schicksal – und für ihren starken Glauben (vgl. Matthäus 15). Der Pharisäer Nikodemus hat wohl bei einem der vielen Streitgespräche seiner Genossen mit Jesus wacher hingehört – und kommt mit seine Fragen nachts zu Jesus (vgl. Johannes 3). Maria von Betanien nutzt die Chance, als Gastgeberin Jesu gut hinzuhören (vgl. Lukas 10). Der römische Hauptmann, der die Kreuzigung Jesu beaufsichtigt, erkennt beim Ausführen seines militärischen Jobs unerwartet Gottes Sohn im Geschundenen (vgl. Markus 15). Die trauernde Maria von Magdala erkennt den Auferstandenen am Ostermorgen früh überraschend im vermeintlichen Gärtner (vgl. Johannes 20) und die Emmausjünger kurz darauf in einem unauffälligen Tischgefährten, der unerkannt ein Stück Weg mit ihnen zurückgelegt hat (vgl. Lukas 24).

Ihr Leben sagt Ihnen, wo Christus sich von Ihnen schon finden ließ, öfter vielleicht auch ungesucht. Die Fantasie meiner Liebe ahnt, wo er heute auf mich warten könnte.

Noch nicht und doch schon
Impulse in Herbsttage

Ich schließe mit ihnen einen Friedensbund.
EZECHIEL 34,25

Wege mit einem Ziel | Sonntag

Ein Nachtzug hat mich im Sommer mit Schwester Vreni, einer Franziskanerin und Arbeitskollegin, nach Santiago de Compostela gebracht. Frühmorgens suchen wir in der Pilgerstadt den Weg vom Bahnhof zur alten Kathedrale, die wir noch leer vorfinden. Stunden später sammeln sich hier Hunderte von Pilgernden, die gestern zu Fuß ans Ziel ihres Weges gekommen sind: Menschen aller europäischen Länder, ja selbst aus Afrika, Japan, Korea und den beiden Amerika. Sie sprechen verschiedenste Sprachen und haben sich gemeinsam unterwegs doch verstehen gelernt. Der Pilgergottesdienst verbindet überglückliche Menschen zum Fest: Sie feiern all die Erfahrungen, die sie ans Ziel gebracht haben – schöne und auch mühsame! Sie feiern alles Verbindende auf diesem uralten Pfad, der noch immer ein Weg zu sich selbst, miteinander und auch mit Gott ist.

Im Pilgerfest von Santiago de Compostela leuchtet etwas vom Bund auf, den der Prophet anspricht. Das kann klein und fein vielleicht auch für Sie an diesem Sonntag geschehen, wenn Sie heute in kleinen Schritten zu sich kommen, mit Menschen teilen können und sich von Gott berühren lassen.

Ziel erreicht | Montag

Bevor wir diesmal von Santiago zu Fuß Richtung Schweiz aufbrechen, muss ich im Pilgerbüro beim Großandrang eine Stunde Schlange stehen. Der Eindruck ist stark: Täglich treffen hier gegenwärtig 500 Menschen ein, die zwischen 100 und 3000 km zu Fuß hergewandert sind. Sie erhalten eine Urkunde, die ihnen das Erreichen des erhofften Ziels feierlich bestätigt. Die strahlenden Gesichter der Pilgernden, die mir mit dem Kunstpergament in der Hand entgegenkommen, sind unbeschreiblich. Es ist schön, Ziele zu erreichen – und schön, dafür auch Anerkennung zu finden.

Ob mit oder ohne »Bescheinigung«, und ob es kleine oder große Errungenschaften sind: Sie kennen solches aus Ihrer Schul- und Ausbildungszeit, von Kursen her und vom Berufsleben. Sie sind aber auch privat und in Beziehungen unterwegs. Welche erhofften Ziele haben Sie in den letzten Tagen erreicht? Was ist Ihnen heute gelungen? Freuen Sie sich über das Erreichte, dankbar und froh, bevor neue Ziele und Aufgaben Ihre Zeit fordern.

Auf Vollendung angelegt | Dienstag

Das ersterwählte wie auch das neue Volk Gottes erfährt den Bund im Zeichen des »Schon-und-noch-nicht«: Gott zeigt seine Nähe, macht seine Zuwendung spürbar und erweist seine Treue immer wieder neu, und doch bleibt sein Bund auf Vollendung angelegt. Wir Menschen sind herausgefordert, an diesen Friedensbund zu glauben und uns für ihn einzusetzen. Friede fällt nicht einfach vom Himmel: Er will errungen sein. Auch dafür sind Wege wie der Camino de Santiago sprechende Bilder. Sie lassen uns eindrücklich erfahren, dass wir auf Erden »Pilgernde und Gäste« (1 Petrus 2,11) sind, mal selig und mal kämpfend: Schalom wird schon unterwegs spürbar, ansatzweise – und bleibt auch dadurch eine lebendige Verheißung. Nur wer sich nirgends fest einrichtet, Schritte tut und auch andere im Unterwegssein bestärkt, wird das Fest und die Freude erleben, die am Ziel alle vereint und die am Ende auch alle erfüllt – was immer sie unterwegs ausgestanden haben.

Mit Gefährten | Mittwoch

Unser Pilgern zu zweit wagt etwas, das nur noch wenige tun: auch den Heimweg unter die Füße zu nehmen. Täglich kommen uns unterwegs durch Galicien und Richtung Pyrenäen rund 700 Pilgerinnen und Pilger entgegen. Die Herbergen sind überfüllt. Wir ziehen es vor, im Freien zu schlafen. Sternennächte am Sternenweg, eine schöner als die andere, lassen uns ein par Wochen »obdachlos« leben. Wir tauchen dabei in eine Vertrautheit mit Mutter Erde, die meine Gefährtin so noch nie erlebt hat. Beim Zusammenrollen des Nachtlagers bleibt jeweils nur etwas flachgedrücktes Gras zurück. Wenn wir uns in Flüsschen waschen, schauen wir von selbst, dass wir den kleinen Fischen nicht zu viel Seife zumuten. Der erste Friedensbund Gottes mit Noah hat die Tiere mit eingeschlossen (vgl. Genesis 9,9–10). Was, wenn am Ende auch sie »in den Himmel kommen«? Niemand müsste deshalb Vegetarier werden – ebenso wenig wie es Jesus war. Doch Naturmenschen wie die Lakota-Indianer oder Aborigines erklären einem Tier, wann und weshalb sie es brauchen und essen möchten. Sie zeigen dadurch, dass sie mit allen Wesen auf Mutter Erde liebevoll umgehen und alle als Gefährten auf der Pilgerschaft des Lebens sehen, und sie müssten nicht erschrecken, wenn am Ziel aller Wege, in der neuen Schöpfung, auch die Tiere aus unserer vorläufigen Welt ihrerseits vollendet auf sie zukommen.

Zusammenspiel | Donnerstag

In Jesajas Friedensvisionen werden Wüsten zu blühenden Gärten. Nach dem herb-fruchtbaren Galicien gelangen wir unterwegs in die Tierra de Campos vor León. Ihre weiten Ebenen flimmern ausgedörrt in der Sommersonne. Es braucht die Fantasie und den Einsatz von Menschen, die Wasser aus den Bergen in einem Netz schmaler Rinnen auf die Felder leiten. Wo immer das Zusammenspiel von Erde, Wärme und Wind so mit dem vierten Urelement ergänzt wird, wachsen und reifen wogende Saaten heran. Gewiss haben auch Savannen und »wüste« Weiten ihr Schönes. Lebensfülle aber wiegt sich da im Wind, wo der Mensch mit seinen Gaben mitwirkt – und statt Schwertern oder Spielautomaten Pflüge anrührt.

Wir wandern auch durch weite Felder mit speziell bezeichnetem Gentech-Mais. Ob Erde und Tiere sich ebenso freuen über das biochemisch manipulierte Saatgut wie die »*agricultores*, die es seit Langem erwarteten«? So verkündet es ein Plakat an den markierten Feldern stolz. Die Eingriffe der menschlichen Intelligenz in Naturabläufe und die natürliche Harmonie kann Leben fördern und Leben belasten, kann weltweit angewandt Leben retten oder gefährden. Wie sehr wünsche ich, dass Gottes Liebe zu allem Leben und sein Schöpfergeist sich mit unserer Erfindergabe und Menschenliebe verbinden. Die Erde bleibt und wird dadurch immer fantasievoller zum »Haus des Lebens«, wie es Gott gefällt.

Fruchtbares Land | Freitag

»Sie werden sogar in der Wüste sicher sein und in den Wäldern unbesorgt schlafen«, heißt es weiter in unserem Bibelvers. Wie Jesaja sieht Ezechiel Wüsten zu Gärten werden. Nach Tagen unterwegs durch karges, ödes Land staunen wir beiden Pilgernden im Riojagebiet über satte Weinberge und im Vorland der Pyrenäen über die grünen Wiesen. Während die flache Meseta Kastiliens und Leons überall da ausgedörrt liegt, wo keine Wasserkanäle hingelangen, sorgen Berge über das ganze Jahr für Regen und fruchtbare Landstriche. Auf der Heimreise im Zug unterwegs durch Frankreich und in der Schweiz wird uns neu bewusst, wie sehr zutrifft, was der Prophet als Zeichen für Gottes Nähe deutet: »Ich mache das ganze Land ... fruchtbar. Ich schicke Regen zur rechten Zeit, so dass ihre Bäume und ihre Felder reichen Ertrag bringen. – Ich mache ihr Land zu einem prächtigen Garten. Niemand von ihnen wird mehr verhungern. Dann erkennen sie: Ich, der Ewige, ihr Gott, bin bei ihnen« (Ezechiel 34,26–27). Ob diese Zusage und Wahrheit uns in reich privilegierten Ländern auch genügend bewusst ist? Im »Schon und noch nicht« eines Bundes, der weiterhin unser entschiedenes Mittun fordert – auch das der Bauern, die selbst in Mitteleuropa zu Recht nicht nur für einen gerechten Lohn, sondern letztlich um ihre Sendung kämpfen?

Wege und DER WEG |

Auf dem diesjährigen Jakobsweg sind wir einem Dominikaner begegnet, der in Salamanca Theologie lehrt. Jedes Jahr sinniert er über den Pilgerstrom, der am Haus seiner Mutter vorbeizieht. Für Fray Luis verbinden sich die »caminantes de Dios« mit Pilgernden in aller Welt – und in allen Religionen: jenen, die nach Jerusalem ziehen, nach Hebron und Mekka, jenen, die in der Antike nach Delphi zogen oder die seit Jahrhunderten an den heiligen Fluss Ganges kommen. Menschen jeder Kultur und Religion spüren dem Geheimnis nach, das uns ein Leben lang unterwegs sein lässt: dem Göttlichen, das uns weit mehr zuspricht als wir selber mit unseren Händen bewerkstelligen oder politisch arrangieren können. Schalom nennt es die Bibel: Friede, Versöhnung, Erfüllung in großer Gemeinschaft. Das scheinbar ferne Ziel hat sich uns offenbart: dem jüdischen Volk als Ich-bin-da, der seine Pfade mitgeht, und in den Kirchen als Ich-bin-der-Weg.

Sinnsuche

Impulse mit Blick auf den jungen Franz von Assisi

Denn einen anderen Grund kann niemand legen
als den, der gelegt ist: Jesus Christus.
1 KORINTHER 3,11

Ohne Gott gut leben | Sonntag

Unzählige Sonntage hat der junge Städter »gott-los« genossen: ein
Lichtkind, ein Sunnyboy aus reichem Haus, vom Leben verwöhnt,
erfolgreich im Geschäft und mit großen Zukunftsträumen. Zwanzig Jahre habe er verbracht, schreibt Franz von Assisi später, »als
ob es Christus nicht gäbe«. Modegeschäft und Piazza, Märkte und
nächtliche Gassen, Arbeit und Feste prägen seine reizvolle Welt.
Kirchen, Seelsorger und Gottesdienste bleiben ohne Einfluss auf
sein Leben und seine Pläne. Das Leben hat den jungen Kaufmann
auch ohne Gotteserfahrung erfüllt. Franziskus braucht lange Jahre
keine Religion.

Gott nimmt es wohl auch modernen Menschen nicht übel,
wenn sie religiös gleichgültig leben. Er sieht auch heute, wie Gutsituierte und Reiche ihr Leben bunt, ausgefüllt und noch wenig
solidarisch gestalten. Denn der Gott der LIEBE wirbt leise und
kann warten, bis ein Mensch ihn von sich aus sucht. Er wartet, bis
Franziskus tiefer fragt und nach dem DU tastet, das alles erschaffen hat und das durch alles trägt.

Stolpern | Montag

Ehrgeiz treibt den Bürgersohn in den Krieg: Eine Schlacht gegen
die Rivalenstadt Assisis soll ihn militärisch auszeichnen. Damit
könnte er sich die Ritterwürde erkämpfen. Doch kühne Karriere-
träume zerbrechen jäh. An gefallenen Freunden vorbei führt der
Weg der Geschlagenen in die Kerker Perugias. Da bleiben sie

zusammengepfercht in Kellern ohne Licht, der Willkür des Feindes ausgesetzt. Mit Schreckensbildern aus dem Krieg und ohnmächtig gegen Krankheit und Wahnsinn erfahren die Gefangenen das dunkle Elend menschlicher Existenz. Ein Jahr vergeht, bis Pietro seinen Sohn freikaufen kann. Franziskus wird nach Assisi zurückgekarrt: krank und arg geschwächt. Beste Pflege fängt den weiteren Absturz nicht auf. Der junge Mann sinkt in bodenloses Dunkel, wo ihn weder Ärzte noch die Sorge der Mutter und Gebete der Priester herausholen. Es dauert Monate, bis er wieder auf die Beine kommt. Kaum hat Franziskus sich wieder aufgerappelt und einigermaßen erholt, stürzt er sich erneut in *business and fun*. Auch darin ist er vielen modernen Menschen nicht ungleich ...

Fliehen vor sich selbst | Dienstag

Neue Abenteuer sollen dunkle Erfahrungen überdecken. Doch schon die erste Nacht unterwegs rüttelt Franziskus wach. In den zwei schrecklichen Jahren von Kerker und Krankheit haben weder Besitz, Wissen und Charme noch Freunde und Ärzte verhindert, dass sein Leben in bodenlose Abgründe fiel. Stimmen aus jenem Dunkel verschaffen sich hartnäckig Gehör: Was nützen modische Kleider, wenn du innerlich leer und nackt bleibst? Was sollen Feste mit Freunden, wenn sie deine Seele alleinlassen mit schrecklichen Erinnerungen und bohrenden Fragen? Was halfen Reichtum und politisches Geschick des Vaters, als die Krankheit an den Rand des Todes führte? Franz tut einen neuen Schritt: Er spürt, dass er sich selbst und seiner inneren Unruhe davonläuft, und er kehrt um, wandert vierzig Kilometer zurück nach Assisi und kommt wieder in seine Alltagsrealität. Da will er suchen: tiefere Werte und einen Weg, der trägt. Er ahnt, dass kein Mensch ihm letzten Halt geben kann. So tastet Franziskus mit 22 Jahren nach Gott selbst.

Wie viele Menschen erwachen auch heute spirituell-religiös erst dann, wenn ihre Träume zerbrechen oder Schicksalsschläge existenzielle Fragen aufwerfen? Gott wirbt, er schlägt nicht – und er nimmt Menschen an der Hand, die ihn suchen.

Zu sich selber finden | Mittwoch

Eine erste Suchbewegung führt Franziskus aus der Stadt. Immer wieder geht er für ein oder zwei Stunden auf Distanz zur Alltagswelt. Draußen vor den Toren verändert sich die Sicht. Da blickt der junge Kaufmann von außen auf seine städtische Realität. Eine halbe Meile unterhalb der Porta Moiano entdeckt er ein verlassenes Benediktinerpriorat. Die tausendjährige Krypta ist bis heute erhalten: ein stiller, halbdunkler und bergender Raum, in dem der Suchende zu sich selber kommt. Das Äußere entspricht der inneren Verfassung. Spärliches Licht fällt friedlich ins Dunkel. Hier kann er seine Gefühle zulassen, seinen Ängsten Raum geben und seine Fragen hören. Hier findet er Worte, die seine Sehnsucht aussprechen:

> Du, lichtvoll über allem, Gott,
> erleuchte die Finsternis meiner Seele
> und gib mir einen Glauben, der weiterführt,
> eine Hoffnung, die durch alles trägt,
> und eine Liebe, die an keine Grenzen stößt!

Selig, wenn ich die Orte finde und schätze, die mich zu mir selber bringen! Glücklich Menschen, die sich selber Gutes tun: Sie werden sich und andere lieben lernen!

Wenn das Herz erwacht | Donnerstag

Fern erscheint der Weltenherrscher romanischer Kathedralen. Auch Assisis Dom zeigt Christus als König, der über Sonne und Mond thront. Franz findet in seinem Hunger nach Licht und neuer Lebensfreude zunächst die Stille von San Masseo. Sie lässt ihn in Worte fassen, was ihn im Innersten bewegt. An derselben Straße liegt unten in der Ebene San Lazzaro: das Hospital der Aussätzigen. Begegnungen mit Bettlern und Erlebnisse in Assisis Arbeiterquartieren haben den jungen Mann die Schattenseiten der Stadt und ihre Schattengestalten entdecken lassen: Arbeiter, Ausgenutzte und Menschen am Rand. Immer öfter treibt er sich unter ihnen herum, lädt sie zu Tisch und gewinnt sie zu Freunden. Sie erschließen ihm, noch immer gefeierter Sunnyboy mit dunklen Fragen in seiner Seele, Lichtstunden im sozialen Schattenreich. Zuwendung beglückt. Als sich dem Kaufmann einmal bei einem Ausritt ein Leproser in den Weg stellt, muss er sich überwinden, und es kommt zu einer Begegnung, die ungeahnte Folgen hat: »Ich suchte den Höchsten, und er hat mich unter die Verachteten geführt. In der Begegnung mit den Elenden ist mein Herz erwacht«, schreibt Franziskus später in seinem Lebensrückblick.

Menschen berühren, bewegen und wecken meine Liebe. Wo erfahre ich heute Zuwendung, und wo begegne ich Menschen offen, deren Nähe ich weder suche noch wähle? Wo ist mir das Herz erwacht: Franziskus wird im Rückblick die Hand Gottes erkennen: Er handelt inspiriert, unsichtbar begleitet und achtsam geführt.

Von Du zu Du | Freitag

Keine Stimme von oben – weder vom Himmel noch von Kanzeln – hat Antwort in die jahrelange Sinnsuche des jungen Kaufmanns gebracht. Mut zur Stille und Offenheit für Menschen haben sein Herz geöffnet. In Erfahrungen mit Menschen am Rand gewinnt Franziskus Lebensfreude zurück – und tastet sich weiter. Kurze Zeit, nachdem er erstmals einen Aussätzigen umarmt hat, sucht er in einer Kirchenruine das erfahrene Glück zu verstehen. Da geschieht ein weiterer Durchbruch. Eine Ikone zeigt Christus ungewohnt nahe. Nicht der Weltenherrscher, sondern der Menschgewordene, nicht der Erhabene, sondern der Solidarische erwartet ihn da: mit offenen Augen, einem offenen Ohr, offenen Armen und einem offenen Herzen. Nicht der Herr der Herren, sondern der Freund der Kleinen und Verstoßenen umarmt ihn, so wie er den Aussätzigen umarmt hat. Mystische Erfahrung auf Augenhöhe, durch menschliche Begegnungen vorbereitet.
Wo begegnet Gott mir selber als Du? Und ich ihm von Du zu Du?

»Mehr als alles« – über allen – mit allen |
Samstag

In San Masseo hat Franziskus zu sich selber gefunden und gute
Schritte zur gesunden Selbstliebe entdeckt. In San Lazzaro sind die
Grenzen seiner Egozentrik überwunden worden und sein Herz ist
zu echter Menschenliebe erwacht. In San Damiano hat er Gottes
Zuwendung im Mensch gewordenen Gottessohn erfahren. Selbstliebe, Nächstenliebe und Gottesliebe befreien den suchenden Kaufmann: aus seinen engen Kreisen, seiner Zunft und seiner Stadt. Als
der Vater weiter über ihn bestimmen will, enterbt sich Franziskus
öffentlich. Er erkennt, was Dorothee Sölle in dichte Worte fassen
wird: Gott ist »mehr als alles«! Und er bekennt vor der versammelten Stadt: »Hört mich an und versteht: ... Unser Vater ist im Himmel!« Ein Du aller und über allen! Franziskus wird künftig jedem
Menschen geschwisterlich begegnen. Zwei Jahre später erkennt er
seinen Auftrag in der Portiunkula, einer zweiten Landkirche
unweit des Leprosenhospitals. Jesus selbst und sein menschliches
Leben werden zum Weg, der Franziskus trägt und erfüllt. Arm
folgt er den Fußspuren des armen Christus und lernt vom Meister,
Bruder jedes Menschen zu sein, fantasievoller Friedensaktivist,
Freund von Arm und Reich ...

Du aber bleibst
Impulse in den Herbst

Du aber bleibst, der du bist,
und deine Jahre enden nie.
PSALM 102,28

Veränderungen | Sonntag

Mein Blick schweift in der Abendsonne über uralte Steineichen und knorrige Kastanienbäume. Palmfächer rauschen im Wind und tanzen vor der rötlichen Meeresfläche tief im Westen. Im Bergkloster der Kapuziner über Frascati scheint die Zeit still zu stehen. Unter verwitterten Ziegeldächern folgt das Leben seit vier Jahrhunderten den gleichen Rhythmen: Brüder verbinden Stille und Stadt, Gebet und Einsatz unter den Menschen. Frühmorgens, mittags und abends ruft die kleine Glocke zum Gebet. Sie tut es seit 1574. Dennoch hat sich einiges verändert: Das Lichtermeer Roms erstreckt sich mittlerweile über die ganze Tiber-Ebene. Das Internet öffnet den Brüdern zudem Fenster in alle Welt. Bisweilen leidet auch Frascati am wachsenden Lärm über dem nahen Flugplatz Ciampino. Und viele Sorgen der Menschen, die zu dieser Oase aufsteigen, sind neu: Stress, zerbrochene Beziehungen, Mobbing, Arbeitslosigkeit, Vereinsamung.

Wie hat sich Ihr eigener Lebensort im Lauf der Jahre verändert? Ihre Wohnsituation? Ihre Lebenslage? Was bleibt sich gleich? Was halten Sie in ihrem Leben treu durch? Und was darf anders werden?

Vergänglichkeit | Montag

Auch in Frascati färben sich die Laubbäume und tanzen erste Blätter im Herbstwind. Rilkes Verse aus dem Gedicht »Herbsttag« tanzen mit und erinnern daran, wer über dem vergänglichen Jahr steht:

Herr, es ist Zeit. Der Sommer war sehr groß.
Leg deinen Schatten auf die Sonnenuhren,
und auf den Fluren lass die Winde los!

Kürzere Tage laden uns ein, selber »kürzer zu treten«. Längere
Abende und frühes Dunkeln lassen uns ruhiger werden und gönnen uns mehr Zeit zu Hause. Zeichen der Vergänglichkeit verbinden sich mit »Erntezeit«, Einkehr mit Dankbarkeit. Hat sie nicht
schöne Seiten, die herbstliche Vergänglichkeit? Rilke spricht in den
folgenden Strophen sowohl die Früchte wie den Ernst des Herbstes
an, den Herbst des Jahres und die Herbstzeit des Lebens:

Befiehl den letzten Früchten, voll zu sein;
gib ihnen noch zwei südlichere Tage,
dränge sie zur Vollendung hin, und jage
die letzte Süße in den schweren Wein.

Wer jetzt kein Haus hat, baut sich keines mehr.
Wer jetzt allein ist, wird es lange bleiben,
wird wachen, lesen, lange Briefe schreiben
und wird in den Alleen hin und her
unruhig wandern, wenn die Blätter treiben.

Gegenwärtige Geschichte | Dienstag

Er, der die Schatten auf die Sonnenuhren legt, er kennt sie selber
nicht: die Vergänglichkeit. In Gott bleibt alles gegenwärtig und
geht vollendet ein in ewige Gegenwart. Der Psalmist findet dafür
ein poetisches Bild: »Deine Jahre enden nie!« Gott kennt viele
Jahre. Er sah Jahrzehnte, Jahrhunderte kommen und gehen. Er
sah den römischen Staatsmann Cicero vor mehr als 2000 Jahren
aus seiner Villa Tusculana treten, deren Ruinen das Kapuzinerkloster Frascati nach Ansicht der Lokalgeschichtler birgt. Er
sah die Gründung des Klosters vor bald 500 Jahren und seine
bewegte Geschichte durch die Jahrhunderte. Er sah Rom entstehen
und zum heutigen Lichtermeer werden. Er sah unsere Eltern und

Urahnen im Sand spielen, erwachsen werden und älter werden. Gottes Jahre sind für uns unzählbar. Und sie enden nie: Sie bleiben gegenwärtig, in ihm geborgen und zu ewiger Ganzheit gefügt, und mit ihnen alles und alle Menschen, die all diese Jahre geprägt haben.

Schatten des Alters | Mittwoch

Der Psalmendichter hat für einen »Unglücklichen« geschrieben, der »seine Klage vor Jahwe ausschüttet« (Psalm 102,1). Er hat Menschen vor Augen, die unter der Vergänglichkeit leiden. Der Herbst kann Ängste, *No future*-Gefühle und Depressionen verstärken. Während jahreszeitlich immerhin Hoffnung auf einen fernen Frühling bleibt, stellt der Herbst des Lebens viele Zeitgenossen an einen dunklen Abgrund. »Meine Tage sind wie Rauch geschwunden ... Ich bin wie eine Dohle in der Wüste, ein Eule in öden Ruinen. Ich liege wach und klage wie ein einsamer Vogel auf dem Dach ... Ich verdorre wie Gras« (Psalm 102,4–12). Kraftvolle Bilder für schwindende Lebenskraft, für die Schatten des Alters und die Einsamkeit Kranker. Letzter Halt bietet nur der, der »vorzeiten der Erden Grund gelegt« hat, und dessen Hände Werk Himmel und Geschöpfe sind. »Sie werden vergehen, du aber bleibst« (Psalm 102,26–27). Kann ER aber etwas vergessen, etwas fallen oder vergehen lassen, was ihm lieb ist? Liebe will ewig dauern – und wer, wenn nicht Gott, kann ihre Sehnsucht erfüllen? Ihre und Seine Sehnsucht?

Bleib, wie du bist | Donnerstag

»Du bist immer noch derselbe!« Die Aussage kann Kritik oder Kompliment sein. Negativ untermalt kommt sie als Tadel daher: »Du bist noch immer nicht reifer geworden!« Positiv gefärbt bereitet sie Freude: »Du bist ganz du selbst geblieben, dir treu, unverkennbar du!« Wir sind vielfältigen Einflüssen ausgesetzt, müssen uns anpassen und integrieren. Das moderne Leben entfremdet mehr und mehr Menschen ihren Familien, Freunden und sich selbst.

»Du bist du geblieben« klingt als Feedback beruhigend und ermutigend für alle, die sich dem Getriebe der Welt aussetzen.

Vielleicht können Sie damit auch Menschen Ihrer Umgebung ermutigen und ihnen spiegeln, was sie einzigartig macht, was Sie an ihnen schätzen, wo Freunde sich selbst weiterhin treu sein und wozu Gefährtinnen Sorge tragen sollen: »Bleib, wie du bist – bleib du selbst!«

Bert Brecht hat beide Farben der Aussage in eine berühmte Begegnung gefasst: »Ein Mann, der Herrn K. lange nicht gesehen hatte, begrüßte ihn mit den Worten: ›Sie haben sich gar nicht verändert.‹ – ›Oh!‹, sagte Herr K. und erbleichte.« Die Aussage des Bekannten ist freundlich und als Kompliment gemeint. Das Erschrecken von Herrn K. wird zur Anfrage an Brechts Zuhörer, ob nicht auch sie vielleicht erschrecken müssten? Bleibt zu vieles, wie es war? Bin ich in manchem stillgestanden? Wo will ich mich selber nicht verändern? Haben wir uns verändert, doch kaum wahrnehmbar? Erich Fried formuliert die Herausforderung mit Blick auf unsere große Realität: »Wer will, dass die Welt so bleibt, wie sie ist, will nicht, dass sie bleibt.«

Gottes Treue | Freitag

»Gott bleibt, wie er ist«. Ein Gefährte des Franziskus, der Mystiker Ägidius von Assisi, der in einer Einsiedelei auf Perugias Monteripido lebte, gibt dem Psalmwort einen weiteren Sinn: »Der Mensch macht sich von Gott ein Bild nach eigenem Ermessen; doch Gott bleibt immer er selbst«. Der Ewige lässt sich nicht in unsere Bilder pressen. Ebenso wenig kann er in seiner Freiheit für dieses und jenes vereinnahmt werden. Wir tun gut daran, unsere Bilder von Gott als Menschenwerk zu betrachten. Sie ermöglichen uns, Gotteserfahrungen zu fassen oder zu erschließen, doch sind sie nie Abbildungen Gottes. »Er selber wohnt in unzugänglichem Licht« (1 Timotheus 6,16). Und jene, die ungläubig werden und »Gott verwerfen«, werfen zunächst ihre eigenen Gottesbilder fort – nicht Gott selbst. Er bleibt auch Ungläubigen treu, auf dass sie, wenn es Zeit wird, neue Erfahrungen mit ihm machen.

Wie eine Mutter | Samstag

Gott bleibt er selbst. Auch »Enttäuschungen« können ihn nicht »außer sich bringen«. Hosea vergleicht Gott mit einer Mutter oder einem Vater, der sich für sein Kind abmüht. Halbwegs erwachsen geworden, wendet Israel sich jedoch ab von ihm, geht seiner eigenen Wege und fragt nicht mehr nach ihm. Die Geduld eines menschlichen Vaters kennt Grenzen. Der Prophet zeichnet Gottes Leidenschaft sehr menschlich, um Jahwe überraschend weitersprechen zu lassen: »Ich will meinen glühenden Zorn nicht vollstrecken ... Denn ich bin Gott, nicht ein Mann, der Heilige in deiner Mitte. Darum komme ich nicht in der Hitze des Zorns« (Hosea 11,9). Der Ewige ist Gott, nicht ein Mann*. Seine Liebe lässt sich daher durch nichts beirren oder löschen.

*verschiedene Bibelausgaben übersetzen den hebräischen Urtext verfälschend: »Jahwe ist Gott, nicht ein Mensch.« Tatsächlich steht aber nicht »adam«, wörtlich »Erdling«, was mit Mensch oder Mann übersetzt werden kann, sondern »isch«, das Wort, das eindeutig und klar den Mann bezeichnet, den Gegenpart zur »ischah« (Frau). Stellt der Prophet Hosea Jahwe im ersten Teil als Liebhaber vor und Israel als untreue Geliebte, so folgt im letzten Teil des Buches ein weibliches Gottesbild: Gott als Mutter und Israel als Sohn.

Literaturtipp dazu: Helen Schüngel-Straumann, Denn Gott bin ich, und kein Mann. Gottesbilder im Ersten Testament – feministisch betrachtet, Mainz 1996.

Von der Kraft der Erinnerung
Impulse für Rückblicke

Denn tausend Jahre sind für dich
wie der Tag, der gestern vergangen ist,
wie eine Wache in der Nacht.

PSALM 90,4

Erlebtes nachklingen lassen | Sonntag

Wer Tagebuch schreibt, lässt jeden Tag nachklingen. Ich habe über zehn Jahre alltäglich auf einer dichten Seite notiert, was »äußerlich« geschehen ist, um dann auch die markanteste innere Erfahrung in Worte zu fassen. Diese schlichte Art, Erlebtem nachzuspüren, lehrt, den eigenen Alltag intensiver wahrzunehmen, wacher zu gestalten und auch leichter zu verdauen. Ab und zu haben bewegte Zeiten meine Aufzeichnungen in Rückstand gebracht. Ich habe es geschafft, bis zu drei Wochen lückenlos aufzuarbeiten: einem Puzzle gleich, Tag um Tag, Erfahrung um Erfahrung zu ordnen, bis jede Stunde in der Erinnerung ihr Gesicht wiederfand. Für Gott sind »tausend Jahre wie der Tag, der gestern vergangen ist«. Welch gewaltige Aussage! Uns Menschen kann es am heutigen oder am nächsten Ruhetag genügen, in Ruhe die Tage dieser Woche nachklingen zu lassen. Glücklich, wer im Schauen auf sein eigenes Werk der letzten sechs Tage dankbar sagen kann, dass fast »alles gut ist« (vgl. Genesis 1). Eine gute Verdauung wünsche ich uns dagegen für das, was uns seelisch noch auf dem Magen liegt!

Von der Geschichte lernen | Montag

Es war in den ersten Wochen meiner Geschichtsstudien. Der Historiker Carl Pfaff, ein Meister seines Faches, führte uns durch Fribourg. Häuser, Gassen und Plätze begannen zu sprechen. Wir haben uns tief in der Vergangenheit wiedergefunden: da, wo vor

1500 Jahren Burgunder und Alemannen aufeinanderstießen ...
Unser Weg führte ins hohe Mittelalter, als die Zähringer diese Stadt
gründeten, und weiter in die alten Quartiere um den gotischen
Dom, durch die Zeit der Reformationskämpfe und das Ancien
Régime in die Ära Napoleons, über den Sonderbundskrieg von 1848
in den neuen Schweizerischen Bundesstaat. Am Ende dieser Zeit-
reise haben wir gesehen, dass die Stadt Fribourg heute nicht mehr
die »schwarze Dame« ist, ein Bollwerk des konservativen Katholi-
zismus, das sie vor Jahren war.

Was mich am leidenschaftlichen Historiker beeindruckt hat,
war die Liebe, mit der er die Menschen langer Generationen und
ihr Werk betrachtete: Bei aller Nüchternheit konnte der Gelehrte
über vieles staunen, über manches lachen und einigem betroffen
nachsinnen. »Wir sind nicht begabter noch besser als unsere
Vorfahren«, beschloss er den gemeinsamen Weg, doch können
wir besser als jede Zeit vor uns von ihnen lernen.

Vergessen und verdrängen | Dienstag

Im mehrheitlich französischsprachigen Fribourg ist mir die lateinische Kultur lieb geworden. Neue Chansonniers haben mich
ebenso begeistert wie der alte Spatz von Paris. »Non, rien de rien,
non, je ne regrette rien ...«. Weder das Gute noch das Üble, das sie
in ihrem Leben erlitt, hat Edith Piaf bereut. Für ihr scheinbar
befreites Weitergehen hat sie allerdings einen hohen Preis bezahlt:
Alles Erlebte ist weggewischt, ausgelöscht und vergessen – »payé,
balayé, oublié«. Die Psychologie warnt vor Verdrängungen: Unsere
Seele trägt unbewusst weiter mit sich, was unser Bewusstsein einfach wegwischt. Oft erkennen Menschen erst nach Jahren oder
Jahrzehnten, wie sehr frühkindliche Erfahrungen, ein Missbrauch
in der Jugend oder unverdaute Konflikte sie verfolgen. Viele Jahre
und Jahrzehnte können uns dann ungut so nahe bleiben wie der
eben vergangene Tag. Zwanghafte Verhaltensmuster, Projektionen
und Ängste lassen sich aber heilen, wenn Vergangenes verarbeitet
wird und ich mich mit meinem Weg versöhne.

Unschönes sehen | Mittwoch

Eine meiner Mitstudentinnen wollte weder Zeitungen lesen noch sich die »Tagesschau« im Fernsehen anschauen: All das Negative in der Welt belaste sie zu sehr. Ein nachdenklicher Geschichtsprofessor riet ihr, die Fachrichtung zu wechseln. Sie verließ das Seminar, und er bemerkte zu ihrem Weggang: »Sie wird nie weise werden, und sie wird sich selbst nicht finden – solange sie Scheuklappen trägt.« Gott schaut in die Welt. Wie hellsichtig und engagiert er es tut, lassen uns biblische Propheten und moderne Prophetinnen erahnen. Schönes und Schmerzliches, Gelungenes und Unvollendetes – es lässt sich aus dem Blick zurück verstehen.

Gott sieht unsere kleine und große Geschichte, sieht sie unvergleichlich klarer als wir. Er empfindet sie nach, hält sie aus, lehrt uns, sie zu lesen – und er wird sie vollenden ...

Nachtsicht | Donnerstag

Wir wären gebildete Toren
und Sklaven der eigenen Macht,
im eigenen Lichte verloren,
fänd' Gott nicht durch unsere Nacht.[12]

Diese Zeilen aus einem tiefsinnigen Lied des evangelischen Religionswissenschaftlers Georg Schmid sind ins Katholische Gesangbuch der Schweiz eingegangen. Was wir klar zu sehen meinen und »im eigenen Licht« betrachten, mag vor Gottes Weisheit wie ein nächtliches Schauen anmuten. Der Psalm scheut sich nicht, Gott mit Nachtwachen zu verbinden. Wo wartet er wohl darauf, bis ich – nach heilsamem oder unruhigem Schlaf – aufwache? In sein Licht und in eine farbigere Schau der Realität, Schritt für Schritt seinem Tag und seiner Klarheit entgegen?

Lichtvolle Menschen | Freitag

Jeden Freitag erinnert das klösterliche Gemeinschaftsgebet an Davids größte Schuld und seine Fähigkeit zur Umkehr. Wir singen am Morgen den Psalm 51 (»Miserere«) und lesen am Mittag Texte zur Passion Jesu. Dass Gott unsere Nächte nicht scheut, beweist der schwärzeste Freitag der Geschichte eindrücklich. Sein eigener Sohn versinkt im Dunkel eines gewaltsamen Todes. Karfreitag führt uns schmerzlich vor Augen, was Menschen anrichten können. Nachrichtensprecher erinnern uns darüber hinaus alltäglich daran, dass die Kreuze der Welt nicht verschwinden. Tausendfache Passionsszenen verwunden auch heute Menschen in den vielfältigsten Formen, und stündlich sterben zahllose Opfer an Hunger, Gewalttaten, Verfolgung, Terror und Krieg. Ich stelle mir Jesu Abba sehr menschlich vor, wie er über den Tod seines Sohnes weint. Und wie er dann über ihm wacht, in der Nacht bis zu jenem Morgen, der Licht und Liebe stärker erweist als Dunkel und Hass. In dieser Gewissheit führt Gott die Geschichte mit uns Menschen weiter. Er, der unser aller Vater ist und dadurch täglich unsäglich viel Leid mit auszuhalten hat, glaubt dennoch an seine Heilsgeschichte mit uns.

Dass Gott die Geschichte mit uns Menschen auch angesichts des vielen Leids nicht abbricht, sondern durch Jahrhunderte und Jahrtausende weiterführt, zeigt mir, wie viel Gott uns an Erkenntnis und Liebesfähigkeit zutraut. Wie ermutigend ist es da, dass die Nächte unserer Geschichte auch reich an Menschen sind, die den Spuren Jesu tatkräftig folgen oder in anderen Religionen vom Geist inspiriert leben. Wie hoffnungsvoll, dass zahllose Menschen im schlichten Alltag oder in großen Werken der Liebe Raum geben. Sie entsprechen Gottes Glaube an uns und unsere Liebe lichtvoll.

Gestern – heute – morgen | Samstag

Die Kultur, in der Jesus lebte, kennt sprachlich keine »Vergangenheitsform«. Israel erzählt sich seine Geschichte im Präsens. Was war, ist weiterhin: Jahre und Jahrhunderte bleiben im lebendigen

Erzählen gegenwärtig. Wer so mit seiner Geschichte umgeht, zeichnet eine Kreislinie um sich, in der Frühes dem Späteren folgt, ohne dass das zeitlich Nähere dabei anderes in die Ferne rückt. Jüdisches Feiern führt die Kunst biblischer Erinnerung weiter. Weder Gottes Großtaten noch unsere menschliche Geschichte werden dabei vergessen. »Es ist, was es ist, sagt die Liebe« mit dem jüdischen Dichter Erich Fried. Gott sieht es, sieht alles – in seiner Liebe. Und Gott sieht nicht nur: Die Schriften des ersten Bundes (Altes Testament) und die Schriften des zweiten Bundes (Neues Testament) erzählen uns von der Leidenschaft Gottes für unsere Welt und von einer Liebe, die jedem Menschen gerecht wird, die in allem Gerechtigkeit schafft und diese zugleich übersteigt: »So erweist Gott seine Gerechtigkeit durch die Vergebung der Sünden« (Römer 3,25), schreibt Paulus (vgl. Lukas 1,77; Kolosser 1,14). Gott wird den Kreis, den wir ziehen, vollenden: den ganz persönlichen jedes Menschen und den großen Kreis der Geschichte, so wie es keiner und keine Menschengeneration aus eigener Kraft vermag. Dann werden die Jahre meiner Biografie und Jahrmillionen irdischer Geschichte einfließen in Seinen ewigen Tag.

Gottesbegegnungen
Impulse in Glück und Nöten

Der Herr erwiderte Gideon:
Friede sei mit dir!
Fürchte dich nicht, du wirst nicht sterben.
Gideon errichtete an jener Stelle einen Altar für den Herrn
und nannte ihn: Der Herr ist Friede.
RICHTER 6,23–24

Die meditativen Impulse dieser Woche lassen das alttestamentliche Buch Richter in die Gegenwart sprechen. Es erzählt von der Frühzeit Israels im Gelobten Land – und von den Gefährdungen, die Gottes Volk erlebt und auch selber verschuldet: in einer Welt, in der »Milch und Honig fließen« (Deuteronomium 26,9). Der Bezug zu unserer eigenen Lebenswelt drängt sich auf: Der deutschsprachige Kulturraum liegt privilegiert und florierend mitten in einem Europa und in einer Welt, die sorgenvoll auf Wirtschaftskrisen, Migrationsströme und Krisenherde blickt.

Gefährdetes Glück | Sonntag

»Sie vernichteten die Ernte des Landes bis in die Gegend von Gaza. Sie ließen keine Lebensmittel übrig, auch kein Schaf, kein Rind und keinen Esel. Sie kamen wie die Heuschrecken ... und verheerten das Land. Es verarmte und seine Bewohner schrien zum Herrn« (Richter 6,4–6). Die Zeilen über Verwüstungen in Gaza könnten aus der Presse des Jahres 2014 stammen. Israel walzte Kulturland platt. Der massive Truppeneinsatz hinterließ zerstörte Felder, Gärten und Bauten. Verarmte Palästinenserinnen suchten in Trümmerhaufen nach brauchbaren Überresten. Wo eben noch gesät und geerntet, aufgebaut und kultiviert wurde, steigt Rauch aus Ruinen und Wehklagen zum Himmel. So frisch die Bilder der Verheerungen im Nahen Osten sind, so alt sind die Eingangszeilen dieses

Impulses: Sie leiten die Gideon-Erzählung ein, aus der unser Bibelvers stammt.

Warum nur lernen wir so wenig aus unserer Geschichte? Menschen zerstören, was blüht ...

Der Ruhetag der Woche lädt zur Rückschau ein – auch in die »kleine Geschichte« unseres Alltags mit seinen schönen Früchten und seinen leisen Nöten.

Unser gelobtes Land | Montag

Vor den Fenstern meines Klosters liegen bunte Gärten und reiche Felder. Gute Ernten finden auf Wochenmärkte und in übervolle Regale der Einkaufszentren. Die Schweiz ist weiterhin das reichste Land der Welt, eines der sichersten und eine Friedensinsel. Das alles wiegt umso mehr angesichts der weltweiten Terrorgefahr und ökonomischer Probleme vieler Länder. Auch Deutschland und Österreich liegen mit reizvollen Landschaften, reicher Kultur und wirtschaftlich privilegiert in Europa. Mitteleuropa liefert ein Kontrastbild zum verwüsteten Gazastreifen und anderen Kriegsgebieten der Welt! Doch lassen wir unsere Länder nicht zu Inseln werden: Es geht uns gut, weil wir eifrig arbeiten und viel Arbeit haben – aber ebenso, weil Touristenscharen uns Geld ins Land bringen und weil wir exportieren können, was unsere Betriebe produzieren. Wirtschaftlich sind unsere Länder universal weltoffen. Seien wir es auch menschlich, politisch und solidarisch: zugänglich und wohltuend, individuell in unserer eigenen Lebenswelt, national und als Teil der einen Menschheitsfamilie.

Gott glaubt an uns | Dienstag

Israel leidet zur Zeit Gideons. Es verzieht sich in Schluchten, in Bergnester und Höhlen (vgl. Richter 6,2). Es verbarrikadiert sich und baut nur auf seine eigene Kraft. In dieser Bedrängnis erinnert ein Prophet an Gott: »So spricht der Ewige, der Gott Israels: Ich selbst habe euch aus Ägypten heraufgeführt. Ich habe euch aus dem Sklavenhaus herausgeführt ...« (Richter 6,8). Jahwe bleibt nicht gleichgültig: Er schaltet sich neu ein, erinnert an die gemeinsame Geschichte und zeigt sich erneut als Befreier. Ein Gott, der uns Menschen aus Höhlen und Schluchten, aus Ängsten, Enge und dunklen Tiefen holen will. Ein Gott, der uns aufrecht wünscht, frei und ins Leben gerufen. Er hat Israel ins Gelobte Land geführt, ihm da aber selbst verursachte Not nicht erspart. Menschen tragen die Folgen ihrer freien Entscheidungen. Doch Gott glaubt an uns Menschen, auch wenn wir uns von ihm abgewandt haben. Er hält an seinem Projekt fest, die Welt im Zusammenspiel mit freien Menschen zu gestalten: als Haus des Lebens für Pflanzen, Tiere und Menschen (vgl. Genesis 1–2), als Ort der Pilgerschaft für alle Völker, als Bühne einer Heilsgeschichte, in der sich Träume erfüllen. Und Gottes Glaube ist initiativ.

Zweifel | Mittwoch

Gideon ist ein Sohn seines Volkes. Auch er meint, Israels handfeste Nöte seien ein Zeichen von Gottes Ferne. Jahwe nähert sich dem jungen Mann sorgsam. Zunächst setzt sich ein Engel unter eine Eiche vor seinem Haus. Der unscheinbare Bote mit Wanderstab spricht Gideon beim Weizendreschen an und spricht ihm Gottes Zuwendung zu. Gideon zweifelt – und braucht handfeste Beweise (vgl. Richter 6,11–21). Seine Zweifel dürfen sein, werden ernst genommen und sorgsam aufgefangen. Eine wunderschöne Geschichte von Gott und Menschen: Jahwe begibt sich leise und unaufdringlich in den Alltag eines jungen Mannes. Er spricht ihn mitten in der Arbeit an, versteht sein Denken und sein Fühlen, und er möchte mit ihm gute Schritte tun. Gott tut es zunächst über einen Boten, »zwischenmenschlich«.
Es lohnt sich, im Alltag und im Zwischenmenschlichen sensibel zu hören! Da und dort spricht Gott auch uns durch menschliche Botinnen und Boten an, mischt seine Stimme sich in unsere Gespräche, rührt er in unscheinbaren Alltagsbegegnungen an unser Herz ...

Not-wendig | Donnerstag

Gideon hört, dass er die Lage seines Volkes wenden kann. Nur zweifelt er an sich und seinen Möglichkeiten: »Ach, mein Herr, womit soll ich Israel befreien? Sieh doch, meine Sippe ist die schwächste in Manasse, und ich bin der Jüngste im Haus meines Vaters« (Richter 6,15).

Kennen wir das nicht auch: »Was kann ich schon ausrichten? Ich habe keinen Einfluss, kann die Situation nicht ändern.« Welchen Einfluss habe ich auf die Politik: Sie geht ihre Wege national und weltweit ohne mich! Und die ungerechte Weltwirtschaft, die arme Länder von reichen abhängig bleiben lässt! Und die Umweltzerstörungen, Klimaerwärmung und Rohstoffverschwendung. Was kann ich gegen die zunehmende Gewalt und Desintegration im eigenen Land tun.

Auch mit resignierter Passivität kann Gott umgehen, und er lässt Gideon gegenüber nicht locker: »Der Ewige sagte zu ihm: Weil ich mit dir bin, wirst du die Not wenden« (Richter 6,16). Gott behält Nöte im Blick und findet sich mit ihnen nicht ab, weder mit den großen der Welt noch den kleinen einer Person. Wo immer wir uns eine Wende wünschen, eine Veränderung und neue Freiheit: sie kann möglich werden – wenn wir Gottes leiser Initiative trauen und selber Hand bieten.

Berührt vom Ewigen | Freitag

»Als Gideon sah, dass es der Engel Gottes gewesen war, rief er: ›Weh mir, Herr und Gott, ich habe den Engel des Ewigen von Angesicht zu Angesicht gesehen!‹ – Jahwe erwiderte ihm: ›Friede sei mit dir! Fürchte dich nicht, du wirst nicht sterben‹« (Gideon 6,22–23). Der kleine Mensch erfährt und erkennt, dass Gott selber ihm ganz nahe gekommen ist, und erschrickt zutiefst. Auch Mose hat in der Oase am Horeb so reagiert, und Maria wird es in Nazaret ähnlich erleben. Echte Gottesbegegnung weckt Ehrfurcht. Gott will nicht, dass Furcht in Angst kippt. Er bietet »Schalom« an: Das hebräische Wort bedeutet Friede im umfassenden Sinn – Gesundheit und Glück für

Leib und Seele, Gemeinschaft, Leben in Fülle, eine gemeinsame Zukunft.

Unser eigenes Leben kennt das Berührtwerden vom Göttlichen. Erinnern wir uns wie Gideon im eigenen Alltag an ganz leise oder auch überwältigende Zeichen seiner Nähe und seiner Verheißung: »Fürchte dich nicht, du sollst leben!« (Richter 6,23).

Heilige Erinnerung | Samstag

»Gideon errichtete an jener Stelle einen Altar für den Ewigen und nannte ihn: Jahwe ist Friede. Der Altar steht bis zum heutigen Tag in Ofra« (Richter 6,24). Jede Biografie hat ihre »heiligen Stätten« und jede Glaubensgeschichte tut gut daran, ihren besonderen Erfahrungen und Orten Sorge zu tragen. Gideon schichtet bei seiner Eiche einen Altar auf. Hier wird er immer wieder zu Gott sprechen, auf ihn hören, sich erinnern und weiterschauen. Hier werden andere Menschen seine Geschichte erzählen und selber offen werden für Gottes Zuwendung.

Wir brauchen keine Altäre zu bauen vor unserem Haus und unter unserer »Eiche«: Doch lasst auch uns Zeichen finden, die uns selber und andere Menschen an ermutigende Gotteserfahrungen erinnern und solche auch neu ermöglichen. Auch das heilige Buch unserer eigenen Lebensgeschichte will sich mit ermutigenden Seiten fortschreiben, und unsere alltägliche Lebenswelt braucht leise und kleine Zeichen. Sie sind Erinnerung und Chance für uns selber, in einer Partnerschaft, für fragende Enkelkinder. Und welche Worte und Zeichen finde und hinterlasse ich in meiner Welt – für Menschen, die Gottes leise Spuren suchen?

Unterwegs sein
Impulse zur Stephanus-Geschichte

Ihr Halsstarrigen, ihr,
die ihr euch mit Herz und Ohr
immerzu dem Heiligen Geist widersetzt!
APOSTELGESCHICHTE 7,51

Die Impulse dieser Woche blicken auf den ersten Märtyrer der christli-
chen Geschichte. Der Glaubensmut von Märtyrerinnen und Glau-
benszeugen macht betroffen. Stephanus spricht im Bericht des Lukas
drei Urversuchungen jeder Religiosität an: dass sie ausschließlich wird,
Gott an Orte und Institutionen bindet und Menschliches zu gottgewoll-
tem Gesetz erhebt.

Katakombenfresken | Sonntag

In Grottaferrata, zwanzig Kilometer vom Zentrum Roms entfernt,
findet sich die Katakombe »Ad decimum«: Erst im 20. Jahrhundert
entdeckt, hat sie die Plünderungen im reliquienfreudigen Mittelalter unbeschadet überstanden. Die meisten Grabnischen sind noch
immer ungeöffnet. Die Gebeine von Glaubensgeschwistern, die uns
in der Frühzeit der Kirche vorausgegangen sind, ruhen seit 1800
Jahren im Frieden. Ihre Angehörigen – erste christliche Familien
in den Albanerbergen – ritzten ihre Hoffnung in schlichten Symbolen auf die ärmlichen Grabplatten. Vielfältige Zeichen sprechen
vom Einen: Der Anker steht für den Auferstandenen, der auch im
Tod noch rettenden Halt gibt; der Fisch (griechisch ΙΧΘΥΣ, gesprochen *Ichthys*) für »Jesus Christus, Gottes Sohn und unseren Erlö-
ser«; der Hirte für Ihn, der auch den Verlorenen nachgeht. Beeindruckt bin ich vor einer Zeichnung stehengeblieben, die Jesus als
jungen Mann zeigt: in ein mediterranes Alltagskleid der Kaiserzeit
gehüllt und kaum zu unterscheiden von anderen Zeitgenossen. Als
Galiläer unter Galiläern war er am See Gennesaret unterwegs. Stel-

len Sie sich vor, er grüßte Sie heute, in Jeans, schlicht und nahe –
einer von uns! Er tut es, »bei uns alle Tage« (Matthäus 28,20).

Mutige Zeugen | Montag

Ich weiß nicht, ob auch einige der Gläubigen in dieser Katakombe
einer Verfolgung zum Opfer gefallen sind. Wie auch immer: Sich
für den Christus-Glauben zu entscheiden, war vor 313 n. Chr. riskant. Bevor sie unter Kaiser Konstantin in Mode kam, bedeutete
die Taufe Aufnahme in eine kleine religiöse Minderheit. Sie war
mit hohen ethischen Ansprüchen verbunden – und bedeutete für
eine ganze Reihe von Tätigkeiten Berufsverbot. Christinnen und
Christen setzten sich dem Risiko aus, jederzeit angeklagt werden
zu können. Die möglichen Folgen: Prozess, Güterkonfiszierung,
Gefängnis, Strafdienste im Bordell, Arbeitslager oder im schlimmsten Fall die Arena.

Katakomben antworten auf die Frage, weshalb unsere Vor-
läufer das Risiko eingingen: Sie haben Glaube als Freundschaft mit
Christus erfahren, nicht halsstarrig, doch unbeirrbar – und sie
haben diese Freundschaft in einer Konsequenz gelebt, die auch
durchs Feuer geht.

Wir und die anderen | Dienstag

Die Apostelgeschichte erzählt vom ersten Zeugen, der seine Treue
zu Christus mit dem Leben bezahlt hat. Weshalb wurde Stephanus
gesteinigt? Lukas lässt uns die Anklage der Pharisäer und des
Hohen Rates wie auch die Verteidigungsrede hören (vgl. Apostelgeschichte 6–7). Tatsächlich entbrennt der Konflikt nicht an der
Person des Rabbi, sondern an einer Glaubenshaltung, die Christus
erneuert hat und die Stephanus konsequent zuspitzt. Ein erster
Streitpunkt: Israels Führer erträumen neue Freiheit und Größe im
verheißenen Land. Stephanus, ein Jude griechischer Herkunft mit
weiten Horizonten, tritt ihrem religiösen Nationalismus entgegen:
Glaube kämpft nicht um Land und will keine territoriale Abgren-

zung, sondern das existenzielle Unterwegssein mit Gott, persönlich wie Abraham und gemeinschaftlich wie Israel. Sich abgrenzen können auch christliche Kreise heute: wer immer das Heil nur der eigenen Gruppe zuspricht und alle anderen Menschen fallen lässt. Wer immer im Namen Gottes klar unterscheidet zwischen »wir und den anderen«, Erwählten und Nichterwählten. Auch in unguter Art sesshaft werden können moderne Gläubige bei aller Reisefreude: sesshaft in Gewohnheiten, Gemeindestrukturen, Denkweisen. Wie gehe ich mit Menschen um, die mir wie Stephanus unliebsame Fragen stellen und mich mit Kritik verunsichern?

Freie Gegenwart | Mittwoch

Stephanus hat im Glauben, den Jesus lebte, eine zweite Provokation gefunden und sie mutig vertreten: Tempel und Gotteshäuser verlieren ihre exklusive Bedeutung. Geradezu kühn wagt es der Diakon, im Zentrum des jüdischen Tempelstaates den Kult und das Heiligtum selbst in Frage zu stellen: Abraham habe Gott überall angebetet, Mose habe mit einem schlichten Zelt an die Nähe dessen erinnert, DER-DA-IST und der die Wege seines Volkes mitgeht. Salomo dagegen habe sich erfrecht, Gott ein Haus zu bauen. Jesus hat als Wanderprediger in Galiläa und als Laie gewirkt. »Reich Gottes« wird unterwegs erfahrbar, in Begegnungen und befreienden Handlungen. In Jerusalem trat er nur kurz und prophetisch-provokativ – und schon gar nicht als Tempelpriester – auf. Glaubt nicht, Gott lasse sich einsperren und an Orten festmachen, sagt Stephanus dem Hohen Rat ins Gesicht: Echter Glaube lässt sich nicht an Institutionen binden und von Autoritäten verwalten. Gott lässt sich »im Geist« überall auf Erden finden und anbeten.

Wo erfahren, feiern und preisen Sie selbst Christus außerhalb unserer Gotteshäuser? - »in Geist und Wahrheit« (Johannes 4,24), wo immer Gott sich uns zeigt?

Heilige Gesetze |

Eine dritte Provokation brachte das Fass zum Überlaufen: Nachdem Stephanus territoriales Denken und innere Sesshaftigkeit als menschliche Versuchungen enttarnt und eindringlich an Gottes Freiheit jenseits unserer Mauern und Strukturen erinnert hat, greift er eine weitere religiöse Verirrung an. Pharisäer und Schriftgelehrte meinen, Gottes Willen in Theologien und Normen fassen zu können. Auch noch so gelehrte Schriften oder fromme Traditionen dürfen uns nicht davon abhalten, selber auf Gott zu hören. »Solus Christus« – werden Reformatoren 1500 Jahre später ihren Gemeinden sagen: Christus ist einzige Mitte, Autorität und Norm. »Unser Leben und einzige Regel sind die Fußspuren Jesu und sein Evangelium«, hat Franz von Assisi schon im hohen Mittelalter seinen Brüdern ins Herz geschrieben. Nicht nur in der katholischen Weltkirche gibt es moderne Pharisäer und Schriftgelehrte, die das Kirchenrecht und heilige Traditionen über die Bibel stellen. Auch charismatische Freikirchen verleihen bisweilen Menschenworten göttliche Autorität.

Nehmen Sie nicht meine, sondern SEINE Stimme mit in diesen Tag – in der Art, die Ihnen vertraut geworden ist ...

Petrusdienst auf Augenhöhe |

Im Zentrum Roms lassen sich gegensätzlichste Kirchen besuchen. Santa Sabina auf dem Aventin ist eine frühchristliche Basilika, die seit 1600 Jahren an ihrem Ort steht. Sie erzählt mit ebenso alten Holzreliefs am Hauptportal von Christus, der Menschen auf Augenhöhe begegnet, und ihr Mahl-Tisch stand ursprünglich in der Mitte des weiten und schlichten Versammlungsraumes. Im Kontrast dazu wirkt der Petersdom mit seiner Renaissance- und Barockpracht auf die einen überwältigend und auf andere erdrückend. Mir selbst macht dort ein Jesuswort Mut, das hoch über dem Papstaltar in mannshohen Lettern in den goldenen Mosaikstreifen zu lesen ist: »*Simon conversus*, stärke deine Geschwister« (Lukas 22,32–33). Auch Petrus darf fallen, wird von Christus gehalten, kann sich bekehren und soll seine Geschwister stärken. Lässt sich auf dieser Grundlage nicht tatsächlich über einen Petrusdienst im 3. Jahrtausend sprechen, wie Papst Franziskus es wünscht? Dienst an der Einheit und »Vorangehen in der Liebe«, und weniger menschliche Lehrautorität mit dem Nimbus des Stellvertreters Christi? Geschwisterlich als Bruder statt patriarchal als »Heiliger Vater«? Und nicht an den imposanten Hofstaat einer heiligen Monarchie gebunden? Stephanus würde zu solchen Dialogen ermutigen – ohne Eigeninteressen und ohne konfessionelle Abgrenzungen.

Getragen | Samstag

Weit weg von Rom bin ich heute mit zwanzig Gefährten in der Stille des Monteluco aufgewacht. Bereits in vorchristlicher Zeit waren die Steineichenwälder hoch über Spoleto ein heiliger Hain auf dem Berg (lat. *mons luci*). Hier haben Menschen verschiedener Religionen bis heute Gottes Nähe gesucht und gefunden. Ich bin froh, dass mein Glaube keine Tiere mehr schlachten muss, wie es die alten Umbrer und Römer noch taten.

Mit Blick in eine wunderschöne Landschaft stellen wir am heutigen Tag der stillen Intensivwoche unser aktuelles Leben mit Symbolen dar: Beziehungen, Tätigkeiten, Gefühle, Sorgen und Hoffnungen. Die Zeichen, die vor mir auf einer der weißen Felsterrassen ausgebreitet liegen, haben einen neuen Grund bekommen. »ER ist mein Fels«, Gott trägt mein Leben und alles, was es ausmacht: ER trägt es mit und hält es – und ER wird das Puzzle meines Lebens auf SEINEM Grund (1 Korinther 3,11) zu einem gelungenen Mosaik zusammenfügen. Viele aktuelle Puzzleteile freuen mich, zahllose trage ich kostbar aus früheren Tagen mit, und auf das vollendete Gesamtbild bin ich gespannt.

Gottes leise Zuwendung

Impulse in eine Trockenzeit

Ein Engel rührte Elija an und sprach zu ihm:
Steh auf und iss!

1 KÖNIGE 19,5

Ausschlafen | Sonntag

Ausschlafen! Wer genießt es nicht oder täte es nicht gern einmal in der Woche? Sich mal nicht in aller Frühe wach duschen, die Kinder für die Schule vorbereiten, sich in den Stoßverkehr drängen, vor Morgengrauen am Arbeitsplatz sein! Sondern liegen bleiben, sich wieder in den Schlaf sinken lassen, Träume weiterträumen, sich erwachend aneinander kuscheln oder allein noch in den vier Wänden des eigenen Zimmers verweilen.

Die Bibel kennt vielfältige Arten des Rückzugs in längeres Ruhen und ins Alleinsein. Die Elija-Geschichte etwa, aus der der Bibelimpuls stammt, spricht gleich mehrmals vom Schlaf. Der Prophet zieht sich zurück, wird unerreichbar und schläft und schläft und schläft. Gott lässt ihn schlafen, essen, trinken – und wieder schlafen. Ich wünsche Ihnen, dass auch Ihr Schlaf gesegnet sei, heute und wann immer Sie ihm Raum geben können in diesen Tagen.

Kleine Zeichen | Montag

Die Elija-Geschichte hat in mehrfacher Hinsicht sympathische und ermutigende Züge. Zunächst findet das Schlafen das Gefallen und die liebende Sorge Gottes. Das Königsbuch umschreibt es mit einem Engel, der beim schlummernden Propheten verweilt und ihn anrührt. In der biblischen Sprache ist damit Gottes leise Zuwendung behutsam angesprochen: Der »Ich-bin-da« – wie Martin Buber den Gottesnamen Jahwe treffend übersetzt – sorgt für den traurigen und erschöpften Propheten. Sind es nicht überraschend mütterliche Züge, die Jahwe da zeigt? Er sorgt für frisches Wasser und duftendes Fladenbrot, die in der Wüste neben den Schlafenden gelegt seine Lebenskräfte neu nähren sollen. Ich erinnere mich an Schilderungen von zwei Geiseln, die in der Sahara nach Monaten aus der Hand ihrer Entführer befreit wurden: Einmal hätten sie in der Wüste auch Brot erhalten und frisches Wasser gefunden. Das Brot hat sie mit der Außenwelt verbunden und ihre Hoffnung auf eine Rückkehr ins Leben genährt. Und Wasser weckt die Lebensgeister neu. Die Elija-Geschichte schildert einen Gott, dessen mütterliche Sorge aus kleinen Zeichen spricht. Solche können auch heute in einem vielleicht sehr trockenen Alltag warten.

Teilen | Dienstag

Meine Kirche feiert an Martini (11. November) den heiligen Martin von Tours. Wenn der Prophet Elija uns fragen könnte, wo wir uns von Gott – im Alltag oder an speziellen Orten – beschenkt erfahren, dreht Martins Leben die Frage um: Wo schenken wir selber Gott etwas? Aufmerksamkeit, Zuwendung, etwas von unserem Haben und Sein? Die Legende von Martins geteiltem Mantel erinnert an den Soldaten, der an einem kalten Wintertag in Amiens einen Bettler sieht, ihm einen Teil seines Umhangs schenkt und dann spürt, dass er da Christus selber begegnet ist. Später wird er als Einsiedler sehr viel Zeit allein mit Gott teilen. Als Gründer einer Mönchskolonie bei Poitiers erfährt er auch im Teilen des Lebens mit Gefährten Christusgemeinschaft. Als er schließlich gegen seinen Willen zum Bischof von Tours berufen wird, stellt er seine reichen Erfahrungen und Talente in den Dienst des Volkes.

Wer für erhaltene Gaben dankt und mit ihnen wirkt, »gibt Gott zurück, was Er uns Gutes gegeben hat«, fasst Franz von Assisi seine eigene Erfahrung in dichte Worte.

Müde und resigniert | Mittwoch

Gottes Weg mit dem Propheten Elija lässt nicht nur dem Schlaf
Raum, sondern auch Trauer, Schmerz und Resignation. Der
Mann, der großartig gewirkt hat, zeigt sich niedergeschlagen,
erschöpft, ja lebensmüde. Er ist auf Widerstand gestoßen, hat
sich die Königin zur Feindin gemacht und sieht sich massiv
bedroht. Er flieht aus seinem Wirkfeld, wandert weit in die Wüste
hinein, legt sich unter einen Strauch und will sterben. Gott, für
den er sich so eingesetzt hat, lässt es zu: Sein Bote wird nicht von
Widerstand, Gewalt und Hass verschont. Gottes- und Menschen-
dienst können riskant sein und riskieren viel! Gott lässt auch
natürliche Reaktionen darauf zu: unser Schwachwerden und
»negative« Gefühle wie Enttäuschung, Mutlosigkeit, Depression,
Bitterkeit bis hin zum Todeswunsch. Der Bote des Himmels macht
dem sonst so glaubensstarken Propheten nicht den leisesten Vor-
wurf! Leise Zeichen sagen, dass »Ich-bin-da« zu ihm steht, verstehend und auf neue Art. Was der große Gottesmann Elija mutlos
und eingeschüchtert, resigniert und einsam in der Wüste erlebt,
kennen Sie vielleicht aus Ihrer eigenen Biografie – und weniger
dramatisch. Leise Zeichen sagen, dass »Ich-bin-da« zu Ihnen steht,
verstehend.

Überfordert | Donnerstag

Rekruten der Schweizer Armee machen im Schatten des Schulhau-
ses neben unserem Kloster einen Marschhalt. Als es weitergehen
soll, bleibt ein Erschöpfter am Boden hocken. Der Offizier versucht,
ihn auf die Beine zu bringen: »Überwinden Sie den inneren Schwei-
nehund! Ich zähle bis drei, dann stehen auch Sie marschbereit!«
Nicht nur Männer kennen solche Erlebnisse. Auch Frauen erfahren
in unserer Gesellschaft, dass Schwäche nicht erlaubt ist. Wehe, wer
das Leistungsniveau in Schule oder Beruf nicht steigern kann, wer
nicht mithält mit den Jüngeren, wer gesundheitlich weniger belast-
bar ist. Wehe, wer den Anschluss an rasante Entwicklungen verpasst. Wer das Tempo nicht mithält und dem Erwartungsdruck

nicht standhält, kommt wirtschaftlich und gesellschaftlich schnell unter die Räder.

Gott geht anders um mit unseren Grenzen: nicht fordernd oder gnadenlos, sondern sensibel und sorgsam. Vor ihm dürfen wir »nicht mehr können« und »nicht mehr wollen«.

Selig, wer Schwäche zulässt und auch bitteren Gefühlen Raum gibt: Gott kann selbst in den Tiefpunkten unseres Lebens Kraftquellen öffnen.

Tiefpunkte | Freitag

Auch tiefste Nöte finden Gottes sorgende Nähe. Kein Tief ist dem Höchsten, der über allem steht, fern. Elijas Wüstenerfahrung ermutigt, für uns selber oder für Personen in unserem Umfeld zu hoffen und zu beten. Die folgenden Verse aus einem Kirchenlied bieten Raum dazu:

> *Meine engen Grenzen,*
> *meine kurze Sicht,*
> *bringe ich vor dich:*
> *Wandle sie in Weite,*
> *Herr, erbarme dich!*

> *Mein verlornes Zutraun,*
> *meine Ängstlichkeit,*
> *bringe ich vor dich:*
> *Wandle sie in Weite,*
> *Herr, erbarme dich!*

> *Meine tiefe Sehnsucht*
> *nach Geborgenheit*
> *bringe ich vor dich:*
> *Wandle sie in Heimat,*
> *Herr, erbarme dich!*[13]

Sei getrost! | Samstag

Von »Gottes Engel angerührt« und umsorgt, steht Elija den Weg
durch Erschöpfung, Angst und Resignation durch. Freiraum,
Schlaf und sensible Sorge wecken seine Kräfte neu – so sehr, dass
er eine vierzigtägige Wüstenwanderung leichtfüßig hinter sich
bringt. Und wer es nicht schafft? Wer in einer Depression stecken
bleibt oder sich ganz fallen lässt? Als mein Großvater – ein sehr
gläubiger Mann – in den letzten Wochen seines Lebens depressiv
wurde und manchmal leise Suizidgedanken äußerte, fürchteten
einige Angehörige um sein ewiges Heil. Warnte die (katholische)
Kirche nicht bis in unsere Zeit, dass verloren ist, wer Hand an sich
legt? Solche Drohbotschaft hat nichts mit dem mütterlichen Gott
des Elija zu tun. Gott erschrickt nicht! Er hält unsere Krisen aus
und gibt sich selber in unsere Dunkelheit. Und darf, wer ganz versinkt, nicht auf den guten Hirten Jesu hoffen, der Verlorenen nachgeht und Erschöpfte auf seine Schultern nimmt? Schon in diesem
Leben – und auch nach dem Tod?

Ende und Anfang

Impulse in den Spätherbst und ins endende Kirchenjahr

Seht, ich mache alles neu!
Schreib es auf, denn diese Worte sind zuverlässig und wahr!
OFFENBARUNG 21,5

Wochen-Ende | Sonntag

Nach jüdisch-christlicher Tradition ist Sonntag der erste Tag der Woche. Im modernen Sprachgebrauch und Empfinden stehen wir heute Morgen jedoch mitten im Wochenende: In Schulen und vielen Berufen erstreckt es sich über zwei Tage. Wochenende! Wie endet für Sie diese Woche? Sind sie erleichtert oder verfloss die Zeit zu schnell? Blicken Sie dankbar oder besorgt zurück? Nach anstrengenden Tagen, die gute Früchte bringen, kommt Dankbarkeit auf. Belastende Tage, die spannungsvoll enden, gönnen uns im besten Fall eine Atempause. Enden solche wirklich und beenden damit einen Leidensweg, weichen sie Erleichterung. Nach missratenen Tagen schwingen Schmerz, Trauer oder Wut obenauf. Eine Woche voller Glück und Zauber endet für unser Empfinden oft zu schnell, und es mischt sich leise Wehmut ins Staunen. Auch Jahre können derart unterschiedlich enden – und Lebensabschnitte oder ein ganzes Leben: erleichtert, erfüllt, dankbar und glücklich, oder besorgt, belastet, hadernd und bitter. Vieles im Lauf unserer Tage und des Lebens entzieht sich unserer Regie. Doch gibt es Gestaltungsräume, und im Umgang mit Fakten und Gefühlen sind wir freier, als wir denken. Lassen wir das Ende den neuen Anfang gut mitfärben!

Start in die Woche | Montag

Schulen, Geschäfte und Betriebe gehen in eine neue Arbeitswoche. Auch die nummerierten Wochen des elektronischen Kalenders beginnen jeweils mit dem Montag. Anders als beim Computer ist der Wochenstart kein Reset, das Reste aus den letzten Tagen einfach löscht und gleichsam bei Null beginnt. Was möchten Sie aus den letzten Tagen nicht mitschleppen: an Gefühlen, Gedanken und Erfahrungen? Legen Sie entschlossen ab, was sich ablegen lässt! Und was möchten Sie als Ermutigung weiterhin vor Augen haben, als gute Frucht mitnehmen oder als Perle weitertragen? Fügen Sie es in Ihren Erfahrungsschatz ein und bewahren Sie es in Ihrem Herzen, gerade wenn Sie Neues anpacken oder in eine neue Phase treten möchten.

Enden | Dienstag

Manches in unserem Leben geht natürlicherweise zu Ende: Ich erinnere mich an meine Kinderkrankheiten wie die Masern, von denen Mama wusste, wie lange sie etwa dauern und dass alles gut kommt. Die Kindheit selbst ging zu Ende, und mitten im Heranwachsen endete die Volksschulzeit. Die Eltern hofften danach früher als ich, dass die Pubertät mit ihren Turbulenzen endet. Die Zeit des Studentenlebens endete Jahre später, ebenso spannende Praktika und langjährige berufliche Anstellungen. Berufstätige sehen eines Tages die Pensionierung nahen, womit die erwerbstätige Lebensphase endet und in ein oft aktives Rentenalter übergeht.

Viele dieser Abschlüsse sind Übergänge, die umso besser gelingen, je wacher ich mich auf das Ende einer Phase vorbereite und auf das Neue einstelle. Wer mit der Endlichkeit hadert, die das Leben im Kleinen und Großen prägt, kann sich nicht in Freiheit öffnen für das Neue, das es erschließt, zumutet und schenkt. Und hinter aller Endlichkeit steht der Herr der Zeit, der Ewige: Er trat selber in unsere endliche Geschichte ein, erlebte das Werden und Enden im menschlichen Leben selbst mit Leib und Seele, und er sagt von sich, er »mache alles neu«.

Beenden | Mittwoch

Vorsilben zeigen, so klein sie sind, markante Unterschiede im Tun und Geschehen an. Was unterscheidet »enden« von »beenden«? Wenn das Ende natürlicherweise oder ohne unser Zutun kommt, sprechen wir von *enden*. Wenn wir oder andere das Ende aktiv herbeiführen, *beenden* wir eine Geschichte, eine Situation oder eine Tätigkeit. Nach drei Stunden lebhafter Diskussion hat der Präsident die Sitzung ergebnislos beendet. Nach einer erneuten Enttäuschung hat eine Freundin ihre Beziehung beendet. Das innovative Team hat seinen Einsatz in einem Entwicklungsprojekt in Afrika beendet. Nicht nur Menschen bringen eine Geschichte, eine Tätigkeit oder einen Zustand zu Ende. Auch Gott beendet:»Jahwe setzt den Kriegen ein Ende«, sagt das Buch Judith (16,2). Der Gott der Befreiung beendet Israels Knechtschaft in Ägypten und führt später die Verlorenen aus Babylons Exil zurück. Was Jahwe nie beendet, ist seine Liebesgeschichte mit dem erwählten Volk und mit der Menschheit, unbeirrt von allen Enttäuschungen.

Es gilt, wie ER gut, wach und sorgsam zu beenden, was enden soll und will. Und es gilt, weiter zu gestalten, was nicht enden darf. – Was möchten Sie zur Zeit aktiv beenden, sei es vorläufig oder sei es für immer?

Vollenden | Donnerstag

»Zu Ende führen« sagt noch nicht, *wie* ein Zustand oder eine Geschichte endet: ob glücklich oder ungelöst, belastet oder befreiend. Die Tätigkeit des Beendens besagt lediglich, *dass* nicht mehr fortdauert, was bisher gewesen ist. Weit anders klingt und wirkt ein Tun, das als Vollendung empfunden wird: Das Ende hat mit Fülle zu tun, lässt ein Geschehen rund und ein Leben oder ein Werk ganz werden. Die Künstlerin vollendet ein Bild oder eine Skulptur, der Autor ein Buch, die Musikerin eine Komposition, ein Mensch sein Lebenswerk.

An was arbeiten Sie zur Zeit, und was trägt zu dessen Vollendung bei? Was sehen Sie als eigene Lebensaufgabe, und wie wünschen Sie deren Vollendung? Bringt der heutige Tag Sie darin ein kleines Stück weiter, hoffnungs- und verheißungsvoll? Oder mühen Sie sich zur Zeit scheinbar vergebens? Gutes Wirken gelingt auf Erden meist durch mühevolle und durch beschwingte Tage, reift mal kraftvoll und mal kraftlos, mal inspirierter und dann wieder durch Trockenzeiten.

Vollbringen | Freitag

Wenn ein Mensch »sein Leben vollendet« und Todesanzeigen dies nicht floskelhaft meinen, schauen Angehörige und Freunde bei aller Trauer mit Bewunderung auf eine gelungene Biografie: Der Lebenskreis ist rund geworden, hat sich gefüllt und wirkt als gute Ganzheit.

Jesu Lebensweg, an dessen irdisches Abbrechen Zisterzienserklöster wie auch die Brüdergemeinschaft von Taizé jeden Freitag denken, endet nicht rund, sondern dramatisch. »Es ist vollbracht«, spricht Jesus sterbend am Kreuz. Nicht voll-enden, sondern voll-bringen! Hingabe, wie sie größer nicht sein könnte. Gottes Sohn ist gekommen, damit wir das Leben haben. Er hat sich selbst, sein Leben und seine Liebe eingebracht in diese Welt. All sein Engagement galt dreifacher Liebeskunst: dass Menschen sich selbst, Mitmenschen und Gott lieben und darin Lebensfülle finden. »Er vollbringt gewaltige Taten«, er erhöht und richtet auf, heißt es im Lobgesang Mariens. »Ich bin nur eine kleine Frau, und doch hat er sich mir zugewandt«, singt die werdende Mutter Jesu. Zuwendung und Großtaten, wie Maria diese von Gott her erfährt, sind leise und unscheinbar, und doch wundervoll und welt-bewegend. Sie bringen ihrem Leben ganz neue Farben. Sie bewegen und provozieren in Nazarets Synagoge durch die sozial-praktische Lesart der Bibel vonseiten des Zimmermannsohnes. Sie richten Kranke auf, befreien Gelähmte und Gefangene, bringen Ausgeschlossene in die Gemeinschaft zurück, bewegen Friedlose zu versöhnlichen Gesten, lassen Gottes leidenschaftliche Freude am lebendigen Menschen spürbar werden, machen Selbstgerechte verlegen und machtverliebte Gottesmänner ratlos. Jesu Einsatz gilt einem neuen

Mit- und Zueinander von Menschen in Dörfern und Städten, im Volk und im Erdkreis, unter sich und mit Gott – »mehr als alles«. Wer voll-bringt, geht aufs Ganze, lebt und handelt mit Leidenschaft, zeigt volle Hingabe. Das kann sich in einem gelungenen und erfüllten Leben zeigen, und im Kleinen und Feinen auch an jedem einzelnen Tag.

Alt und neu | Samstag

Je nach Jahr endet mit dem heutigen Tag – in der 52. oder 53. Woche – das Kirchenjahr. Die beginnende Adventszeit deutet auf das Neue hin, das im Kommen ist. *ad-venire* erinnert an die Ankunft des menschwerdenden Gottes damals in unserer Welt, und es schaut vorwärts auf seine Wiederkunft am Ende der Zeit. Der Bibelvers stammt aus dem letzten Buch der Bibel und schaut auf das Ende unserer Geschichte voraus.

> *Dann sah ich einen neuen Himmel und eine neue Erde;*
> *denn der erste Himmel und die erste Erde sind vergangen ...*
> *Ich sah die heilige Stadt, das neue Jerusalem,*
> *von Gott her aus dem Himmel herabkommen;*
> *sie war bereit wie eine Braut,*
> *die sich für ihren Mann geschmückt hat.*
> *Da hörte ich eine laute Stimme vom Thron her rufen:*
> *Seht, die Wohnung Gottes unter den Menschen!*
> *Er wird in ihrer Mitte wohnen,*
> *und sie werden sein Volk sein;*
> *und er, Gott, wird bei ihnen sein.*
> *Er wird alle Tränen von ihren Augen abwischen:*
> *Der Tod wird nicht mehr sein,*
> *keine Trauer, keine Klage, keine Mühsal.*
> *Denn was früher war, ist vergangen.*
> *Er, der auf dem Thron saß, sprach:*
> *Seht, ich mache alles neu ...*
> *Ich bin das Alpha und das Omega, der Anfang und das Ende.*
> *Wer durstig ist,*

den werde ich umsonst aus der Quelle trinken lassen,
aus der das Wasser des Lebens strömt ... (Offenbarung 21,1–6).

Am Ende kommt ein Anfang: kein Untergang, sondern ein Übergang! Kein Verderben, sondern neues Glück! Es wird mit überaus hoffnungsvollen Bildern umschrieben: wie der Abschied einer Geliebten vom Singleleben und ihr Aufbruch in eine Ehe, wie der Wechsel in eine neue Stadt und der Einzug in eine gänzlich neue Wohnung, als ein unerhört innovatives Miteinander von Gott und Menschen, in dem alle Tränen trocknen, alle Klagen verstummen, jeder Durst gelöscht wird und alle bisherigen Mühen vergessen werden. Das Buch der Offenbarung sieht das Alt-Vertraute unserer Welt und unseres Alltags unterwegs durch die Vergänglichkeit in eine neue, zeit- und grenzenlose Ewigkeit: in Gottes neue Schöpfung.

Literatur

Die Tagesimpulse in diesem Buch schöpfen aus *biblischen Quellen* und verbinden Weltliebe und Gottsuche in *franziskanischem Geist.* Wer sich näher für die Spiritualität des Franz und der Klara von Assisi interessiert, findet dazu Werke, die der Autor verfasst oder herausgegeben hat:

Niklaus Kuster, *Franziskus. Rebell und Heiliger,* Herder, Freiburg
   ³2014
Niklaus Kuster, *Franz und Klara von Assisi. Eine Doppelbiografie,*
   Grünewald, Ostfildern ²2012
Martina Kreidler, Ancilla Röttger, Niklaus Kuster, *Klara vom Assisi.*
   Freundin der Stille – Schwester der Stadt, topos / Butzon &
   Bercker, Kevelaer ³2011
Niklaus Kuster, Martina Kreidler-Kos, *Christus auf Augenhöhe.*
   Das Kreuz von San Damiano, Butzon & Bercker, Kevelaer ²2009
Niklaus Kuster, Martina Kreidler-Kos, *Der Mann der Armut.*
   Franziskus – ein Name wird Programm, Herder, Freiburg 2014
Niklaus Kuster, *La santa relazione. Amicizia ed autonomia tra*
   Francesco e Chiara di Assisi, (EDB), Bologna 2013
Martina Kreidler, Niklaus Kuster, Ancilla Röttger, *Mein Leben*
   leuchten lassen. Beten mit Franz und Klara von Assisi, Patmos,
   Ostfildern 2015
Niklaus Kuster, *Franz von Assisi. Freiheit und Geschwisterlichkeit*
   in der Kirche, Echter, Würzburg 2015
Niklaus Kuster, *Sprechende Zeichen. Ein Papst macht Geschichte(n),*
   Paulus, Fribourg 2015

Quellennachweis

Die in den meditativen Impulsen verwendeten Gedichte stammen, soweit nicht anders vermerkt, vom Autor oder sie variieren poetische Texte der genannten Dichterinnen und Dichter.
Vom Autor stammen auch die frei formulierten Seligpreisungen und die Übersetzungen franziskanischer Quellentexte.

Die biblischen Losungsverse zu Beginn der Wochenzyklen stammen in der Regel aus der Lutherbibel, revidierte Fassung © 1999 Deutsche Bibelgesellschaft, Stuttgart.

Ausführliche Bibelzitate im Text stammen aus der Einheitsübersetzung der Heiligen Schrift © 1980 Katholische Bibelanstalt, Stuttgart.
Zahlreiche kurze Schriftzitate hat der Autor selbst aus den Urtexten übersetzt.

1   Gotteslob 223, RG 377, KG 299; Text: Maria Ferschl 1954
2   Zugrunde liegendes Originalgedicht von Andrea Schwarz: »Gottesgeburt«, in: Anselm Grün / Andrea Schwarz, Und alles lassen, weil Er mich nicht lässt. Berufen, das Evangelium zu leben, S. 220–221 © Verlag Herder, Freiburg im Breisgau 2006
3   Holzschnitt von Schwester M. Sigmunda May OSF (2009) Nr. 351 © Kloster Sießen und © VG Bild-Kunst, Bonn 2015
4   Aus dem Lied: »Gott aus Gott und Licht aus Licht«, Text: Georg Schmid (1990), KG 174 © TVZ Theologischer Verlag Zürich
5   Ebd. © TVZ
6   Ebd. © TVZ
7   Aus: Elsbeth Schneider, Gespräche, Zizers 1995, S. 85–87 © Z Verlag
8   Ebd. © Z Verlag
9   © Anton Rotzetter
10 Variation zu: Bert Hellinger, Die Mitte fühlt sich leicht an, München, 2. Aufl. 2000, S. 125 © Hellinger Publications
11 Zugrundeliegender Originaltext von Anton Rotzetter: